经济全球化

Economic Globalization

与世界社会主义价值的思考

张森林 著

人民出版社

前　言

　　不论人们怎样理解，也不论人们持何种态度，全球化趋势都是一个不能回避的客观事实。它在日益深化和不断发展，渗入到人类社会的每一个领域和现实世界的每一个角落，深刻地影响着人类的现实生活和未来发展。人类生活的各个领域之间日益相互关联，世界各国家各地区之间日益相互依存。

　　经济全球化是全球化形成的基础和发展的主体，也是给予人类社会发展广泛影响的最主要的全球化现象，虽然经济全球化决不是孤立的现象，也同其他生活领域的全球化现象相互作用与制约。随着经济全球化趋势的深化与发展，人类社会已经发生了并在继续发生着迅速而显著的变化。

　　全球化（经济全球化）趋势的深化与发展，不仅为人类社会带来了许多新的发展、新的变化，为人类社会进一步发展提供了新的历史条件和物质基础，而且为人类认识现实生活、预测未来发展、把握人类社会发展规律，拓展了广阔的视野、提供了崭新的视角、赋予了诸多的启迪。

　　科学社会主义的创始人，也是全球化理论的先驱，这决不是偶然的。世界社会主义同人类社会全球化有着天然的联系。世界社会主义作为世界历史性的事业，是世界资本主义发展的产物，也是人类社会全球化的产物。世界社会主义是马克思和恩格斯对资本主义社会中的阶级对立和生产无政府状态考察的结果，又是以生产力的普遍发展和与此相联系的世界交往为前提的。在人类社会全球化趋势大大深化的今天，资本主义生产方式下的阶级对立和生产无政府状态在世界更大范围内展现了出来，人类生产力的普遍发展和世界交往作为人类进步的重要标志也达到了前所未有的程度。世界社会主义因此获得了更为充分的历史条件和物质基础。当代世界历史告诉我们：世界社会主义不仅依然是必需的，也完全是可能的。

马克思和恩格斯是全球化理论的伟大先驱。马克思主义的"世界历史理论"关于全球化趋势的深刻阐释，不仅是全球化理论的重要思想渊源，而且对于我们继续认识全球化趋势依然具有重要的方法论意义。马克思主义的世界历史理论同以往的世界历史理论的根本区别，不仅在于从人类社会的客观存在本身出发来认识和解释历史，从而恢复了世界历史的本来面目，实现了世界历史观和世界历史理论的伟大革命，而且在于通过揭示人类社会历史发展的一般规律，为推动人类社会的进步与变革提供了思想武器。"哲学家们只是用不同的方式**解释**世界，而问题在于**改变**世界。"①这就是马克思主义世界历史观和世界历史理论的鲜明特点。马克思和恩格斯通过考察和分析世界历史的形成与发展，论证了人类社会全球化（经济全球化）趋势与世界资本主义、世界共产主义（关于未来的新社会，科学社会主义创始人早期使用"共产主义"，晚期使用"社会主义"。本书中"共产主义"与"社会主义"是通用的）的关系，揭示了世界资本主义发展的历史过渡性和世界社会主义产生的历史必然性。

依据科学社会主义创始人的思想，资本主义的产生、发展和灭亡是世界历史的必然过程。"资产阶级在历史上曾经起过非常革命的作用"②。资产阶级借助于蒸汽和新的工具机建立了现代大工业和资本主义生产方式以后，创造了人类历史上前所未有的社会生产力

---

①《马克思恩格斯文集》第 1 卷，人民出版社 2009 年版，第 506 页。
②《马克思恩格斯文集》第 2 卷，人民出版社 2009 年版，第 33 页。

和人类文明。但是，资本主义社会依然是一个阶级统治、阶级压迫和阶级剥削、充满弊端的社会；资本主义生产方式以生产资料的资本家阶级占有和社会化的生产为基本特征，两者之间与生俱来的内在矛盾决定了它是一种没有前途的生产方式。随着资本主义的发展，**"社会化生产和资本主义占有的不相容性，也必然越加鲜明地表现出来"**①。一方面，**"社会化生产和资本主义占有之间的矛盾表现为无产阶级和资产阶级的对立"**；另一方面，表现为**"个别工厂中生产的组织性和整个社会中生产的无政府状态之间的对立"**②。这种基本矛盾及其表现形式将伴随着资本主义生产方式的运行，"在把资本主义生产方式本身炸毁以前不能使矛盾得到解决，所以它就成为周期性的了"，资本主义危机也就成为了一种"恶性循环"③不可避免地一再发生。"因此，一方面，资本主义生产方式暴露出它没有能力继续驾驭这种生产力。另一方面，这种生产力本身以日益增长的威力要求消除这种矛盾，要求摆脱它作为资本的那种属性，要求**在事实上承认它作为社会生产力的那种性质**。"而由于生产力随着科学技术的进步和生产规模的扩大不断发展，对它的资本属性的这种反作用力就猛烈地增长，要求承认生产力的社会本性的这种压力也日益增长，也就"迫使资本家阶级本身在资本关系内部可能的限度内，越来越把生产力当做社会生产力看待"④。于是，资本家阶级对生产资料不得不采取某种社会化的形式，如若干资本组建"股份公司"，尤其是同一工业部门的大生产者联合为"托拉斯"。由于托拉斯是以调节生产为目的的联盟，自由竞争转变为垄断，生产力的社会化程度也提高了，在托拉斯中就出现了"资本主义社会的无计划生产向行将到来的社会主义社会的计划生产投降"⑤的趋

①《马克思恩格斯文集》第3卷，人民出版社2009年版，第551页。
②《马克思恩格斯文集》第3卷，人民出版社2009年版，第551、554页。
③《马克思恩格斯文集》第3卷，人民出版社2009年版，第556页。
④《马克思恩格斯文集》第3卷，人民出版社2009年版，第557页。
⑤《马克思恩格斯文集》第3卷，人民出版社2009年版，第558页。

向。随着生产力要求承认其社会本性的这种压力的日益增长，以至于"资本主义社会的正式代表——国家终究不得不①承担起对生产的管理"②。生产力的社会本性不可阻挡地要求被承认，生产关系必须适应生产力发展的需要，这就是资本主义生产发展的历史必然过程。"正像以往小生产由于自身的发展而必然造成消灭自身，即剥夺小私有者的条件一样，现在资本主义生产方式也自己造成使自己必然走向灭亡的物质条件。"③

依据科学社会主义创始人的思想，共产主义的产生和实现是世界历史发展的必然趋势。第一，世界历史的形成为共产主义产生提供了物质条件。取代资本主义社会的共产主义社会是必须以人类社会生产力高度发展为物质基础的，是人类文明的伟大结晶，而决不是乌托邦，决不是空中楼阁。他们注重世界历史形成的物质基础——机器大工业的发展、世界贸易和世界市场的产生与发展，强调人类社会生产力的巨大发展是世界历史形成的根本推动力，就是因为世界历史的形成及其发展是共产主义产生与发展的先决条件。"因为如果没有这种发展，那就只会有**贫穷**、极端贫困的普遍化；而在**极端贫困**的情况下，必须重新开始争取必需品的斗争，全部陈腐污浊的东西又要死灰复燃"④。第二，世界历史的形成为共产主义的产生提供了社会条件。取代资本主义社会的共产主义社会又是必须以各民族的普遍交往为历史前提的，是一个高度社会化的大同世界，是一个世界性的现实存在。而世界历史的形成是以各民族的普遍交往的形成为标志的，恰恰为世界共产主义的产生与发展提供了社会条件。由于普遍的交往，"过去那种地方的和民族的自给自足和闭关自守状态"才会"被各民族的各方面的互相往来和各

①《马克思恩格斯文集》第3卷，人民出版社2009年版，第558页。恩格斯此处做一注释，解释了"不得不"，见原文。
②《马克思恩格斯文集》第3卷，人民出版社2009年版，第558页。
③《马克思恩格斯文集》第9卷，人民出版社2009年版，第141页。
④《马克思恩格斯文集》第1卷，人民出版社2009年版，第538页。

方面的互相依赖所代替"①；由于普遍的交往，"地域性的个人"才会"为**世界历史性的**、经验上普遍的个人所代替"②。人类社会因此才可能形成一个紧密相连、息息相关的有机整体，也才可能最终实现人类社会的最高级形态——共产主义的大同世界。如果没有这种普遍的交往，"（1）共产主义就只能作为某种地域性的东西而存在；（2）交往的**力量**本身就不可能发展成为一种**普遍的**因而是不堪忍受的力量：它们会仍然处于地方的、笼罩着迷信气氛的'状态'；（3）交往的任何扩大都会消灭地域性的共产主义。""共产主义只有作为占统治地位的各民族'一下子'同时发生的行动，在经验上才是可能的"③。共产主义是一个世界历史性的事业和世界性的革命运动，"只有作为'世界历史性的'存在才有可能实现"④。"单是大工业建立了世界市场这一点，就把全球各国人民，尤其是各文明国家的人民，彼此紧紧地联系起来，以致每一国家的人民都受到另一国家发生的事情的影响。此外，大工业使所有文明国家的社会发展大致相同，以致在所有这些国家，资产阶级和无产阶级都成了社会上两个起决定作用的阶级，它们之间的斗争成了当前的主要斗争。因此，共产主义革命将不是仅仅一个国家的革命，而是将在一切文明国家里，至少在英国、美国、法国、德国同时发生的革命……。共产主义革命也会大大影响世界上其他国家，会完全改变并大大加速它们原来的发展进程。它是世界性的革命，所以将有世界性的活动场所。"⑤第三，世界历史的形成为共产主义的实现准备了社会主体力量。共产主义实现的社会主体力量是工人阶级。这一社会主体力量既是资本主义社会的掘墓人，又是共产主义社会的建设者。马克思和恩格斯强调世界历史的形成"是以生产力的普遍发展和与此相

---

① 《马克思恩格斯文集》第 2 卷，人民出版社 2009 年版，第 35 页。
② 《马克思恩格斯文集》第 1 卷，人民出版社 2009 年版，第 538 页。
③ 《马克思恩格斯文集》第 1 卷，人民出版社 2009 年版，第 538—539 页。
④ 《马克思恩格斯文集》第 1 卷，人民出版社 2009 年版，第 539 页。
⑤ 《马克思恩格斯文集》第 1 卷，人民出版社 2009 年版，第 687 页。

联系的世界交往为前提"①的，还因为只有在人类社会生产力普遍发展和世界交往的普遍发展的条件下，才"可以产生一切民族中同时都存在着'没有财产的'群众这一现象（普遍竞争），使每一民族都依赖于其他民族的变革"，才会使"地域性的个人为**世界历史性的**、经验上普遍的个人所代替"，也才会产生"只有**在世界历史意义上**才能存在"的共产主义革命的主体力量——无产阶级。②在共产主义这一世界历史性的事业和世界性的革命运动中，"工人没有祖国"，"全世界无产者"应该"联合起来"③。这些思想表明，共产主义无论是作为一种思想体系、一种社会运动，还是一种社会制度，先天或者说在本质上就是全球性的。共产主义价值观念强调的解放和发展生产力、消灭阶级压迫和阶级剥削、实现共同富裕，追求人的自由、人的解放和人的全面发展等等，是全球性的，不是某一个国家或地区的，是整个人类的，不是某一阶级某一个民族某一部分人的；共产主义的自由、平等、正义、和谐的世界大同远景，就是对人类社会生活全球化的一种勾勒。

依据科学社会主义创始人的思想，作为世界历史发展产物的共产主义社会对人类社会具有重要的价值。这就是，它为人类社会提供了正确的发展路径和方向。它是资本主义社会的替代物。它将消灭阶级压迫和阶级剥削，更能解放和发展生产力，为实现人类的共同富裕、社会平等、社会正义、社会和谐和人的解放与全面发展创造条件。它克服了资本主义社会的弊端，是一个比资本主义更优越更美好的社会。"一旦社会占有了生产资料，商品生产就将被消除，而产品对生产者的统治也将随之消除。社会生产内部的无政府状态将为有计划的自觉的组织所代替。个体生存斗争停止了。于是，人在一定意义上才最终地脱离了动物界，从动物的生存条件进入真正

---

① 《马克思恩格斯文集》第1卷，人民出版社2009年版，第539页。
② 《马克思恩格斯文集》第1卷，人民出版社2009年版，第538—539页。
③ 《马克思恩格斯文集》第2卷，人民出版社2009年版，第50、66页。

人的生存条件。人们周围的、至今统治着人们的生活条件，现在受人们的支配和控制，人们第一次成为自然界的自觉的和真正的主人，因为他们已经成为自身的社会结合的主人了。人们自己的社会行动的规律，这些一直作为异己的、支配着人们的自然规律而同人们相对立的规律，那时就将被人们熟练地运用，因而将听从人们的支配。人们自身的社会结合一直是作为自然界和历史强加于他们的东西而同他们相对立的，现在则变成他们自己的自由行动了。至今一直统治着历史的客观的异己的力量，现在处于人们自己的控制之下了。只是从这时起，人们才完全自觉地自己创造自己的历史；只是从这时起，由人们使之起作用的社会原因才大部分并且越来越多地达到他们所预期的结果。这是人类从必然王国进入自由王国的飞跃。"①"代替那存在着阶级和阶级对立的资产阶级旧社会的，将是这样一个联合体，在那里，每个人的自由发展是一切人的自由发展的条件。"②

依据科学社会主义创始人的思想，作为世界历史发展产物的共产主义社会脱胎于资本主义社会。共产主义社会的第一阶段与资本主义社会相承接，"它不是在它自身基础上已经**发展了的**，恰好相反，是刚刚从资本主义社会中**产生出来的**"③。新社会的一些因素、物质基础和社会条件是在旧社会中孕育的，因为"在旧社会内部已经形成了新社会的因素"④，"存在着无阶级社会所必需的物质生产条件和与之相适应的交往关系"⑤；"资本的文明面之一是，它榨取这种剩余劳动的方式和条件，同以前的奴隶制、农奴制等形式相比，都更有利于生产力的发展，有利于社会关系的发展，有利于更高级的新形态的各种要素的创造"⑥。社会主义革命的发生基于资本

①《马克思恩格斯文集》第3卷，人民出版社2009年版，第564—565页。
②《马克思恩格斯文集》第2卷，人民出版社2009年版，第53页。
③《马克思恩格斯文集》第3卷，人民出版社2009年版，第434页。
④《马克思恩格斯文集》第2卷，人民出版社2009年版，第51页。
⑤《马克思恩格斯全集》第46卷（上），人民出版社1979年版，第106页。
⑥《马克思恩格斯文集》第7卷，人民出版社2009年版，第927—928页。

主义矛盾导致的社会发展的内在必然性。"工人阶级不是要实现什么理想，而只是要解放那些由旧的正在崩溃的资产阶级社会本身孕育着的新社会因素"[①]；"资本主义生产本身由于自然变化的必然性，造成了对自身的否定"，"它本身已经创造出了新的经济制度的要素"[②]。这些说明，共产主义社会同资本主义社会具有不可分割的历史承接关系，共产主义新社会不是凭空出现的，而是资本主义旧社会发展的必然结果。

自马克思和恩格斯阐释世界历史和揭示人类社会发展的世界社会主义趋势至今，足有一百六十多年了。不可否认，世界历史已经大大前进了，全球化的发展也早已今非昔比了。全球化不仅获得了大大的深化和发展，而且促使人类社会发生了许多新变化，例如：现代通讯和交通技术的发明和使用，人类的交往能力达到了料想不到的高度，人类生活的空间和时间被相对地大大压缩；世界市场更为广阔，国际贸易更为普及，国际金融更为发达，国际分工更为细腻，世界经济成为了一个愈益紧密的有机整体；人类社会生活的丰富和复杂难以形容，社会各个领域之间的相互作用、各国家各地区之间的相互依存达到了前所未有的程度；困扰整个人类的全球性问题愈益增加，人类的共同利益愈益增多，人类的全球意识愈益增强，全球范围的国际合作前所未有的广泛；人类社会文明进步巨大、成就非凡，人类社会发展也严重的不平衡，先进落后之间、贫富之间出现了前所未有的鸿沟；资本主义生产方式更广泛地拓展，跨国化成为其显著的特征，资本主义基本矛盾在更大范围内显现，资本主义的面貌也发生了前所未有的改变。在马克思和恩格斯身后，社会主义制度在人类世界的局部地区诞生，从1917年以来曲折地走过了90余年的发展历程，自那时出现的社会主义与资本主义并存的局面以及社会主义与资本主义之间的关系也经历了错综复

[①]《马克思恩格斯文集》第3卷，人民出版社2009年版，第159页。
[②]《马克思恩格斯文集》第3卷，人民出版社2009年版，第465页。

杂的过程。20 世纪 80、90 年代以来，伴随着经济全球化趋势的加速发展及东西方冷战的结束，社会主义经济和资本主义经济之间的相互依存与合作不断增强。在一个相当长的历史时期内，社会主义和资本主义两类国家、两种制度及其相互关系将带着许多新的趋势与特点继续共存与发展。

资本主义伴随着全球化（经济全球化）发展到当代，的确也发生了许多变化。但是，生产资料资本主义私有制没有发生根本改变，基于生产资料私有制的阶级对立、阶级剥削和阶级压迫依然存在，贫富两极分化依然存在；在资本主义制度下，人们的经济、政治、社会、性别等方面的不平等没有根本消除，社会的正义、民主、自由、效率等大打折扣。可以认为，只要资本主义继续存在，只要资本主义弊端没有消除，关于自由、平等、幸福、人权和正义等等的议论就不会退出人类的话语体系，社会主义就依然具有强大的吸引力，就依然是替代和超越资本主义的选择，而且将与时俱进、不断地完善、丰富和发展。人类社会的历史不会终结于资本主义，将会向社会主义前进。"人的全面而自由的发展"与"自由人联合体"，具有无比丰富的价值内涵和无限的想象空间。随着人类对自身的历史、现实和未来认识的深化，对社会历史发展规律认识的深化，对资本主义和社会主义本质认识的深化，人类对自由、平等、幸福、人权和正义等等的追求，将由本能走向自觉、由不完全自觉走向完全自觉，人类对社会主义的选择将由被动转为主动。社会主义决不是乌托邦。现实的社会主义理论远非社会主义的全部认识，现实的社会主义实践也远非社会主义的理想状态。人类历史将不断地深化关于社会主义的认识、丰富过渡到社会主义的途径、创造实现社会主义的形式。

毋庸置疑，全球化（经济全球化）的深化和发展给人类社会带来的变化是巨大的，并将继续予以深刻的作用和影响。深入研究全球化（经济全球化）的发展及其影响，对于认识和把握人类社会发展规律具有不可估量的意义，而就世界社会主义运动和中国特色社会主义建设来说，不仅可以促进历史经验的全面总结，启发谋划发展的深入思考，而且带来了审视其存在价值和历史命运的崭新视角。

笔者多年来关注全球化（经济全球化）趋势及其对人类社会发展的影响，憧憬人类社会发展的美好未来；认为人类社会发生的新变化，预示着新的伟大变革，呼唤着新的伟大变革，储备着新的伟大变革。世界社会主义是人类值得追求的人间正道；中国特色社会主义是中国人民值得为之奋斗的中国的人间正道，作为世界社会主义的组成部分，作为占人类五分之一人口的伟大实践，也是有希望的。本研究主要是通过对经济全球化的涵义与本质的认知、通过对经济全球化给人类社会带来的主要变化的考察、通过对经济全球化给予世界资本主义和世界社会主义发展深刻影响的分析，探讨人类社会发展的世界社会主义选择的必要性与可能性，拓展世界社会主义的发展和想象空间。

全球化（经济全球化）是人类历史十分复杂的发展趋势，世界社会主义是人类社会最可选择的发展路径。全球化（经济全球化）高级发展阶段的到达，世界社会主义的实现，是一个漫长而曲折的历史过程。真理与历史一样，是一条蜿蜒的长河。人们对于全球化（经济全球化）和世界社会主义的认识是与时俱进的，也是微观与宏观统一的。本书的目的不是描绘全球化（经济全球化）的未来前景，也不是构思世界社会主义的理想蓝图，而是启发读者对全球化（经济全球化）和世界社会主义予以更深远地思考。

目　　录

C O N T E N T S

PART 1

　　大约在 20 世纪 80、90 年代，"经济全球化"开始成为国内外学术界议论的话题，此后的讨论日渐广泛和深入。目前，关于经济全球化及其加快发展的趋势，虽然已经是人类经济生活发展的一个不争的事实，然而，关于经济全球化的涵义、本质、现状、趋势等等的认知，在学术界存在着巨大分歧，同样也是一个不争的事实。经济全球化及其加快发展的趋势给人类社会带来的影响实在是太大了，它已经成为人类社会生活不可忽视和回避的时代条件和背景，以至于我们人类不跻身经济全球化的现实就无法正常地生存和生活，离开了经济全球化的视角，就无法认清整个世界和人类自身，也无法对自己的行动作出正确的选择。

　　要给经济全球化规定一个能令所有人都能完全认可的统一的认识是不可能的，但人们要探讨经济全球化趋势对人类社会发展的影响，首先还得要对经济全球化趋势有一个基本的态度。也就是说，人们的分析必须建立在对经济全球化趋势自身认识的基础上。所以，我们有必要进一步认识经济全球化的涵义和本质，尽管这在一个相当长的时间内，可能依然是一个众说纷纭与莫衷一是的问题。

一、经济全球化与全球化的关系

　　讨论"经济全球化"显然需要从"全球化"谈起。虽然"全球化"这一词汇一开始主要就是指"经济全球化"的现象，而且直到目前，关于"经济全球化"和"全球化"这两个概念，国内外绝大多数学者也都是不加区分地使用着，有许多学者至今也还不承认或不赞同人类生活的其他领域中存在着全球化的现象。但是，经济全球化并不是全球化的全部内容，全球化也决非仅仅体现在经济生活领域之中。

我国学术界普遍认为，关于"全球化"的议论始于国外。据马来西亚学者考证①，"全球化"这一词汇可能最早是由一个名叫泰奥多尔·莱维特（Theodre Levitt）的美国经济学家于 1985 年首次发明和明确使用的。他在《哈佛商报》上发表了一篇文章，题目为"谈市场的全球化"，使用"全球化"（globalization）这个词汇来形容此前 20 年间国际经济发生的巨大变化，主要是说明和描述"商品、服务、资本和技术在世界性生产、消费和投资领域中的扩散"②的现象。无疑，他是从经济的视角来使用"全球化"这一词汇的。20 世纪 90 年代初期以后，"全球化"迅速地成为人们热烈谈论的话题，"全球化"这一词汇也开始被广泛地使用，而且逐渐波及到人类社会的政治、科技、文化等更加宽广的生活领域中。

究竟什么是"全球化"？这一概念迄今尚未有统一的定义，但它成为经济学家、政治学家、历史学家、社会学家等广泛使用的词汇，描述和解释着人类世界发生的种种巨大变化。它作为一个可以从多种角度分析、议论和认知的概念，目前没有一个唯一正确的涵义。在国外，尤其是西方社会和学术界，"全球化"一般被理解为全球化关联、全球规模的社会组织的扩展与全球意识的增长，以及由此带来的世界社会的凝聚。常见的看法主要有："（1）'市场、民族国家与技术在前所未有的程度上的稳固整合——以一种能够把个人、团体和国家较以前更为深入、更为迅速、更为深刻与更为便宜地围绕在

---

① 参见蔡拓主编：《中国学者论全球化与自主》，重庆出版集团、重庆出版社 2008 年版，第 244 页。

② 程光泉主编：《全球化理论谱系》，湖南人民出版社 2002 年版，第 1 页。

世界周围的方式……把自由市场资本主义真正扩展到世界上每一个国家。'（T.L.Friedmen, The Lexus and the Olive Tree 1999, pp.7–8）。（2）'世界的紧缩以及全球整体意识的集聚……20世纪全球的真正相互依赖与全球的整体意识。'（Roland Robertson, Globalization, 1992, p.8）。（3）社会与文化安排的地理束缚趋于消解的一个过程，而人们意识到它们正在逐步消退（M.Waters Globalization, 1995, p.5）。（4）由一定数量的特殊形式和迹象构成的社会转变……通过以下方式，它们造成了，或被造成全球性的形式和迹象：一，实践、价值、技术与其他人类产物在全球的传播；二，当全球性实践等等对民众生活发挥愈来愈大的影响之间；三，当全球化作为塑造人类行为的一个焦点，或一个前提之时（M.Albrow, The Global Age, 1996, p.88）。（5）在追求'全球规模的市场作用'的方案基础上的整合（P.McMichel, Development and Social Change, 2000，p.xxiii, p.149）。"①

关于全球化的认知，里斯本小组的阐释可以说是比较充分的。在1995年出版的《竞争的极限——经济全球化与人类的未来》一书中，里斯本小组认为："全球化涉及的是组成今天世界体系的众多国家和社会之间各种联系的多样性。它描述的是这样一个过程，在这个世界部分地区所发生的事件，所作出的决策和行动，可以对于遥远的世界其他地区的个人和团体产生具有巨大意义的后果。全球化包括两种不同的现象，即作用范围和强烈程度。一方面，这个概念被解释为席卷这个星球的大部分地区的，乃至在世界范围内发生影响的一系列过程。所以这个概念具有空间的内容。另一方面，它又意味着组成世界共同体的各种国家、社会彼此之间的交往和交换关系，横向联系和彼此之间相互依赖性进一步加强。这个过程在不断深化的同时，又不断向外扩展。它远远不仅仅是一个抽象概念。全球化说的是现代生活的一个众所周知的特征。"全球化"是

---

① 梁展编：《全球化话语》，上海三联书店2002年版，第286页。

一种新现象，它可以采取各种不同形式和表现方法，其中一些形式和方法也许会在 10 年至 15 年内消失或失去作用。民族因素以及经济和社会的变迁都不断受到全球化的影响，没有一种长期有效的、固定的全球化模式，所以，今天很难找到一个普遍认同的定义"①。

我们可以看到，上述这些议论并不都是从经济视角来看待全球化现象的，也并没有把经济全球化现象视为全球化的唯一现象，或者说没有把全球化局限于经济生活领域之中。现今人类生活的事实表明，全球化现象不只是经济生活领域中特有的现象，经济生活领域也决不是与其他生活领域隔绝的孤立领域，而是同其他生活领域之间有着广泛的相互渗透、相互影响。许多政要、学者认为全球化不是一种单一的社会生活现象。德国前总理施密特在谈论全球化时就认为："全球化话题是个实践——政治话题，也是个社会——经济话题，此外，它还是一个思想话题。"②英国社会学家安东尼·吉登斯不赞同将全球化理解成为单一的经济过程。他指出，虽然经济全球化是我们面对的现实，但如果仅仅将全球化理解成为经济方面的过程，就会对全球化这一观念产生误解。全球化的内容无论如何也不仅仅是甚至不主要是关于经济上的相互依赖，而是我们生活中的巨变。③英国政治学家戴维·赫尔德也认为，全球化概念应该被看做为一个综合性概念。他说："社会生活的几乎所有领域都无法摆脱全球化进程的影响。这些进程体现在所有社会领域中，从文化领域到经济领域、政治领域、法律领域、军事领域以及环境领域。全球化最好被理解为一个多面的或者分化的社会现象，不能把它看做一个单一的状态，它指的是在社会活动的所有关键领域中不断全

---

① 程光泉：《全球化理论谱系》，湖南人民出版社 2002 年版，第 10—11 页。

② ［德］赫尔穆特·施密特：《全球化与道德重建》，社会科学文献出版社 2001 年版，第 3 页。

③ 参见［英］安东尼·吉登斯：《第三条道路——社会民主主义的复兴》，北京大学出版社 2000 年版，第 33 页。

球化的相互联系模式……"。①

笔者认为，"全球化"应该是一个综合概念，"全球化"现象体现在人类生活的各个领域之中，"经济全球化"是其中的一个领域。人类生活的"全球化"无疑包含着"经济全球化"，而"经济全球化"无疑也不是孤立的、同其他生活领域毫不相干的现象。把"全球化"与"经济全球化"两个概念割裂开来、对立起来是不正确的、不妥当的，而把"经济全球化"和"全球化"这两个概念简单地等同起来，或者不加区分地使用，显然也是不慎重、不科学的。把两个概念简单等同起来，或者不加区分地使用，这一问题的形成大概有如下的原因：第一，经济生活的国际化或一体化趋势是普遍认同的客观存在，也是几乎所有国家谋求自身经济发展不能不面对、也不能不参与的过程；第二，经济全球化现象是迄今最明朗、最鲜明的全球化现象，形成了统一的世界市场以及各国普遍认可的市场经济制度及其规则；第三，经济生活是人类最基本的生活，是其他一切生活的基础，是社会发展的最终决定性因素，也是全球化的最主要的推动力量。第四，在政治、文化等生活领域中，目前围绕社会制度、价值观念、历史传统等差异明显、分歧突出，加上西方少数资本主义强国对广大发展中国家和社会主义国家推行政治和文化霸权，进行意识形态渗透，许多国家及其国民对政治全球化、文化全球化抱有反感和警惕心理。我国的许多学者和人们，就是出于担忧国家的政治文化安全这一政治原因，不赞成讲政治全球化、文化全球化等。这些原因从某种角度考虑似乎都有一定的道理，然而，全球化决不是单一的经济发展过程，经济全球化也决不是全球化的唯一内容。我们在探讨和研究问题的过程中，也确实很难严格地把"全球化"与"经济全球化"区分开来，不过应该提醒的是，提到"全球化"时，不能忘记"全球化"的基础和目前的主体

① ［英］戴维·赫尔德等：《全球大变革：全球化时代的政治、经济与文化》，社会科学文献出版社 2001 年版，第 7 页。

是"经济全球化",而在提到"经济全球化"时,也不能忘记"经济全球化"决不是孤立的全球化现象。

在经济全球化趋势发展进程中,某些全球政治现象、文化现象的确已经形成了,反映着经济全球化发展的某些要求,并对经济全球化发展也具有一定的影响。周敏凯认为,依据马克思主义经济基础与上层建筑关系原理,在经济全球化趋势推动下,全球政治现象、全球文化现象不仅会产生,而且也会积极影响经济全球化现象,虽然"全球政治、文化现象在本质上不能简单地等同政治全球化与文化全球化"。他还具体地分析了全球政治现象和全球文化现象。他认为,"就政治现象而言,分为三个主要的层面":"第一,法律层面,尤其在涉外法、国际法层面。面对严峻的全球性贩毒、犯罪、恐怖行动、环境保护等问题,为了统一治理全球问题,各国政府共同呼唤全球统一的行为准则与法律规范。"特别是冷战结束以后,全球达成愈来愈多的共识,并出现日益增强的全球法律意识。"第二,公共管理层面。各国之间相互借鉴,取长补短,共同分享人类公共管理经验,提高政府管理效率。"全球公共管理理念与政府再造的实践,已具有相当程度的共通性。"第三,政治体制层面。""在当今世界中,作为最有代表性的两种政治体制——资本主义与社会主义它们的竞争与共存将是长期的历史现象。"但它们之间也不是简单的竞争共存,也有相互借鉴和融合的一面。"就文化现象而言,问题比较复杂"。马克斯·韦伯将文化分成大众文化(日常文化)、科技与管理制度文化、价值文化(价值观念与思维方式)三种类型的认识,"第一,就第一类型的大众文化而言,全球大众文化现象比较明显"。虽然全球大众文化现象并不像经济全球化那样,是由某一民族的文化主导的全球文化趋同的趋势。"第二,就科技与管理制度文化而言,其全球化现象较明显。"在科技文化上,随着各国经济、文化、教育的交流加深,电子信息技术的普及,各国科技的内容、载体与机制日益"标准化",科技文化一体化的现象发展加快。在管理制度文化上，各国先进的管理制度与技术，互相借鉴，共同发展，也有利于政府管理效率的提高。"第三，就价值文化类型而言"，价值观念可包括基本价值观念与一般价值观念。虽然在基本价值观念方面，不同民族之间尚没有也不可能有普遍一致的价值理念，但在一般价值观念方面已经出现了全球化现象，"例如，各国人民普遍接受民主、自由、平等、效率、公正、和平、发展等现代普遍价值观"①。

总之，全球化从一开始就不是纯粹的经济现象，经济全球化也不能不影响到人类社会生活的其他领域，人类生活的其他领域也不能不对经济生活领域形成某些制约。事实上，现今的全球化的确已经是涉及经济、政治、文化等人类生活众多领域的一种综合现象。作为世界现代化的历史过程，全球化已经在人类生活的各个领域都前所未有地拓展和深化了，是当今人类社会生活全方位变迁的发展趋势。在经济全球化的强力推动下，人类社会也比以往任何时候都更加相互依存和不可分割。人类的政治生活、文化生活等等都高度社会化了。

二、全球化的本质特征与历史起源

关于"全球化"的概念虽尚未有一个统一的定义，但我们可以发现，在各种各样的议论和说法中有一个共同的地方，即都将全球化视为人类社会的普遍联系、相互依存或相互作用的事实，或者说关于全球化的讨论实际上都是在对现今人类社会生活中日益增强的普遍联系、相互依存或相互作用的种种现象的描述。这表明，"全球化"的确已经成为人类社会当今时代最重要的特征，或者说，能够把我们所处的这个时代与过去其他时代区别开来的一个显著标志，就是整个人类越来越生活在一个由相互交往而形成的普遍联系

---

① 周敏凯：《马克思"世界历史观"与全球化问题的理论思考》，《国际问题研究》2003年第1期。

和相互依赖的状态中。不论对全球化如何认识、持什么态度，"全球化"作为人类历史的产物，已经成为当今世界的一个不以人的意志为转移的发展趋势，而且是一个任何国家和民族都无法加以回避的客观存在。如同我国著名学者王逸舟所说："全球化是肇始于欧美的现代化进程在当代的深化与扩展，对于所有国家来说，愿意加入与否、擅长驾驭与否，它都是一个铁定的事实。"①

自从研究全球化现象和趋势以来，笔者一直认为，"全球化"是一个内涵十分丰富的社会历史现象。如果从人类社会一般历史发展进程的角度来理解和界定"全球化"，就其本质而言，可以说"全球化"是人类社会发展到一定历史阶段的必然结果，是人类生活高度社会化的集中体现，是人类文明和进步的重要标志；"全球化"是一个相当长期和异常复杂的历史过程，是在生产力发展推动下，相对分散、彼此隔离的社会联成一个相互往来、密不可分的整体的过程，是世界各民族各地区之间的物质文明、精神文明摩擦碰撞吸纳融合的过程。② 关于全球化的历史现象的描述的确难以形成一个公认定义，它的轮廓是清楚的又是模糊的，它的范围是确定的又是不确定的，它是看得见摸得着的又是看不见摸不着的。我们也可以通过它的一些特征来认识它。依据目前全球化现象的现状来看，它具有交往的普遍性、过程的矛盾性、发展的不平衡性等一些重要特征。

交往的普遍性。全球化是以人类的交往活动为前提的，是人类交往活动的过程和结果。但它不是一般的人类交往活动的过程和结果，而是特殊的交往活动过程和结果即普遍的交往活动过程和结果。在人类的远古时代，直到资本主义生产方式产生并占据主导的时代以前，人类没有普遍的交往活动，只有偶然的交往活动。一方面，以自给自足的自然经济为基础的社会群体，由于缺少相互依赖

---

① 王逸舟：《中国：一步步认知全球化》，《环球时报》2000 年 5 月 26 日。
② 参见张森林：《全球化与社会主义的选择》，《长春市委党校学报》2001 年第 6 期。

性，也就缺少交往的必然性和普遍性，相互之间的社会关系十分贫乏，联系是松散的，交往也就是偶然的。这种偶然的交往虽然在经济、政治、文化等方面都有所体现，但也是十分狭隘的，带有鲜明的地域性。即使是在封建国家产生后，其社会发展的基本模式也是封闭型的。另一方面，在人类的远古时代，直到资本主义生产方式产生并占据主导的时代以前，由于人类的科学技术水平还不高，远距离的、跨越时空的交通和通讯工具尚未发明和制造出来，人们对宇宙、对地球、对人类整体的认识尚不清楚，人们的视野也还十分狭小，大规模地进行交往、普遍性地建立联系的能力因此受到极大的限制。资本主义生产方式产生并逐渐占据主导的时代来临以后，情况则发生了明显的变化。一方面，伴随着生产力的发展，商品生产和商品经济出现了，以自给自足的自然经济为基础的生产和生活方式被打破了，不仅社会群体之间乃至民族国家之间的相互依赖大大增强，而且相互之间的社会关系日益丰富了，经济、政治、文化等各方面的联系不再是松散的了，交往成为了生存与发展的必然要求，也就日益普遍化了。另一方面，伴随着资本主义生产方式的产生和发展，科学技术水平迅速提高，不仅远距离的、跨越时空的交通和通讯工具被发明和制造了出来，而且人们对宇宙、对地球、对人类整体的认识逐渐清楚，人们的视野也大大地拓宽了，超出民族国家疆界和地域限制的大规模地进行交往、普遍性地建立联系也因此成为可能。就人类交往这一意义来说，现今的全球化也就是人类交往的普遍化的发展与深化。

过程的矛盾性。全球化是充满着各种矛盾的复杂过程。第一，全球化是一个矛盾统一体。各民族国家的领土大小、人口多少、社会制度、历史文化、发展水平、利益追求都是不同的，在相互依存的共处和发展过程中，既有相互借鉴、吸纳和融合，也有摩擦、碰撞和冲突。第二，全球化是一柄"双刃剑"。它目前给人类带来的并不都是益处，也有害处，利弊兼有，而且对任何民族国家来说，

9

都是既有机遇，也有挑战。第三，全球化是人类生活各个领域交互作用和影响的过程。人类生活各个领域的发展不仅是不平衡的，而且又不是彼此孤立隔绝的，是相互交织、相互影响和相互作用的。正如前面提到，全球化的过程决不是单一的经济发展过程，全球化是一个综合现象，全球化概念是一个综合概念。

发展的不平衡性。一方面，这是由人类生活本身的特点决定的。人类的生产能力是推动人类社会历史发展的根本性动力。人类生活最基本的实践活动是生产实践活动，经济因素对于人类社会的发展具有终极意义的决定作用。因此，经济领域的全球化是其他领域的全球化的基础，在全球化趋势的发展中，经济全球化一马当先，政治、文化等其他领域的全球化不仅处在后面，甚至有的领域远远落后。另一方面，这主要是由目前全球化的行为主体及其性质的差异导致的。从推动全球化运行的行为主体来看，民族国家、国际组织、跨国公司等应该是最主要最基本的主体。就民族国家来说，近200个国家，存在着发展水平、综合国力、社会制度、发展模式、国际地位等的巨大差异；就国际组织来说，多达数千个，也存在着代表性、规模性、宗旨目标、影响力等的巨大差异；就跨国公司来说，多达数万个，其地域性、覆盖面、合作水平、经济实力等，也都参差不齐。这些行为主体在全球化的过程中所起的推动作用是大不相同的，也因此，全球化给世界各类行为主体带来的益处也是相去甚远的。由于少数发达国家的经济、政治实力占据绝对优势地位，主要的国际组织和主要的跨国公司都在少数发达国家主导之下，它们是目前全球化发展中最大的利益获得者，而广大的发展中国家、较弱的国际组织和跨国公司相比之下获益要少得多，这鲜明地体现在发展速度和发展水平上面，以及贫富差距上面。后者的发展速度和水平远落后于前者，富裕程度或国际地位也与前者差距巨大。

对于"全球化"的起源，国内外学者们的分歧也很大。比较集中的看法大致有以下几种。其一，认为全球化开始于 15 世纪，以 1492 年哥伦布发现新大陆为基本标志。从此以后，世界各地的人们才真正知道了彼此的存在，并开始了突破地域界限进行相互交往。因此从哥伦布远航美洲实现了东西两半球人们的会合算起，全球化迄今已有五百余年的历史。随后出现的探险热潮（地理大发现）和贸易热潮（商业革命），终于导致了工业革命和资本主义的大发展，地球上相互隔绝的民族国家也终于进入了相互依存和影响的时代。其二，认为全球化开始于 18 世纪，以工业革命的发生为基本标志。因为工业革命使资本主义的生产方式完全确立起来，并打破了农业经济时代的地方狭隘性，形成了一种向外的、突破国界、洲界限制走向全球的趋向。正是工业革命所提供的强大的物质技术基础，以及资本主义经济、政治、军事、文化的全球扩张，开辟了真正意义上的全人类交往的时代。其三，认为全球化开始于 19 世纪末 20 世纪初，以自由资本主义发展到垄断资本主义即帝国主义阶段为基本标志。帝国主义的出现使资本主义世界体系得以形成，世界各国家、各民族都被卷入资本主义世界体系之中。其四，认为全球化开始于第二次世界大战以后的 70 年代，以布雷顿森林体系崩溃为基本标志。美元与其他国家货币之间的固定汇率的垮台和浮动汇率的实行，导致西方资本跨国自由流动，由此开始实现了资本的全球化过程，以及经济、科技、信息、文化的跨国界过程。其五，认为全球化开始于冷战结束以后，以 20 世纪 80 年代末 90 年代初苏联东欧国家剧变以及中国对外开放和实行市场经济为基本标志。从这时以后，市场经济体制在全球范围取得了绝对优势和主导地位，统一的世界经济才得以真正形成，生产、贸易、金融等经济活动以及资源、资本、技术、劳动力等生产要素才真正开始跨越民族国家疆界而在全球自由流动。

应该说，关于全球化起源的这些看法，从一定的视角来说都有一定的道理，但认为"全球化"起源于近代时期的看法可能更符合实际。因为全球化现象的确可以被追溯到 15 世纪的地理大发现时期，而且，近代新兴的资产阶级和资本主义国家是全球化的先行者和推动者。1492 年哥伦布远航美洲、1498 年达·伽马绕过好望角到达印度，以及 1519—1522 年麦哲伦完成的环球航行等航海壮举的成功和新大陆的发现，在全球化的历史上具有里程碑的意义，使人类交往活动在地域上大大拓展，从国内拓展到国外，从周边地区跨越大洋大洲拓展到世界各地，打破了人类悠久的彼此毫无知晓、相互隔离的社会状态，开阔了人类的视野。由于地理大发现，"世界一下子大了差不多十倍；现在展现在西欧人眼前的，已不是一个半球的四分之一，而是整个地球了"[①]。地理大发现不仅开拓了人类的视野、开辟了东西两个半球一体化的新纪元，而且由于"美洲的发现、绕过非洲的航行，给新兴的资产阶级开辟了新天地"[②]。处于萌芽状态的西方资本主义经济的发展因此获得了甘霖，早期的先进资本主义国家生产力的海外扩张有了更广阔的空间，商品输出和资本输出得以实现，世界贸易和世界市场得以拓展，资本主义生产方式和资本主义制度的触角也因此得以开始全面伸向世界各地。没有环球航海的成功和新大陆的发现，这一切是不可能发生的。人类社会全球化进程的序幕是由地理大发现揭开的，此后，这一进程不断地深入和发展，资本主义的发展也不断地从低级走向高级。第一次世界大战前夕，资本主义由自由阶段发展到垄断阶段后，资本的国际化进入了更深更广的程度。第二次世界大战以后，以信息技术革命为核心的第三次科技革命的迅猛发展，少数发达资本主义国家加快了资本的积累和输出，而广大的发展中国家的工业化运动急需资金，促使资本的扩张从商业资本、借贷资本到产业资本空前国际化。当然应该指出，东西方两大阵营的划分及持续了四十余年的冷战，在相当程度上制约了全球化的进程，"两个平行的世界市场"

---

① 《马克思恩格斯文集》第 4 卷，人民出版社 2009 年版，第 94 页。
② 《马克思恩格斯文集》第 2 卷，人民出版社 2009 年版，第 32 页。

的存在尤其妨碍了经济生活的全球化。到20世纪80年代末90年代初，东西方冷战逐渐弱化并结束，"两个平行的世界市场"消失，全球化浪潮于是呈现出了前所未有的快速发展势头，进入了一个全新的发展阶段，并构成了当今人类社会发展的新的历史条件和时代特征。

认为全球化起源于近代历史，我们还可以从产生于近代历史的马克思主义理论创始人的思想中找到根据。在马克思和恩格斯的思想中，包含着丰富的全球化思想。全球化是近代历史的产物，作为同是近代历史产物的马克思主义自然不能不有所涉及。西方许多学者在追溯全球化的历史及关于全球化的思想史时，也大都认为马克思和恩格斯是全球化理论的重要先驱者。正如美国学者约翰·卡西迪所说："'全球化'是20世纪末每一个人都在谈论的时髦语词，但150年前马克思就预见到它的许多后果。"[1]众所周知，马克思主义创始人马克思和恩格斯对于当时的全球化现象的确作出了许多分析和阐述。例如，在《共产党宣言》中，他们曾形象地描绘了整个世界随着资本主义生产方式的确立和发展而逐渐形成相互联系的整体的生动历史画面："美洲的发现、绕过非洲的航行，给新兴的资产阶级开辟了新天地。东印度和中国的市场、美洲的殖民化、对殖民地的贸易、交换手段和一般商品的增加，使商业、航海业和工业空前高涨，因而使正在崩溃的封建社会内部的革命因素迅速发展。"[2]"不断扩大产品销路的需要，驱使资产阶级奔走于全球各地。它必须到处落户，到处开发，到处建立联系。""资产阶级，由于开拓了世界市场，使一切国家的生产和消费都成为世界性的了。使反动派大为惋惜的是，资产阶级挖掉了工业脚下的民族基础。古老的民族工业被消灭了，并且每天都还在被消灭。它们被新的工业排挤

---

[1] 转引自孙来斌:《马克思世界市场思想概述》,《当代世界与社会主义》2006年第4期。

[2]《马克思恩格斯文集》第2卷，人民出版社2009年版，第32页。

掉了，新的工业的建立已经成为一切文明民族的生命攸关的问题；这些工业所加工的，已经不是本地的原料，而是来自极其遥远的地区的原料；它们的产品不仅供本国消费，而且同时供世界各地消费。旧的、靠本国产品来满足的需要，被新的、要靠极其遥远的国家和地带的产品来满足的需要所代替了。过去那种地方的和民族的自给自足和闭关自守状态，被各民族的各方面的互相往来和各方面的互相依赖所代替了。物质的生产是如此，精神的生产也是如此。各民族的精神产品成了公共的财产。民族的片面性和局限性日益成为不可能，于是由许多种民族的和地方的文学形成了一种世界的文学。"[①]在《德意志意识形态》一书中，马克思也曾经指出："各民族的原始封闭状态由于日益完善的生产方式、交往以及因交往而自然形成的不同民族之间的分工消灭得越是彻底，历史也就越是成为世界历史。"[②]

马克思和恩格斯虽然没有明确地提出和阐述"全球化"这一概念，但从这些论述可以看出，他们比较详细和充分描述的这种历史现象，的确就是我们今天谓之的全球化现象；他们阐述的"历史转变为世界历史"的理论，在一定意义上就是对当时已经开始的全球化现象的理论分析。虽然他们描述的"全球化"现象并不能等同于今天的"全球化"现象，他们阐述的"世界历史"理论也并不能等同于今天的"全球化"理论，但他们对当时全球化现象的分析和关于"世界历史"理论的阐述，对于我们认识和分析今天的"全球化"趋势仍然具有十分重要的方法论意义。

三、经济全球化的涵义与本质

"全球化"的现象和趋势无疑体现在人类生活的各个领域中。但是，由于生产活动是人类最基本的实践活动，人类的经济关系交

[①]《马克思恩格斯文集》第 2 卷，人民出版社 2009 年版，第 35 页。
[②]《马克思恩格斯文集》第 1 卷，人民出版社 2009 年版，第 540—541 页。

往是人类普遍交往的最早领域，因此，"全球化"现象首先在经济领域中凸显出来，即"全球化"一开始是人类经济生活的全球化，而后逐渐波及人类其他生活领域。人类经济生活的愈益社会化发展，经济关系交往的愈益深化，也就愈益要求人类生活在各个领域实现社会化；人类生活各个领域的社会化反过来也影响和促进着人类经济生活的进一步社会化。在当前，"全球化"在主体上依然是经济生活的全球化，或者说主要表现为经济全球化。这一看法是国内外学者比较一致的，也是符合今天国际社会生活实际的。如前所述，我国学术界一般接受马来西亚学者的考证，认为是美国经济学家泰奥多尔·莱维特（Theodre Levitt）于 1985 年首次发明和使用了"全球化"这一术语。而他实际上就是从经济生活的视角来提出和认识"全球化"的。"全球化"这一术语产生于 20 世纪 80 年代不是偶然的，其最初从经济生活视角提出来同样也不是偶然的。

那么什么是经济全球化呢？据比较普遍的看法，"经济全球化"这一概念是经济合作和发展组织（OECD）首席经济学家奥斯特雷在 1990 年首次提出的，指的是生产要素在全世界的自由流动，从而实现资源在世界范围内的最优配置。此后，关于经济全球化的议论日益广泛。1997 年，国际货币基金组织给出了一个"经济全球化"的定义，即："经济全球化是指跨国商品与服务贸易及国际资本流动规模和形式的增加，以及技术的广泛迅速传播使世界各国经济的相互依赖性增强"[①]。

目前，关于经济全球化也尚未有公认的定义。根据目前国内外的研究，我们可以将其做如下的概括："经济全球化是以科学技术进步为基础、生产力发展为根本动力的人类经济生活的高度社会化。"[②]

---

① 参见国际货币基金组织编制：《世界经济展望》（1997 年 5 月），中国金融出版社 1997 年版，第 45 页。

② 张森林：《试论经济全球化的本质与世界社会主义的关系》，《当代经济研究》2003 年第 4 期。

它具体表现为生产全球化、贸易全球化、金融全球化、人力和资源全球化、生产技术全球化、经济信息全球化等等多个方面，是人类的经济行为超出民族国家疆界的大规模活动，体现着国家经济、地区经济、跨国公司经济等之间的相互依赖、相互依存的不断增强。20世纪80年代末90年代初以来，经济全球化愈益表现出这样一些明显的趋势和特征：第一，市场化。各国经济发展普遍以市场为导向，并与国际市场接轨，商品的国内价格与国际价格日益趋于一致，国际市场成了资源配置的最重要的调节者。第二，一体化。跨国公司和跨国经营大发展，企业跨国并购风潮日盛，国际分工日益加深，水平分工向垂直分工转化。第三，集团化。各种区域性经济组织日益增多，各国之间的经济合作和协调日益增强，游离于经济集团之外的国家日益减少。第四，自由化。各国经济和社会发展的开放度日益增大，世界市场日趋统一，各种人为的阻碍逐渐被打破，生产资源的国际流动更加畅通。第五，信息化。经济信息传播的速度日益加快，国际经济社会已成为信息社会。总之，在经济全球化趋势下，各国之间的经济关系越来越密切，乃至形成了"一荣俱荣，一损俱损"的利益共同体。

主要因为20世纪80、90年代科技革命的推动和东西方冷战的结束，经济全球化的进程大大加快，无论其广度还是深度都发展到了一个新的水平。世界各国在生产、分配、流通、消费等领域内的经济联系比以往任何时候都更为广泛和密切，在资源开发、配置以及各类生产要素的流动和应用方面，国际的分工和协作达到高层次水平。国际资本跨国流动越来越大。各国经济相互交织、相互融合、相互依赖、相互渗透，以致全球经济发展为一个不可分割、分解、分离的整体。

虽然经济全球化现象并不是一个当代世界才有的新的历史现象，但显然，历史上的经济全球化现象与今天的经济全球化现象决不能同日而语。今天的经济全球化现象是历史上的经济全球化现象的不断深化和发展的结果。经济全球化之所以成为当今人类社会发展的新的时代条件和时代特征，就在于20世纪80、90年代以来，经济全球化现象达到了历史上前所未有的水平，特别是世界经济紧密结合的程度大幅度提高。其突出表现就是：第一，世界贸易增长速度远远超过世界经济增长速度。153个国家已经成为世界贸易组织（WTO）的成员国，表明越来越多的国家融入到世界贸易体系之中去，世界贸易规模不断扩大。第二，资本国际流动的增长速度显著快于商品国际流动的增长。国际经济生活的现实表明，时间、地域、国界对资本流动已越来越不成为障碍。根据国际清算银行2001年的调查，2001年国际外汇市场日平均交易量在1.2亿美元以上，相当于世界各国外汇储备总量的85%，是全球日商品和服务出口总值的70倍。[①] 根据国际清算银行2010年的调查，过去三年间全球外汇市场交易规模快速扩大，到2010年年底国际外汇市场的日均交易额已达4万亿美元。国际清算银行的报告显示，在过去三年内，虽然经历了国际金融危机和欧洲债务危机，但全球外汇市场交易日趋活跃，交易量增加了20%。外汇交易日趋活跃的最大推手是"高频交易"，这种交易以模型为投资策略基础，由电脑自动执行交易指令，可以在极短时间内完成交易。[②] 第三，国际性经济组织的权威性和职能日益增强。1995年1月1日世界贸易组织（WTO）正式运转，标志着一个以贸易自由化为中心的多边贸易体制的建立。第四，跨国界生产经营活动加速发展。跨国公司及其遍布全球的子公司和附属企业，形成了一个庞大的全球研发、生产和销售的网络化体系。据联合国有关机构最新统计，全球6.3万家跨国公司通过70万家海外公司，渗透到世界各个国家和地区的各个

---

① 鄂志寰：《波动性持续上升——从国际资本流动规律看2003年国际金融市场趋势》，《国际贸易》2003年第1期。

② 新华：《全球外汇市场日均交易额4万亿美元》，《经济参考报》2010年12月14日。

产业，控制着全球 45% 的产出、60% 的贸易、70% 的技术转让和90% 以上的直接投资。[①] 这些跨国公司都是"以世界为工厂，以各国为车间"进行生产。第五，区域集团化的趋势正加速发展。区域经济集团不仅内部的商品和资本流动加快，而且外部的开放程度也在提高。区域集团化相对消除了单个国家的个体独立性，并且使经济主体的数量相对减少，更加有利于全球经济一体化。

关于经济全球化的本质，目前人们的看法也存在着巨大的分歧，有人认为经济全球化或全球化是西方化、资本主义化或美国化，有人不同意这样的看法，认为经济全球化或全球化是现代化，是人类进步的历史潮流和必然趋势。

国内外学术界、政界不少学者和政治家将经济全球化或全球化的本质归结为"资本主义化"，甚至归结为"美国化"。如：法国人雅克·阿达认为经济全球化就是资本主义经济体系对世界的主宰和控制。[②] 美国人戴维·科顿认为全球化是"全球化资本主义"或"新全球化资本主义"。[③] 俄共领导人久加诺夫认为全球化是"使劳动社会化遍及全世界的资本主义形态"[④]。我国学者陶大镛认为"目前的全球化是受制于美国霸权主义深刻影响下的全球化，全球政治和经济游戏规则的制定和修改，首先反映着美国等发达国家的权益"[⑤]。蔡仲德认为"'全球化'在当今世界，其实质含义就是'美国化'"；"'全球化'是资本主义固有的特点、本性，是它的一个终极

① 参见徐坚主编：《国际环境与中国的战略机遇期》，人民出版社 2004 年版，第74 页。

② ［法］雅克·阿达著：《经济全球化》，何竟、周晓幸译，中央编译出版社2000 年版，第 3—4 页。

③ ［美］戴维·科顿：《全球化资本主义导致人类日益贫困》，［日］《世界》1998年第 8 期。

④ ［俄］久加诺夫：《全球化：绝境还是出路？》，《国外理论动态》2002 年第 12 期，第三章"对自由市场的偏爱"。

⑤ 陶大镛：《对当前世界政治经济格局的一些思考》，《北京师范大学学报》（社会科学版）1999 年第 5 期。

目标，其实质就是资产阶级要统治全世界"①。宏量认为"伴随着经济全球化，美国和西方的意识形态、价值观念、生活方式也几乎遍及世界的每一个角落。在一定意义上可以说，所谓'经济全球化'就是美国（西方）化，是美国（西方）文化的全球化"②。唐任伍认为"全球化就是美国化，全球化就是资本主义化，全球化就是'西方化'"③。

不赞同把经济全球化或全球化归结为资本主义化、西方化或美国化的意见也是十分鲜明的。罗天虹认为"全球化更深刻的历史内涵是全球现代化"，"把全球化完全等同于资本主义化并效仿西方资本主义的模式，这显然是对全球化的片面理解"④。吴剑平、吴群刚认为"经济全球化是二战后世界经济发展最显著的特征，是人类进步的历史潮流和必然趋势"⑤。蔡拓认为"全球化是指当代人类社会生活跨越国家和地区界限，在全球范围内的全方位的沟通、联系、相互影响的客观进程与趋势"⑥。吴易风认为"应该区分两种不同性质的全球化：当前的现实的全球化和未来的理想的全球化"。在我们这个时代，经济全球化在美国和其他发达国家主导下，同马克思、恩格斯那个时代的全球化具有本质上的共同点："全球化是资本主义生产方式的全球化，是与资本主义生产方式相适应的生产关系和交换关系的全球化。资本增殖，剩余价值的生产和占有，是全球化最深刻的动因。"因此，"当前的现实的全球化的实质是资本主义全球化"。人类社会最终将过渡到共产主义社会。与资本主义全球化不同，"未来的理想的全球化是社会主义全球化和共产主义

① 蔡仲德：《"全球化"？》，《中流》2001 年第 4 期。
② 宏量：《经济全球化观察》，《当代思潮》2000 年第 3 期。
③ 唐任伍：《经济全球化的实质与中国的对策》，《当代经济》2000 年第 10 期。
④ 罗天虹：《全球化是西方化吗？》，《教学与研究》2000 年第 4 期。
⑤ 吴剑平、吴群刚：《全球化与中国新的发展模式》，《世界经济与政治》2001 年第 4 期。
⑥ 蔡拓：《全球化与当代国际关系》，转引自俞可平：《全球化悖论》，中央编译出版社 1998 年版，第 75 页。

全球化"①。

上述两种不同看法出自不同的视角,都有其一定的合理性。俞可平对两种不同看法的理由作出了很精练的归纳。认为全球化就是西方化和美国化的理由主要有:①西方发达国家是全球化进程的主要推动者。②西方国家操纵着全球化的进程。③全球化的规则主要由西方国家制定。④现实生活中充满着"西方化"或"美国化"的各种表现。⑤美国是西方国家的代表,西方化首先或者说主要表现为美国化。认为全球化决不是西方化或美国化的理由主要有:①包括美国在内的所有西方国家实际上越来越不可能操纵全球化过程,发展中国家在全球化进程中的发言权正日益加大。②美国和其他发达国家在全球化进程中既获得了利益,同时也遭受了损失。③西方国家反对全球化的力量正在日益增大;反对力量分别来自右和左的阵营。④全球化对于发展中国家来说,确实是一把双刃剑,发展中国家在全球化进程中既遭受了损失,但也获得了利益。⑤中国是全球化的赢家,在趋利避害方面是成功的范例。② 虽然从不同的角度都可以来分析和认识,也都有一定的合理性,但是,遵循马克思主义辩证唯物主义和历史唯物主义方法论,更为科学和准确地认识经济全球化或全球化,是我们面临的一项重要任务。

综观迄今为止的经济全球化现象,我们可以发现,无论从其历史起源上看、从其发展进程上看,还是从目前现状上看,的确都同资产阶级、资本主义制度和资本主义生产方式有着十分密切的联系。

从历史起源上来看,经济全球化或全球化与世界资本主义具有天然的同步性。如前所述,15 世纪的地理大发现,给处于萌芽状态的西方资本主义经济的发展带来了甘霖,早期资产阶级及资本主义国家的商品输出、资本输出受到了强烈的刺激,世界贸易和世界

---

① 吴易风:《全球化的性质和利弊》,《中国人民大学学报》2001 年第 4 期。
② 俞可平主编:《全球化:西方化还是中国化》,社会科学出版社 2002 年版,第 302—303 页。

市场得以迅速拓展，资本主义生产方式的触角开始全面伸向世界各地。从这一点来说，经济全球化的产生就是近代资产阶级拼命开拓世界市场、扩大世界贸易的直接结果。马克思、恩格斯当年就十分深刻地揭示了这一点：为了攫取最大限度的利润，"资本一方面要力求摧毁交往即交换的一切地方限制，夺得整个地球作为它的市场，另一方面，它又力求用时间去消灭空间，就是说，把商品从一个地方转移到另一个地方所花费的时间缩减到最低限度。资本越发展……也就越是力求在空间更加扩大市场，力求用时间去更多地消灭空间"①；"不断扩大产品销路的需要，驱使资产阶级奔走于全球各地。它必须到处落户，到处开发，到处建立联系"②。于是，各个国家原有经济体系孤立和封闭的状态被冲破了，世界因此被日益紧密地联系在了一起。"资产阶级，由于开拓了世界市场，使一切国家的生产和消费都成为世界性的了。……资产阶级挖掉了工业脚下的民族基础。古老的民族工业被消灭了，并且每天都还在被消灭。它们被新的工业排挤掉了，……这些工业所加工的，已经不是本地的原料，而是来自极其遥远的地区的原料；它们的产品不仅供本国消费，而且同时供世界各地消费。旧的、靠本国产品来满足的需要，被新的、要靠极其遥远的国家和地带的产品来满足的需要所代替了。过去那种地方的和民族的自给自足和闭关自守状态，被各民族的各方面的互相往来和各方面的互相依赖所代替了。物质的生产是如此，精神的生产也是如此。"③"随着贸易自由的实现和世界市场的建立，随着工业生产以及与之相适应的生活条件的趋于一致，各国人民之间的民族分隔和对立日益消失。"④"资产阶级，由于一切生产工具的迅速改进，由于交通的极其便利，把一切民族甚至最

---

① 《马克思恩格斯全集》第 46 卷（下），人民出版社 1980 年版，第 33 页。
② 《马克思恩格斯文集》第 2 卷，人民出版社 2009 年版，第 35 页。
③ 《马克思恩格斯文集》第 2 卷，人民出版社 2009 年版，第 35 页。
④ 《马克思恩格斯文集》第 2 卷，人民出版社 2009 年版，第 50 页。

野蛮的民族都卷到文明中来了。它的商品的低廉价格，是它用来摧毁一切万里长城、征服野蛮人最顽强的仇外心理的重炮。它迫使一切民族——如果它们不想灭亡的话——采用资产阶级的生产方式；它迫使它们在自己那里推行所谓的文明，即变成资产者。一句话，它按照自己的面貌为自己创造出一个世界。""正像它使农村从属于城市一样，它使未开化和半开化的国家从属于文明的国家，使农民的民族从属于资产阶级的民族，使东方从属于西方。"①经济全球化的起源与世界资本主义的起源的这种天然同步性，一方面表明，西方早期资产阶级和资本主义国家是经济全球化的先行者和推动者，是它们对利润的无限追逐，促进生产不断扩大、经济活动日益超出民族国家的疆界。经济全球化的确深深地打上了资本主义的烙印。另一方面表明，经济全球化的形成和发展，为资本主义经济的全球扩张提供了可能，的确是世界资本主义形成和发展的重要条件。

从发展进程上看，经济全球化或全球化伴随着资本主义的发展而不断发展。资本主义不断创造巨大的生产力，同时推动了人类普遍交往的不断深化，使人类社会更加紧密地结成一体，使世界各地区各国家日益相互依赖相互依存。经济全球化或全球化是以科技进步为物质基础的，是以生产力的发展为根本动力的。但是，近代以来，人类文明的发展，包括科技的巨大进步和生产力的巨大飞跃，都是与资本主义发展相伴随的；资本主义世界经济体系的形成和扩张，也是经济全球化的形成和扩张；资本主义经济的迅速发展，也就是经济全球化的迅速发展。就这个意义来看，也可以说资本主义的发展是经济全球化或全球化的强大推动力。

从目前现状上看，经过五个多世纪的发展，经济全球化或全球化达到了前所未有的水平，但是，先进的资产阶级和资本主义国家极力推动经济全球化或全球化的目的没有改变，它们的确依然利用

①《马克思恩格斯文集》第2卷，人民出版社2009年版，第35—36页。

经济全球化或全球化来巩固、扩展资本主义生产方式，进一步实现和深化全球资本主义化，以便在更大的范围内获得更多的利润。目前，资本主义发达国家，尤其是美国，的确是经济全球化的主导者和最大的受益者；不可否认，现今的经济全球化或全球化在很大程度上依然属于资本主义生产方式全球延续的过程，现今的经济全球化或全球化依然带有浓重的资本主义色彩，或者说浓重的美国色彩。

但是，尽管无论从其历史起源上看、从其发展进程上看，还是从目前现状上看，经济全球化或全球化的确都同资产阶级、资本主义制度和资本主义生产方式有着十分密切的联系，美国作为头号的资本主义发达国家的确在当今的世界经济中居于突出的重要地位，也不能把经济全球化或全球化的本质简单地说成就是"资本主义化"或就是"美国化"。因为经济全球化的本质是需要更全面地更深刻地加以理解的。

关于经济全球化的本质，笔者认为可以做这样的理解：第一，它是一个历史范畴，即是人类社会历史发展的一定阶段的产物。作为人类经济生活的高度社会化，只有到人类科技水平和生产能力有了相当的发展，民族国家之间的联系特别是经济联系达到了一定的程度，才可能出现经济全球化现象。第二，它是人类经济活动跨越民族国家疆界发展的必然结果。随着民族国家生产能力的增强和国际分工的扩大，民族经济必然发展为世界经济，商品、劳务、资金、技术、资源等经济因素跨国界的流动，成为人类经济生活必不可少的内容和环节。第三，它是生产力与生产关系的统一体。它既是人类社会生产力发展的必然结果和客观要求，又是生产关系向全球扩展的产物，因而同时反映着世界生产力与生产关系的状况。第四，它是世界经济发展的不以人的意志为转移的客观趋势。不论人们愿意与否，经济全球化都会产生和发展，而且总体上具有不可逆转性，任何一个民族国家都无法避开。第五，它是一个漫长的、复杂的、曲折的发展过程。经济全球化是动态的，是从低级走向高级

23

的。虽然是一个自然的历史过程，但由于各种因素特别是社会制度因素的影响，其发展又不是一帆风顺的。第六，它是人类社会历史进步的重要标志。经济全球化发展符合人类历史发展的规律，促进了人类历史的进步，也是人类历史进一步发展的强大推动力。第七，它的高级发展阶段将是人类社会的高级形态。经济全球化的发展必将促进和推动人类精神、政治等方面生活的全球化发展，最终使人类社会形成一个前所未有的高度发展和全面进步的共同体。[①]当然，今天的经济全球化距离经济全球化的高级发展阶段显然还极其遥远。

依据对经济全球化本质的这样理解，毫无疑问，经济全球化既具有自然属性，也具有社会属性，是自然属性与社会属性的统一，是自然历史过程和社会历史过程的统一。[②]自然属性是指它作为以科学技术进步为基础、生产力发展为根本动力的人类经济生活的高度社会化，是世界经济发展的自然过程，是人类社会发展一般规律的体现。社会属性是指它作为人类经济生活高度社会化的表现，又是不可能与一定的社会经济制度相脱离的，必然要反映一定社会经济制度的性质，并受一定社会经济制度的影响和制约。认识经济全球化的本质，不能把它的自然属性与它的社会属性截然分开，必须把它们联系起来考察，但又不能把两者等同划一，简单地视为一回事。因为随着经济全球化的不断发展和深化，其自然属性是不会变的，而其社会属性则由于不同时期世界经济制度性质的不同而发生相应的变化。经济全球化产生于资本主义生产方式崛起的时代，或者说是伴随着资本主义生产方式的发展而发展的，它将经历世界资本主义制度时代、世界资本主义制度与世界社会主义制度并存时

---

① 参见张森林：《试论经济全球化的本质与世界社会主义的关系》，《当代经济研究》2003 年第 4 期。

② 参见张森林：《试论全球化的自然属性与社会属性的统一》，《长春市委党校学报》2004 年第 4 期。

代和世界社会主义（共产主义）制度时代。在世界资本主义制度时代，世界经济处于资本主义一统天下的历史条件下，经济全球化无疑就是资本主义化，受资本主义社会经济制度的影响和制约；在世界资本主义制度与世界社会主义制度并存时代，世界经济处于世界资本主义与社会主义竞争共处的历史条件下，经济全球化反映资本主义和社会主义两种社会经济制度的性质，受资本主义、社会主义两种社会经济制度的影响和制约；在世界社会主义（共产主义）制度时代，世界经济处于社会主义（共产主义）的历史条件下，经济全球化无疑就是社会主义（共产主义）化，受社会主义（共产主义）社会经济制度的影响和制约。当前的世界历史时代，是世界资本主义制度与世界社会主义制度并存时代，世界经济处于世界资本主义与社会主义竞争共处的历史条件下，经济全球化的现实因此表明，它的确反映着资本主义和社会主义两种社会经济制度的性质，受资本主义和社会主义两种社会经济制度的影响与制约。

　　不能把经济全球化的本质简单地说成就是"资本主义化"或"美国化"。首先，因为经济全球化是自然历史过程和社会历史过程的统一，经济全球化的本质体现在自然属性和社会属性的统一之中，经济全球化的自然属性与社会属性不是一回事。经济全球化的自然属性体现为超越任何社会制度、民族和地域限制的人类生活现代化过程；经济全球化的社会属性体现为其与一定社会制度和生产方式的联系，反映一定社会制度和生产方式的性质和特点。我们既不能仅仅注视经济全球化的社会属性，只看到其带有的深刻的资本主义烙印，而忽视其自然属性，看不到其资本主义烙印后面的深刻内涵，也不能用静止的眼光看待经济全球化的社会属性，忽视其随着社会制度性质的改变而发生相应的变化。资本主义生产方式和社会制度肯定是不会永世长存的，但在资本主义生产方式和资本主义制度之后，经济全球化作为以科学技术进步为基础、生产力发展为根本动力的人类经济生活的高度社会化，作为世界经济发展的自然过程，肯定还会继续下去。国际学术界公认的全球化研究领域的先驱法国学者奥利维埃·多尔富斯也认为："全球化不是市场，也不是资本主义。""如果一个世纪之后，资本主义瓦解了，又有其他的经济组织形式被实施并被推广，我们也很难想象社会将会重新回到隔离的状态，即使全球化反映的是资本主义的实力、观念和技术体系等方面的状态，即使我们的世界目前受到资本主义、市场、新自由主义以及寻求最佳因素生产力的技术体系的影响，全球化依然是一个超越了国家和意识形态的当代现实。"[1]

不能把经济全球化的本质简单地说成就是"资本主义化"或"美国化"。其次，因为简单地将经济全球化视为资本主义化，也与当今经济全球化发展的现实不相符合。不论从推动经济全球化发展的根本动力来看，从影响经济全球化发展的社会制度因素来看，还是从经济全球化的成果来看都能说明这一点。

推动经济全球化发展的根本动力是生产力。经济全球化的深刻内涵就在于它是人类生产力在世界范围内社会化的过程。这一过程以先进的资本主义国家为先导，随后逐渐蔓延到世界其他国家和地区。"美国人和欧洲人曾经在其中起过主要作用，但它的产生毕竟是由于采用现代科学、技术、医学、运输以及电子通讯工具等的结果；哪里采用这一切，哪里便出现这种过程。"[2]我们知道，马克思在分析英国在印度的殖民主义行径时曾指出："英国在印度斯坦造成社会革命完全是受极卑鄙的利益所驱使，而且谋取这些利益的方式也很愚蠢。但是问题不在这里。……英国不管犯下多少罪行，它造成这个革命毕竟是充当了历史的不自觉的工具。"[3]他在考察世界历史形成的时候也曾认为，在资产阶级推动下"生产力的普遍发展

①［法］奥利维埃·多尔富斯:《地理观下全球化》，社会科学文献出版社2010年版，第4页。
②［美］帕尔默·科尔顿:《近现代世界史》，商务印书馆1988年版，第1145页。
③《马克思恩格斯文集》第2卷，人民出版社2009年版，第683页。

和与此相联系的世界交往"是世界共产主义产生的前提。① 马克思
的分析完全可以适用于对经济全球化的认识。我们不能因为经济全
球化带有浓重的资本主义痕迹就完全否定它的历史进步作用。

　　社会主义对经济全球化的影响是明显的。如果说，在世界处于
资本主义一统天下的时代，经济全球化的发展完全受资本主义国家
和制度的影响与制约，那么，在世界处于资本主义和社会主义并存
的时代，经济全球化的发展除了受资本主义国家和制度的影响与制
约外，也必然要受到社会主义国家和制度的影响与制约。事实已经
表明，社会主义国家和制度通过对资本主义国家和制度的影响与制
约，的确对资本主义主导下的经济全球化形成了一定的影响与制
约。如第二次世界大战前，鉴于资本主义世界经济大危机的苗头
已经出现，美国经济学会主席、新古典经济学派理论家弗曼泰勒
于 1929 年就发表过《社会主义国家生产指南》一文，提出了"指
导性计划"的新概念，认为如果采用"指导性计划"来对市场经济
加以宏观调控，对资本主义国家会大有益处。再如第二次世界大
战后，美国经济学家劳克思和胡特在《比较经济制度》一书中也
提出，社会主义制度有其一些独特的优越性；资本主义制度有其难
以避免的一些弱点和劣势；社会主义和资本主义各有所优，各有所
劣，最好各取所优。② 又如，当代资本主义国家在经济运行中大都
实行了计划调节和国有化措施，在社会生活中也普遍确立了"福利
主义"的保障制度等，都是对社会主义一些做法的借鉴，明显地体
现出了社会主义的影响。而且，社会主义的苏联曾经是世界第二经
济政治强国，军事力量曾与美国势均力敌，在第二次世界大战后的
世界经济、政治、文化各个领域都曾有过举足轻重的影响。有的学
者就认为："在很大程度上讲，20 世纪的全球化进程的主线是社会

---

① 参见《马克思恩格斯文集》第 1 卷，人民出版社 2009 年版，第 539 页。
② 参见樊期曾：《现代科学技术革命与未来社会》，中国人民大学出版社 1998 年
版，第 14 页。

主义和资本主义两种思想和制度的竞争与对抗。"① 中国作为有一定实力的社会主义国家，世纪之交以来对经济全球化的影响也是十分明显的。中国于 2001 年成为了世界贸易组织的成员国，于 2004 年 10 月首次以特邀嘉宾的身份参加了七国集团（G7）财长和央行行长会议。对此，日本《东京新闻》2004 年 10 月 3 日发表的"中国的影响力明显增强"一文认为："中国在世界经济中的作用和影响进一步凸显出来。"②《日本经济新闻》2004 年 10 月 3 日发表的"G7 对华政策：避免摩擦优先对话"一文也认为："新的国际经济协调框架开始运作"，同时指出："有预测说，这是'G7+中国'时代的开始。"③ 自那以后，中国几乎参加了所有重要的世界经济会议和论坛。中国经济发展对世界经济发展的影响和制约，尤其体现在世界共同战胜由 2007 年美国金融危机引发的世界经济危机的过程中，中国发挥的突出作用是举世公认的。目前，中国已经成为世界第二大经济体，是保持世界经济稳定、促进世界经济发展的重要力量，在今后经济全球化发展进程中无疑会形成日益强大的影响。

不能把经济全球化的本质简单地说成就是"资本主义化"或"美国化"。如果将其从根本上加以否定，我们就难以解释我国新时期以来 30 年取得的巨大成功和成就。中国共产党第十七大报告指出：中国"新时期最鲜明的特点是改革开放"，"这场历史上从未有过的大改革大开放，极大地调动了亿万人民的积极性，使我国成功实现了从高度集中的计划经济体制到充满活力的社会主义市场经济体制、从封闭半封闭到全方位开放的伟大历史转折。今天，一个面向现代化、面向世界、面向未来的社会主义中国巍然屹立在世界东方。"全面对外开放是中国特色社会主义的鲜明特色之一。中国

① 杨雪冬：《全球化：西方理论前沿》，社会科学文献出版社 2002 年版，第 85 页。
② 参见《"七国集团＋中国"时代来临？》，《参考消息》2004 年 10 月 4 日第一版。
③ 参见《"七国集团＋中国"时代来临？》，《参考消息》2004 年 10 月 4 日第一版。

特色社会主义是全面对外开放的社会主义，是与经济全球化紧密联系的社会主义。正是全面对外开放，融入经济全球化的潮流，中国才充分地吸收和利用了人类社会的优秀文明成果，才有了前所未有的快速发展。

决不能把经济全球化的成果通通贴上资本主义的标签。经济全球化虽然是在资本主义的直接推动下和主导下发展的，发达资本主义国家推动和主导经济全球化虽然是直接为资本主义制度和生产方式服务的，但如前所述，经济全球化的根本推动力是生产力，反映着人类社会历史发展的一般规律，也是人类文明进步的重要标志，因此不能把它所取得的成果都简单地贴上资本主义的标签。例如，经济全球化促进了世界经济资源的优化配置，促进了现代市场经济机制的传播，推动了世界经济合作机制的形成，推动了民主和人权的发展，提高了各民族国家政府和人民的全球意识，创建了人类信息网络，提升了人类物质和文化生活水平，等等。这一切，虽然主要都是在资本主义发达国家推动下实现的，也使得它们不可避免地带有一定的甚至深刻的资本主义痕迹，但它们却是人类文明进步的重要成果。我们既不能把它们说成是资本主义的专利，也不能说它们对社会主义的发展一点好处都没有。

四、经济全球化的积极作用与消极作用

关于经济全球化利弊的分析，是我们认识经济全球化不可缺少的重要内容，也是我们考察经济全球化对人类社会发展影响的不可缺少的认识前提。国内外学术界都存在着"经济全球化对任何国家都是一柄'双刃剑'"即利弊兼有的说法，并已为绝大多数人所接受。依据辨证的认识方法，经济全球化同任何事物都有两面性一样，的确是利弊兼有的，或者说既有积极的一面，也有消极的一面。经济全球化对人类生活的影响是多维度、多层面的，也是异常复杂的。这里，我们主要从经济生活的视角来探讨经济全球化的

29

利弊。江泽民同志曾指出:"必须全面正确地认识和对待经济'全球化'的问题。经济'全球化'是世界经济发展的客观趋势,谁也回避不了,都得参与进去。问题的关键是要辩证地看待这种'全球化'趋势,既要看到它有利的一面,又要看到它不利的一面。这对于我们中国这样的发展中国家来说尤为重要。"[1]这一论断可以作为我们正确认识经济全球化的一个基本依据。

一方面,作为人类社会现代化的进程和人类社会历史进步的重要标志,经济全球化的积极作用是显而易见的,至少有如下的主要体现:

1. 有利于促进人类的共同发展和进步

劳动力、能源、资金、技术等生产要素,是任何国家不可缺少的生产资源,然而它们在各国家、各地区的分布是极不均衡的,或者是生产资源的相对不足,或者是生产资源的相对过剩,这不仅是导致各国家、各地区的经济发展水平存在巨大差距的一个重要原因,而且极大地妨碍着人类社会的共同进步和协调发展。经济全球化的一个重要作用,就是可以推动劳动力、能源、资金、技术等生产要素跨国界、跨地区流动,促进各国家、各地区在生产资源上的共享与相互之间的优势互补,促进生产资源在世界范围内实现优化配置与组合。因此,经济全球化对于促进人类生产力的总体发展、促进人类的共同进步具有重要的意义。

2. 有利于生产资金在世界范围内周转

经济全球化为资金在世界范围内跨越国界自由流动创造了条件,或者说经济全球化加速了资金在世界范围内的自由流动,由此就为那些经济建设资金相对不足的国家提供了引进和利用外资的机会。尤其是那些谋求实现国家现代化、经济建设资金严重不足的发展中国家,可以通过采取积极引进外资的政策,利用外资弥补本国

---

① 江泽民:《坚定不移地贯彻"一国两制"方针继续保持香港繁荣稳定》,《人民日报》1998年3月9日。

资金不足，从而实现经济的较快速增长。近20年来，印度、巴西、中国等一批经济发展较快的发展中国家，都比较好地利用了资金在世界范围内加速流动的趋势，采用了积极引进和利用外资的政策。特别应该指出的是，在引进和利用外资方面，改革开放新时期以来的中国一直走在世界的前列。

3. 有利于先进技术在世界范围内推广

经济全球化加速发展是与科学技术的突飞猛进相伴随的，人类经济生活普遍交往的不断深化又是与科学技术在世界范围内的传播相交织的。正是科学技术的突飞猛进及其在世界范围内的推广，为科学技术相对落后的国家引进和利用先进科学技术提供了良好机会。因为技术转让活动大大加快了，在客观上有利于科学技术相对落后国家的技术发展，也有利于科学技术相对落后国家加快产业结构的升级和工业化进程，加速从传统经济向现代经济的转变。各国的科学技术水平都可以因此而提高，世界生产力整体的发展也因此得到了促进。近20年来，印度、巴西、中国等一批科学技术相对落后的发展中国家，走向现代化的速度日益加快，无不得益于积极引进和利用国外的先进科学技术。

4. 有利于先进经验在世界范围内传播

经济全球化的加速发展和世界各国家、各地区之间交往的深化，极大地促进了生产建设和经济管理的先进经验在世界范围内的传播，从而为世界各国提供了相互学习和借鉴的机会，尤其是为缺少生产建设和经济管理经验的相对落后国家提供了学习和借鉴先进的生产建设和经济管理经验的机会。近20年来，印度、巴西、中国等一批相对落后的发展中国家正是通过广泛学习和借鉴了世界上许多国家先进的生产建设和经济管理经验，并与本国国情实际相结合，实现了不同程度的制度创新，形成了具有本国特色的建设和发展模式，不仅大幅度提高了自己的建设和发展水平，在许多方面缩小了与发达国家的发展差距，甚至出现了后来居上的势头。

31

另一方面，经济全球化也由于各种原因存在着消极的作用。比如，由于历史的原因，经济全球化在世界各国家、各地区的起点是不一样的；由于现实的原因，经济全球化至今在资本主义生产方式、特别是在少数资本主义强国的主导之下，因此，不仅其发展是不平衡的，而且存在着许多弊端或消极作用。如果说经济全球化在促进世界经济发展、给各国家、各地区带来了经济利益，是一种正效应的话，那么它的弊端或消极作用可以说是一种负效应。这同样是显而易见的，从现实情况来看至少有如下的体现：

1. **加剧世界经济发展的两极分化**

从理论上讲，所有参与经济全球化过程的国家都会从中受益，但目前的事实表明，所有国家并非在经济全球化过程中利益均沾。一方面，国际经济组织（世界贸易组织、国际货币基金组织、世界银行等）都掌握在发达国家手中，为世界经济运转所需要的各种原则、制度和秩序都是由他们制定的。另一方面，西方发达国家所拥有的经济、技术和管理优势，是发展中国家远不可及的。因而在经济全球化中获益最大的是少数社会生产力高度发展的发达国家，这是处于世界经济边缘、经济和技术相对落后的广大发展中国家远远不能及的。广大的发展中国家不仅获得的利益有限，而且其经济发展还可能经常受到某些冲击。在不平等的地位和关系下，经济全球化的利益分配决不可能是均衡的，而且短期内不会有根本的改变。换个角度说，目前的经济全球化为少数发达国家和广大的发展中国家提供的发展空间是不一样的，也正因为如此，人们看到，经济全球化加剧了世界各国的发展差距和国民收入的两极分化。

2. **导致世界经济处于不稳定状态**

随着经济全球化的加速发展，世界经济已经成为一个环环相扣的巨大链条，各国家、各地区经济都构成了这个巨大链条的环节，许多国家和地区的对外贸易依存度都已经在20%—30%，有的甚至还要更高一些。在这种高度相互依存的条件下，一个国家、一个地区的经济会影响其他国家和地区的经济，也会受到其他国家和地区经济的影响。一个国家或地区的经济出现较大波动或危机，就可能因相互传染而迅速地蔓延开来，不仅个别国家和地区的经济会遭受损害，而且可能导致整个世界经济的不稳或动荡。1997 年泰国的金融危机，就曾很快蔓延到整个东南亚、东亚地区，形成了严重的地区性金融危机，而后又波及俄罗斯和拉美地区，形成了事实上的全球性金融动荡；2007—2008 年源于美国的金融危机，更由于美国在世界经济中的地位，迅速地成为席卷全球的金融飓风，并广泛地波及实体经济，演变成一场世界性的经济危机。

3. 削弱或束缚国家的经济主权

在民族经济是世界经济的组成部分的历史条件下，国家经济主权是民族经济利益不可缺少的保障，也是加强世界经济合作、维护世界经济稳定不可缺少的因素。融入世界经济、参加国际经济组织，是谋求民族经济利益和推动世界经济发展的必要措施，然而，国家经济主权由于必要的让渡也因此受到了削弱或束缚。一方面，一个国家参加世界经济组织，在获得了一定权利和利益的同时，也必然要尽各项义务、遵守共同的规则，这就要被迫进行一定的国内经济政策调整，也就是在一定程度上将国家经济主权让渡了出去。这在欧盟国家中体现得最为鲜明。在欧洲经济体的发展进程中，从早期的关税同盟、统一农产品价格、汇率联合浮动，到 20 世纪末的单一货币金融政策，其经济一体化水平逐步提高，但各成员国经济主权独立性却不断相对下降。另一方面，一个国家参加国际分工、加入国际经济大循环，国内经济也必然受到国际经济的影响和制约。诸如跨国公司等国外经济机构和力量的发展战略目标往往都与各东道国的经济发展战略目标有很大差异，必然对各东道国的经济发展构成妨碍，从而也会削弱和束缚民族国家的经济主权。随着经济全球化的深入，民族经济的自主性将进一步受到限制，国家经济主权也将面临更大的挑战。

4. 加剧国际经济竞争和经济摩擦

国际经济竞争是在世界市场上进行的一种有意识的利益冲突活动。20世纪90年代以来，在经济全球化加速发展的趋势下，世界各国都被卷入到世界市场中来，都不可避免地登上这个经济较量的大舞台。各国政府无不对本国的公司或企业采取积极支持的态度，甚至在对外贸易政策上，大都实行奖出限入的贸易保护政策，以获取和维护各自国家的经济利益，导致国际经济竞争变得十分激烈。由于当代国际经济竞争的实质是以经济和科技实力为基础的综合国力的竞争，各国政府更加积极地介入到国际经济竞争活动中，不仅导致国际经济竞争的范围日益广泛，而且导致国际经济竞争更加白热化和复杂化。与此相应的是，国际经济摩擦日益增多和激烈，并出现了许多新特点。如：第一，服务贸易领域成为经济摩擦新的主战场之一。少数发达国家在金融、电信、咨询等服务业领域争夺激烈，美国一直在敦促日本加大金融服务市场的开放力度，美欧之间在民航服务上也是时有龃龉；金融、电信等服务领域也曾成为我国加入世贸组织谈判中美欧与我国争执不下的主要焦点。第二，知识产权方面的纠纷成为经济摩擦的一个重要领域。以美国为首的发达国家在高新科技领域占有压倒性的优势，但仍然不遗余力地推进知识产权的保护。这种情况比较突出的体现就是，近年来发达国家与发展中国家之间知识产权纠纷前所未有地增多。第三，高科技的应用对传统的竞争规则提出了挑战。例如围绕转基因技术在食品领域中的使用，欧盟与美国就存在着尖锐的争端。转基因食品的危害目前还不能达成科学上的共识，也没有合适的竞争规则加以规范。如1999年4月29日，欧盟委员会发言人宣布在从美国进口的牛肉中发现有12%的样本含有荷尔蒙激素，欧盟决定从6月15日起停止进口美国牛肉，遂引发了新一轮美欧贸易战。第四，金融领域的摩擦成为新的热点。20世纪90年代后期，东南亚金融危机、俄罗斯金融危机、巴西金融危机接踵而至，来自少数发达国家的国际投机资本在实施援助中附加苛刻的条件，以乘机谋取暴利，使得金融领域的斗争和摩擦显得十分剧烈。第五，环保问题成为南北摩擦的重要领域。发达国家为了保护本国的资源和环境，采取以邻为壑的环境保护方式，在以低成本开发和利用发展中国家资源并向发展中国家转嫁污染的同时，还利用环境保护问题，建筑"绿色壁垒"，对发展中国家实行贸易限制和制裁措施，从而使南北矛盾进一步加深。第六，劳工标准成为南北国家新的争论焦点。美国等少数发达国家一方面主张把劳工标准问题纳入 WTO 谈判议题，以全球统一的最低劳工标准对发展中国家施以制裁；另一方面将劳工标准与贸易挂钩，对发展中国家采取单边贸易壁垒措施。其目的是借此抵消发展中国家的劳动密集型产品的比较优势，削弱广大发展中国家的经济竞争力。因此，必然遭到广大发展中国家的坚决抵制。

五、"反全球化"的原因、性质及影响

在认识全球化或经济全球化时，有必要指出，我们必须对目前世界上存在的"反全球化"现象及其舆论给予应有的关注。正因为经济全球化目前在资本主义主导之下，尤其是主要在少数资本主义强国掌控和影响之下，其利弊兼有的特点特别突出，使得本来就众说纷纭的关于经济全球化的认识变得更加错综复杂了，欢呼者有之，抨击者也有之，赞成者有之，反对者也有之。目前世界上存在的"反全球化"现象及其舆论，就是世界上关于全球化的不同反响的体现。虽然"反全球化"概念与"全球化"概念一样，也具有模糊性，对它的认识也不可能一致，但是，关于"反全球化"产生的原因、"反全球化"的性质、"反全球化"的影响等等，却是我们深入认识全球化趋势所不能忽视的。

根据较早关注和研究"反全球化"现象的我国学者庞中英教授的看法，"'反全球化'这个词语何时出现，无从考证，它也许是西方主流媒体专横而简单的发明，具有相当的贬讽之意，它们把那些

多少质疑甚至反对正统的全球化意识形态与推动全球化政策（如美国、跨国公司与国际经济体系代表的）的行为都无端地描述为反全球化（against globalization）。抗议全球化的示威者和言论者很少使用'反全球化'一词。很多情况下，在西方媒体与公众的争论中，'反全球化'与'反经济自由化'、'反全球资本主义'、'反全球经济'、'反自由贸易'、'反美国化'等等的提法差不多。"① 他认为，"反全球化"这一概念"可能指对全球化的否定，对全球化片面性的批评，对全球化（跨国公司、自由贸易、科技创新与国际经济体系全球扩张）的担心，对全球化代表的新阶段资本主义（即全球资本主义）的回击，对全球化加剧的贫富鸿沟、社会分裂、环境灾难的不满，等等"；"同全球化一样，反全球化是非常复杂的问题，在某种意义上，它是另一种全球化"②。

"反全球化"现象及其舆论是全球化趋势发展到一定程度或历史阶段的产物。大约在 20 世纪 90 年代末期，"反全球化"现象比较明显而集中地显现出来，并迅速地发展成为"运动"。在世界贸易组织第三次部长级会议于 1999 年 11 月 30 日至 12 月 3 日在美国西雅图市举行期间，来自世界一些地区和国家的 700 多个非政府组织、50000 多人云集西雅图市，举行了声势浩大的反全球化示威游行，并引发了严重的暴力冲突，舆论报道称之为"西雅图之战"，人们大都认为这是"反全球化"运动开始的标志。

笔者认为，目前的"反全球化"运动主要体现在经济领域中，称其为"反经济全球化"可能更为合适。反经济全球化之所以会出现，归根结底在于经济全球化具有双重性。前面提到，它在作为人类进步的重要标志、推动人类文明发展的同时，也给人类发展带来

---

① 庞中英：《另一种全球化：对"反全球化"现象的调查与思考》，《世界经济与政治》2001 年第 2 期。

② 庞中英：《另一种全球化：对"反全球化"现象的调查与思考》，《世界经济与政治》2001 年第 2 期。

了明显的消极作用。主要是因为经济全球化目前在资本主义主导之下，其有利的一面尚不能得到充分的发挥，而其不利的一面却给世界带来了许多不良的后果。反经济全球化主要就是对经济全球化的不利一面的批评和抗议。如前所述，就经济全球化是资本主义生产方式发展与扩张的客观要求和条件这一点来说，它将资本主义的基本矛盾和弊端也扩展到了全世界，其缺点和消极作用在其加速发展的今天尤其明显。它加重了垄断资本主义对落后国家的剥削，是造成全球范围贫富差距扩大、财富和知识分配不公的重要原因之一；它对发达国家的传统工业和发展中国家的民族工业造成的巨大冲击，使资源、劳动力、资本等流动出现了新的不平衡，导致就业问题、金融风险、资源和环境问题等等在全球范围内迅速凸显出来；它的加速发展，特别是少数发达国家利用其实力优势和垄断地位推行经济政治霸权，使原有的相对稳定的民族国家体系面临巨大压力和挑战，社会经济、政治、文化制度乃至国家主权，都在一定程度上受到冲击和削弱，民族国家和整个国际社会的稳定都不同程度地受到了影响。许多国际组织、国家政府、社会机构和个人，对这种严酷的现实都一时难以接受和适应。正是由于经济全球化给人类社会带来了消极后果，所以许多人对其深为不满，并给予激烈的反对和批评，乃至出现了游行示威、暴力抗议这样的激烈举动。经济全球化与反经济全球化并存不仅是不足为怪的，而且，只要经济全球化的缺点和弊端继续存在着，反经济全球化就不会消失，其表现程度激烈与否也将随其缺点和弊端的轻重及其所带来的不良后果之大小而变化。至于反经济全球化现象演变成为广为关注的、大规模的有组织的运动，并且爆发于 20 世纪 90 年代，则主要是因为冷战结束后，经济全球化的步伐迅速加快，其缺点和弊端迅速加重与凸显，受到冲击的国家、群体和个人迅速增多，并且矛盾迅速上升和激化。此外，被冷战掩盖和抑制的发达国家内部的社会矛盾的凸显与上升，以及冷战后美国极力推行"单边主义"政策、力图使世界

37

"美国化"的做法引起许多国家的不满等等，也促进了反经济全球化运动的兴起。

从目前的反经济全球化运动的现实来看，经济全球化的弊端是其产生和存在的主要原因，舆论宣传和行动抗议是其表现的基本形式，这是比较清楚的。但是，反经济全球化的确是一个十分复杂的现象，不进行细致分析便不能深刻地认识它，简单地加以肯定和否定的做法都是不妥的。说它是一个十分复杂的现象，主要是因为：

第一，反经济全球化的力量是多种多样的。从目前反经济全球化运动的现状来看，反经济全球化的力量包括各种不同制度与类型国家的各种非政府组织和不同层次、不同思想倾向的人们。在各种组织中，有工会组织，如美国劳工联合会与产业联合会；有环保组织，如影响较大的世界"绿色和平"组织、美国的"塞拉俱乐部"；有社会论坛组织，如成立于2001年的专门与"世界经济论坛"针锋相对的"世界社会论坛"；还有一些人权组织、妇女组织、农民组织、无政府主义组织等等；在不同层次的人们中，有工人、农民、知识分子，还有政府官员、政治家等；在不同思想倾向的人们中包括各种学说和主义的信奉者，有西方马克思主义者、和平主义者、种族主义者、女权主义者、性平等者、生态主义者、环保主义者、无政府主义者等，也有信仰马克思主义的人。这些力量有来自社会主义国家的，也有来自资本主义国家的，有来自发展中国家的，也有来自发达国家的。在目前，反经济全球化的力量多数来自发达资本主义国家，反经济全球化运动也主要发生在发达资本主义国家中。国内外的许多学者认为，参加反经济全球化运动的大多数人是在经济全球化潮流中利益受到损害的人们和弱势群体。

第二，反经济全球化者的立场和视角是多种多样的。由于反经济全球化的力量是多种多样的，因此它们对经济全球化所持的立场和视角也同样是多种多样的。正因为如此，它们批评和抗议经济全球化的具体原因就不可能完全一样。有锋芒直指资本主义制度和不合理的国际经济秩序，明确反对资本主义制度的全球扩张和资本主义政策的全球推广的；有锋芒直指国际经济组织、跨国公司和国际经济会议，明确反对它们对权力的垄断和滥用的；有对经济全球化导致贫富鸿沟扩大不满的，有对工作岗位受到威胁乃至失业不满的，有对经济全球化造成的生态环境和资源状况恶化不满的，有对经济全球化造成的人权状况恶化不满的，有对民族国家权力遭到削弱不满的，也有对发达国家经济霸权、政治霸权、文化霸权以及大众传媒技术垄断不满的。在对经济全球化的批评和反对中，有的对经济全球化持完全否定的态度，如西方的许多左翼人士和一些发展中国家的领导人，称经济全球化是发达国家掠夺发展中国家的工具，是发展中国家的陷阱，也有的是对经济全球化某一方面的抨击。在反经济全球化运动中，各种力量采取的方式和手段也是多种多样的，借助新闻媒体诉诸舆论者有之，利用集会和平示威者有之，通过暴力抗争者也有之。总之，对经济全球化不认同者，或者自身权益受到经济全球化伤害者，都纷纷加入了反经济全球化的行列，或者直接上阵战斗，或者在阵下呐喊助威。

第三，反经济全球化运动的性质不是单一的。由于经济全球化是资本主义主导的，经济全球化存在缺点和弊端的主要根源的确应该归咎于资本主义制度和生产方式。我们因此可以看到，反经济全球化运动的锋芒所向自然要包括资本主义制度和生产方式。但是，反经济全球化运动的性质并不是单一的，因为反经济全球化的各种力量并不都是直接针对资本主义制度和生产方式本身的，事实上绝大多数反经济全球化的力量都不是直接针对资本主义制度本身和生产方式本身的，而是直接针对它们各自所不满意的经济全球化缺点和弊端的某一具体方面。从这一点来看，不能将反经济全球化的各种力量都简单地说成是反对资本主义的力量或进步力量，更不能笼统地认为反经济全球化运动是具有"社会主义性质"的革命运动。根据目前各种反经济全球化力量的锋芒所向，它们主要是针对经济全球化带来的不良后果和灾难。因此可以认为，反经济全球化运动就是对经济全球化带来的不良后果和灾难的一种抗议活动。由于在目前的经济全球化过程中的确存在着严重缺点和弊端，也由于反经济全球化运动也确实揭露了许多触目惊心的问题，因而反经济全球化运动具有某种合理性；但是，反经济全球化运动又是鱼龙混杂的，把全球性问题、矛盾、危机、冲突都简单地归结到经济全球化身上是不准确的，而不分青红皂白地将怒火喷射到世界经济组织和国际经济会议上也是不合适的；从目前反经济全球化运动具体行动上看，虽然总的来说是有组织、有计划地进行的，但尚没有真正统一的组织机构，没有明确的思想纲领，也没有明确的运动目的，尽管提出了不少切中要害的问题，但并没有提出切实可行的解决办法。这也表明，反经济全球化运动是不可能真正解决经济全球化的缺点和弊端的。

然而，我们也应看到，反经济全球化运动的影响和意义是双重的。

一方面，反经济全球化运动主要是针对经济全球化的缺点和弊端的，是对经济全球化带来的不良后果和灾难的一种抗议活动，因此它是具有积极影响和意义的，主要是在客观上和一定程度上有助于促进经济全球化朝着公正、平等和有利于实现共同繁荣的方向发展，趋利避害，使各国特别是发展中国家都从中受益。

第一，反经济全球化有助于促使人们正确地认识经济全球化。它的存在犹如一面镜子折射出经济全球化的弊端，犹如一座警钟警示着经济全球化的"双刃剑"特点，它告诉人们：经济全球化带来的并不都是好处，也有灾难，并不都是机遇，也充满着风险。这有助于人们减少和克服对于经济全球化的盲目性认识，使人们在欢呼经济全球化、享受其提供的好处的同时，也能够注意并认识它的弊端及其消极影响。尤其是反经济全球化的主要矛头之一是现实的资本主义制度和现行的国际经济政治秩序，批评其不合理性、不公正性，这更有助于促使人们深入地思考经济全球化的弊端，分析其弊端的实质和根源。

第二，反经济全球化有助于牵制发达国家对世界经济规则的制订。发达国家主导着经济全球化，往往使世界经济规则的制订更有利于它们自身的利益。反经济全球化的存在则在一定程度上使发达国家看到，如果穷国与富国之间日益扩大的发展差距得不到有效的控制和缓解，不但世界安全和稳定会受到威胁，而且它们自身的发展也将面临困境。这使得它们在制订世界经济规则时，不得不对发展中国家的利益有所顾及。如在 2001 年 7 月意大利热那亚八国集团首脑会议发表的公报中，不仅提到了逐渐减免债务、消除贫困和缩小"数字鸿沟"等问题，这些问题并被提到了比较突出的地位。公报中涉及帮助发展中国家的内容甚至占据了篇幅的一半以上。而且，反全球化运动指责国际经济组织在发达国家的掌控之下缺乏民主性和透明度，也迫使国际经济组织不得不采取一些措施吸收和听取发展中国家或弱势群体的意见。如世界银行发出倡议："全球性行动通常要在全球或国际论坛上讨论，如国际组织会议、联合国会议和其他会议等。确保穷国，尤其是穷国的穷人能在这些场合充分地表达意见，有助于保证这些机构关注穷人的需要。"[1]世界银行已经开始邀请一些非政府组织或弱势群体代表参与经济政策或规则的讨论。

第三，反经济全球化有助于推动国际经济组织采取防范经济危机和风险的措施。如国际货币基金组织在 1997 年亚洲金融风暴过后，放弃了过去提出的发展中国家一律尽快开放资本市场的要求，转而同意各国根据情况逐步开放；1999 年在原来西方七国集团的基础上组建了二十四国集团，以防止金融危机的发生和蔓延，中国、印度、巴西等 11 个发展中国家也被吸收加入其中。近年来，国际货币基金组织酝酿修改投票权的份额，以增加发展中国家的权利；

---

① 世界银行：《2000、2001 年世界发展报告》，中国财政经济出版社 2001 年版，第 185 页。

世界银行也开始吸收一些有代表性的非政府组织参与有关文件的讨论和起草工作；许多跨国公司也开始考虑调整自己的劳工标准和修订环境保护等方面的行为规范。

第四，反经济全球化促进了一些国际权威机构和发达国家的领导人对经济全球化消极作用的认识和重视。如在 1999 年 6 月的科隆八国峰会上，当反全球化抗议者提出取消第三世界债务的要求时，英国首相托尼·布莱尔就宣称准备宣布推行一揽子减债方案；在 1999 年 11 月的西雅图会议上，面对会场外的示威游行浪潮，美国总统比尔·克林顿告诫与会谈判代表，要认真听取场外"合法的抗议者所提出的合理要求"；在 2001 年 6 月的哥德堡欧盟峰会上，瑞典当局不仅公开表示支持反全球化的和平示威，而且在峰会前夕，首相戈兰·佩尔森"同抗议者们举行了预先对话，还承诺欧盟在帮助驯服全球资本主义力量方面将发挥重要作用"[1]；在 2001 年 7 月热那亚八国峰会期间爆发反经济全球化抗议活动和发生一名示威抗议者遭到警察枪杀事件后，法国总统雅克·希拉克当时就指出："如果没有什么原因触动他们的感情和思想，是不可能有成千上万的人跑到这里来游行示威的。无论对错，肯定存在某种焦虑、某种困难。对此，我们不可以视而不见"[2]；2002 年，时任联合国秘书长的科菲·安南指出："对全球化的抗议行动反映现实，即权力和财富分配不均匀，而 10 多亿人口生活在极端贫困和屈辱之中。人们的愤怒来自这样一种念头，即全球化概念应该受到指责，而责任在于那些推动全球化进程的人——正是参加这个论坛的各国领袖们。"他还指出了经济全球化消极后果的严重性："如果世界精英们不能向发展中国家增加援助来消除贫困和疾病，如果他们不能迅速采取行动来打开富国市场，那么全球化将面临灾难性的反弹。如果不增加

---

① 转引自俞可平主编：《中国学者论全球化与自主》，重庆出版社 2008 年版，第 300—301 页。

② 转引自刘志明：《反全球化运动述评》，《当代思潮》2002 年第 4 期。

对穷国的援助来缓解贫困，那么，一些穷国将分崩离析，陷入国内冲突和无政府状态之中，并且对世界安全和国际经济构成威胁。"[1]

另一方面，不可否认，反经济全球化运动也存在着消极意义。如前所述，反经济全球化运动鱼龙混杂，一些反经济全球化的力量把一切全球问题、矛盾、危机、冲突都简单地归结到经济全球化本身是不正确的，不分青红皂白地将怒火喷射到世界经济组织和国际会议上也是不合适的，不利于使经济全球化有利一面的充分发挥和不利一面的有效克服；而且，不顾后果的暴力抗议方式也具有一定的破坏作用，损害了正常的社会秩序，影响了社会稳定。

毫无疑问，经济全球化（或全球化）趋势及其加速发展是我们所处时代的重要特征，也是影响人类生活各个领域发展变化的重要时代条件。当然，深入地认识经济全球化的内涵和本质，揭示其自身的发展规律，仍然是当代人的重要任务。

---

①《国际先驱论坛报》2002 年 2 月 2 日。转引自庞中英主编：《全球化、反全球化与中国——理解全球化的复杂性与多样性》，上海人民出版社 2002 年版，"导言"第 3 页。

第二章

经济全球化趋势与人类社会发展的新变化

PART 2

　　经济全球化趋势是人类历史发展到一定阶段的产物，标志着人类社会发展的巨大进步。就人类社会经历过的漫长的历史来说，经济全球化本身就是人类社会发展的巨大变化，而其巨大的影响作用于人类生活的各个领域，又给人类社会发展带来了并将继续带来许多显著的变化。不论人们对经济全球化持何种态度，赞成也好，反对也好，喜欢也罢，厌恶也罢，经济全球化给人类社会发展带来的显著变化都是不可否认、有目共睹的。当然，探讨经济全球化给人类社会带来的变化是一项十分艰巨的任务，因为经济全球化的巨大影响及其给人类社会带来的变化是任何一位研究者都难以全面把握和概括的。这里暂且从这样几个主要方面来加以探讨：人类社会生活的空间和时间已经被相对地大大压缩；人类社会的相互依存达到了前所未有的程度和水平；社会主义与资本主义的关系呈现出新的趋势与特点；全球性问题日益凸显并催生了人类共同利益和全球意识的形成。毫无疑问，这些方面对于我们讨论和考察的世界社会主义及其价值问题都有着十分重要的意义。

一、人类社会生活的空间和时间已经被相对地大大压缩

　　经济全球化的一个重要标志是人类经济活动的普遍交往。人的交往活动本来就是群居的人类不可缺少的活动。人的生活不仅需要相互之间有一定的交往，而且生活的发展需要交往不断地扩大。近代以来波澜壮阔的人类历史显示出，人类经济活动的普遍交往越是

发展，人类的社会生活也就越加全球化；反之，人类社会生活全球化的程度越高，也就表明人类经济活动以及各方面活动普遍交往的能力越强。

人类普遍交往的不断发展，是以人类的通讯技术和交通技术为依托的。人类不断地扩大普遍交往的需要，推动了人类不断地发明和创造着新的、效率更高的通讯技术和交通技术。新的、效率更高的通讯技术和交通技术的发明和创造，为人类普遍交往的不断发展提供了技术支撑，从而推动人类普遍交往的不断发展。就这一意义上来说，人类普遍交往发展的历程，也就是人类通讯技术和交通技术发展的历程。仔细观察这一历程，人们可以发现一个十分有趣又值得关注的现象，这就是，伴随着新的、效率更高的通讯技术和交通技术的不断发展，人类的交往活动在日益便捷和更加普遍的同时，人类社会生活的时空发生了相对的变化：空间日益被大大"缩小"，时间日益被大大"缩短"。

人类通讯的历史告诉我们，在远古时代，人与人之间的交往主要依靠的是口、手和身体，即通过嘴巴的喊叫、手的比画以及肢体的摆动来实现，因此局限于一些简单的相互沟通、近距离的信息传递。而比较复杂的相互沟通是受到极大限制的，至于远距离的信息传递就更是难以进行了。人类生活的发展不仅极大地被妨碍着，而且人类生存也常常因为信息的闭塞或传递不及时而蒙受各种自然灾害的侵袭。今天，拥有现代化通讯技术、沟通起来十分便利的人类，很难想象远古时代的人类相互之间的沟通有多么的困难、传递信息的效率有多么的低下。直到人类社会发展到现代、当代以后，通讯技术的发明和创造才发生了革命，人类也才进入了现代通讯技术时代，而且突飞猛进地向前发展。

从人类的现代通讯历史发展过程来看，现代通讯技术发展经历了若干个阶段。现代通讯技术发展的第一阶段是语言和文字通信阶段，即利用语言和文字传递信息。人类发明了文字以后，书信的往来成为了交往的重要方式。利用语言和文字沟通思想、传递信息，虽然我们今天看来仍然十分的简单和落后，但比起远古人类依靠口、手和身体的早期交往方式来说，已经是很大的进步了。现代通讯技术发展的第二阶段是电波通信阶段，即利用电磁波传递信息。我们知道，1844 年，美国人塞缪尔·莫尔斯发明了电报机，并设计了莫尔斯电报码，实现了文字的电磁波传输；1876 年，美国人（英裔）亚历山大·格雷厄姆·贝尔发明了电话机，实现了语音的电磁波传输；1895 年，意大利人伽利尔摩·马可尼又发明了无线电设备，远距离的无线电通讯的历史从此开始。电波通信相比语言文字通信，是一个深刻的革命性变革。现代通讯技术发展的第三阶段是电子信息通信阶段。人类发明了数字通信技术、程控交换技术和信息传输技术，并被实际应用于交往之中。人类的通信技术发生了又一次而且是更为深刻的革命性变革，人类社会于是也步入了信息化社会。我们知道，1962 年 7 月 11 日，美国、英国和法国之间进行了横跨大西洋的电视转播和传送多路电话试验并获得成功。1963 年 7 月 26 日，美国国家航空宇航局发射了"同步 2 号"（Syncom Ⅱ）通信卫星，实现了在非洲、欧洲和美国之间的电话、电报、传真通信。1964 年 8 月 19 日，美国成功地发射了世界上第一颗地球同步静止轨道通信卫星——"同步 3 号"（Syncom Ⅲ）卫星。1964 年 8 月 20 日，以美国通信卫星有限公司为首的"国际通信卫星财团"成立，次年更名为"国际通信卫星组织"，即著名的 INTELSAT，其宗旨是建议和发展一个全球通信卫星系统，一视同仁地供世界各国使用，以便改进其电信服务。该组织确立了卫星通信体制和标准地球站的性能标准，卫星通信业务从此正式成为一种国际间的商用业务。1965 年 4 月 6 日，国际卫星通信组织（INTELSAT）发射了一颗半试验、半实用的静止通信卫星——"晨鸟"（Early Bird），又称为"国际通信卫星 – Ⅰ（Intelsat 1）"。作为世界上第一颗实用型商业通信卫星，它为北美和欧洲之间提供通信服务，标志着卫星通信从试验阶段转入实用阶段，同步卫星通信时代开始。

20世纪90年代以后，人类通讯技术的发展和应用进入了一个新的历史阶段。通过卫星传输信息、图像和数字，成为通信和信息领域的先进技术。数码技术可以实现信息的压缩，经过压缩后的信息可以从同一种传输模式转化成图像、声音和文字。卫星发出的波束根据其环绕地球的位置扫射着地球的表面，没有国家界限的区分。过去能够阻挡信息传播的边境，现在对卫星传输的数据构不成任何障碍了。人类在许多生活领域都感受到了先进通信技术带来的好处，尤其是在某些特殊领域中。比如，现在的全球海上遇险和安全系统（GMDSS）已经远胜过在此之前广泛应用的"SOS"呼救系统。全球海上遇险和安全系统（GMDSS）于1999年2月1日开通，已在全世界各航运国家全面启用，它与"SOS"呼救系统不同，适用于船岸之间通信，由卫星通信系统和地面无线电通信系统两大部分组成，在船只遇难时，不仅能向更大的范围更迅速、更可靠地发出救难信息，还能以自动、半自动的方式取代以前的人工报警方式，是一种建立在先进的卫星通信技术、数字技术和计算机技术基础上的先进通信系统。90年代中期至今，随着数据通信与多媒体业务需求的发展，适应移动数据、移动计算及移动多媒体运作需要的第三代移动通信开始兴起。

现代通讯技术发明以来，通过电报、电话、传真、寻呼、手机、因特网等形式，电信已经进入了世界的所有角落，直至进入了人们的家庭，成为了人们生活的必需品。虽然只有短短的一百多年的历史，电信却以前所未有的神奇将人类的沟通距离缩短：在现代化信息通讯技术的帮助下，即使人们远隔千山万水，也能做到"天涯共此时"般的效果。现代通讯技术的信息传播效率之高，就是几百年前的人们也是无法想象的。据说，1492年哥伦布发现了美洲新大陆，英国王室事隔半年方了解到这一情况；1865年美国总统林肯被暗杀，英国政府过了12周才获悉这一消息。而1969年7月12日美国宇航员阿姆斯特朗等人驾驶阿波罗11号飞船在月球表面平安着陆，这一消息通过通讯卫星13秒钟便传遍了全世界。电信成为了人类生活现代化和人类文明的重要象征，成为了推动人类进步的伟大工具，电信服务的利用和享有也成为了当代人的一种基本权利。电信的功能和价值就在于，通过扩大和发展人类的普遍交往，有助于实现同时代人类知识的共享和不同文明之间的交流，填平因为地域差异以及资源分布的不均衡而造成的人类鸿沟，促进人类持久和平、广泛合作和共同发展的实现。正是由于电信给人类通讯带来的革命性变化以及所显示出来的巨大价值，1969年5月17日，国际电信联盟（International Telecommunication Union）第二十四届行政理事会正式通过决议，决定把国际电信联盟的成立日——5月17日——定为"世界电信日"。这一日子自此也开始成为当今人类共同的节日，国际电信联盟的会员国每年5月17日大都开展一定形式的纪念活动。

20世纪90年代以来，就相互间沟通和普遍交往来说，人们感受而且议论最多的莫过于"网络化社会"。的确，网络技术的迅速发展和广泛应用，人类的经济活动方式、社会管理方式、日常工作方式、思想交流方式、文化教育方式、医疗保健方式、生活消费方式等等，都发生了巨大的、几十年前无法想象的改变。

以跨国公司为主要载体的跨国经济活动现在已经遍及全球，本土生产、全球采购、全球消费的趋势早已形成。跨国经济活动的重要纽带就是电子商务和电子物流。随着电子通讯技术和现代信息技术的发展，国际资本大大提高了流动速度，已经形成了24小时营运全球外汇交易市场体系，大量的资金可以在瞬间内实现全球范围的转移。互联网使企业内部各部门、企业与供应商、企业与消费者、企业与政府部门之间的沟通与合作不仅纵横交错，而且易如反掌。消费者不论是单位还是个人，都可以直接在网上购物，即通过互联网检索商品信息，并通过电子订购单发出购物请求，然后填上支票账号或信用卡的号码，厂商通过邮购的方式发货，或是通过快递公司送货上门。网上购物的好处很多，消费者可以不必亲自到商品市场，既省时又省力，订货又不受时间、地点的限制；可以在购物网上获得大量的商品信息，买到当地没有的商品；网上支付的方式比传统的现金支付方式更加便捷，也更加安全，可避免现金丢失或遭到抢劫；许多商品因厂家直销、节省了不少中间环节和成本，价格上也要便宜一些。对于销售者来说，这种网上的"直通方式"使企业能迅速、准确、全面地了解需求信息，实现基于顾客订货的生产模式和物流服务。此外，电子商务和电子物流可以在线追踪发出的货物，在线规划投递路线，在线进行物流调度，在线进行货运检查等等。现代通讯以及信息网络技术的发展和普及，强化了世界市场，使得市场联系几乎没有时间和空间的限制。可以说，现代通讯以及信息网络技术的发展和普及是推动经济全球化的重要因素之一。

互联网技术的应用，实现了网上办公的新型办公方式，就是利用网络环境完成以前使用其他传统手段来实现的工作。比方说用电子邮件代替书信、传真，用即时通信软件代替电话，用网络平台代替传统的上级机构与下级机构的沟通方式。企事业内部办公人员只需通过浏览器就可以在网上办公，这种办公方式相比原有的办公方式好处在于文件的集中存储，避免了分散存储的冗余。很多企事业单位现在都已经实行或推行办公自动化，在一个办公平台上进行日常的工作处理。由于网络技术的发明和使用，一些适合在家里从事的工作可以实现家庭工作或者在家办公了，如某些咨询类、辅导类的工作，就通过电话或网络足不出户地在家里面为客户提供在线服务。在许多国家，已经出现了 SOHO 族（对某些自由职业者的称呼，SOHO 即 small office home office 的头一个字母的拼写，就是在家里办公、小型办公的意思）。SOHO 族工作方式以及生活方式都与传统方式有很大不同，在家里工作，节奏自由，富有弹性，节省了上下班的交通时间，又能够避免那些令人烦恼的办公室中的人事纠纷，等等，由于有许多优势，成为很多人采用和追求的时髦的工作方式和生活方式。据说目前在美国已有 1/5 的工作人员是 SOHO 族，且每年还在增长着；日本、韩国和中国香港也在鼓励个人创办 SOHO 型公司。

网络技术的应用大大促进了管理工作的现代化，在所有的生活领域都是显而易见的。经济活动中的生产管理、财务管理、流通管理，教育活动中的信息咨询、考试报名、学费收缴、课程选择、课程安排、考试安排、成绩查询、学籍注册的管理，各企事业单位的人事信息、文件收发、档案收藏的管理，等等，都可以通过网络来完成。2006 年 2 月 4 日的《解放军报》在"网络上查勤查哨，'键对键'思想交流"一文中，报道了武警深圳市支队基层信息化建设从身边事具体事做起的经验。这个支队以局域网为依托建起了勤务指挥网、教育训练网、智能管理网和自动化办公网，促进了基层建设的全面发展。支队依据《军队基层建设纲要》要求，制订了《信息化建设三年规划》，高质量完成了局域网升级改造，建起了以执勤哨位、训练场、学习室、兵器室为重点的可视监控系统，完善了机关作战指挥系统；充分利用网络信息量大、覆盖面广、传输快捷的优势，建立起网上检查督导系统，对各基层单位实施不间断检查指导。以往领导机关检查部队一遍，需要几天时间，现在通过网络，在 10 分钟内就可对所有哨位、兵器室、人员在位情况检查一遍。

教育资源通过网络跨越了空间距离的限制，开放式的远程教育使更多的人们得以共享最优秀的教师、最好的授课和最好的教学成果。任何人、任何时间、任何地点、从任何章节开始、学习任何课程，被称为远程教育的显著特征，催生了崭新的自主学习模式和行为，适应了现代教育和终身教育的需求。师生之间通过网络增加了教学互动和更多的交流，教师随时了解学生的学习过程和情况，并根据实际情况调整教学计划和方法。由于网络没有时间上的限制，24小时内几乎都可以上网吸取各种信息，这就为学校教育打破了时间上的限制，拓展了时间上的更加广阔的范围；由于网络没有地理空间上的界限，学校的"围墙"概念被淡化，不同学校、不同地区乃至不同国家的学生都可通过网络共享教育资源，可在网上实现师生间、同学间咨询或共同探讨、交流感兴趣的任何问题；网络还可以使学校教育、家庭教育、社会教育密切联系起来，形成教育合力。

网络也给人类维护身体健康提供了新的渠道。医院通过开设健康咨询网，为人们提供健康咨询服务。人们在家里实现网上看病，通过网络向医院和医生提出各种保健问题，健康咨询师则运用营养学、医学以及相关学科的专业知识，遵循健康科学原则，通过健康咨询的技术与方法，为咨询者回答各种问题。医院和医生也可以运用多媒体技术，对病人施行远距离的会诊，如通过视频语音与病人进行交流，告诉病人如何防护与治疗，甚至给病人开药方。我国浙江温岭市和平医院在线健康咨询网就是温岭乃至台州地区第一在线健康咨询网，通过线上咨询和线下互动为温岭乃至台州的百姓提供在线健康咨询服务。

正因为全球互联网改变了人类传统的交往和沟通方式，而且具有快速、灵活、便捷等优势，自20世纪80年代正式诞生以后，发展极为迅速。1996年全球互联网用户不到4000万，2000年年底发展到26000万，2004年年底达到80000万。[1] 据中国互联网信息中心发布的"第十四次中国互联网络发展状况统计报告"，"截至2004年6月30日，我国上网用户总数为8700万，居世界第二位"[2]。仅仅二十几年间，全球所有国家和地区就被"一网打进"，互联网

---

[1] 参见黄凤志:《信息革命与当代国际关系》，吉林大学出版社2005年版，第31页。
[2] 转引自《我国网民人数达到八千七百万》，《人民日报》2004年7月21日。

已成为继报刊、广播、电视三大媒体之后备受世界各国关注的"第四媒体"。

人类交通的历史告诉我们，在远古时代，人类交往只有水陆两种渠道。开始主要是陆路，人类的交通工具基本上是自己的双脚，或者依靠驯服的一些动物，如马、驴子、骆驼等，后来发明了简易的车子，也是依靠人力和畜力作为动力；在简易的渡船被发明以后，水路也开始成为交往的渠道，除了利用人力行船以外，也利用风力来行船。可以想象，在这种交往渠道、这种交通工具的时代，交往的效率是多么的低下，人们之间的往来是多么的艰难，遥远的距离无疑就是不可跨越的鸿沟。据说在近代时期，中国人、法国人、德国人、俄国人等都发明了自行车，人类新的代步工具出现了，交往的效率也有了提高，但自行车的驱动也还是依靠人力。在人类交往历史的绝大部分时间里，人类都是利用以人力、畜力和风力作为驱动力的交通工具来进行交往的。

人类一定很早就懂得，距离标志着一定的地理空间中的地点与地点之间的关系，是两个地点之间的间隔，而且两个地点之间的直线间隔是两个地点之间的最短的距离。然而，在现代交通工具发明以前，人类之间的交往不得不受到距离的约束，人类跨越距离交往的能力极为有限，更不用说是寻求跨越两地之间的最短距离了。就陆路交通来说，依靠步行每天的速度不过三四十公里，依靠畜力每天的速度也快不到哪去。邮寄通信的交往方式发明后，送信人也是依靠步行或以牲畜来代步。就水路交通来说，除了受交通工具限制外，还要受自然条件的限制，因此不是很普及，只有靠近江河湖海的人们才更有机会利用，而且受季风、信风和河流、洋流流向的影响很大。在多少个世纪的漫长历史上，人类交往状况因为受制于跨越距离能力而没有多大的改变。只有发明了蒸汽机以后，特别是发明了飞机以后，人类的交通工具才进入了现代化的时代，人类的交往也才随之进入了现代化的时代，人类跨越距离的能力才大大提高了，高山峻岭、河流沟壑都不是什么障碍了，寻找最短的交往距离、采用最便捷的交通手段成为了可能，交往所花费的时间也就因此大大缩短了。

根据一般的看法，现代交通工具的发展分为蒸汽阶段、内燃机阶段、电气和自动化阶段。以蒸汽机为动力即为蒸汽阶段，蒸汽火车、蒸汽轮船等是代表性的交通工具；以柴油机、汽油机等是动力即为内燃机阶段，汽车、摩托车、拖拉机等是代表性的交通工具；以电动机为动力即为电气和自动化阶段，电动机车等是代表性的交通工具。

自 17 世纪蒸汽机发明和应用以来，不过短短的几百年时间，人类的交通工具制造技术可谓日新月异，新的、更高效率的交通工具层出不穷。人类在陆路交通中已经广泛使用了汽车、火车、电力机车，在水路交通中广泛使用了轮船、潜水艇，在空路交通中广泛使用了飞机、火箭、飞船。现代化的铁路、公路、海航、空航，已经四通八达，密如蜘蛛网。

古代的交通工具与现代的交通工具早已不能同日而语。古代的交通工具以人力、畜力、风力、水力等自然力为基本驱动力，不仅载重量很小，速度也很慢。一匹马、一头骆驼驮运的运货不过几百斤、上千斤，而一列火车可运载的货物数量则是马和骆驼的千倍、万倍；一只小木筏子装载货物至多也不过数千斤，而今天则是几万吨、几十万吨的货轮在海上自由穿梭。目前，汽车每小时的行驶速度可达 50—200 公里，火车每小时的行驶速度可达 80—300 公里，磁悬浮火车每小时的行驶速度可达 400—550 公里，飞机每小时的行驶速度可达 600—1500 公里。现代化的高效率的交通工具，可以使人们到极其遥远的地方去旅行，可以使地球上所有地区和国家的人们进行广泛交往，即使远隔千山万水，也能做到"天涯若比邻"，以致我们这么一个直径一万多公里的硕大的地球已经成了一个"小村落"。而火箭和宇宙飞船的发明和使用，更可以使人类探索地球以外的世界有了可能。人们感叹："上九天揽月"、"下五洋捉鳖"已经不再是遐想，也许有朝一日，人类可以到太空中去旅行，甚至可以到另一个星球去观光。

现代交通工具给人类带来的交往便利，在漫长的极其简陋的古代交通工具时代，我们的古人是无法想象的。即使到了近代时期，在航海技术取得巨大进步、海上交通普遍发展以后，人类的交往也依然受到极大的限制。1792 年（中国清朝乾隆五十八年），英王派遣的以马嘎尔尼为使臣的英国使团第一次访华，当年 9 月乘轮船从英国朴茨茅斯港起航，绕道好望角，经过近 9 个月的航行，1793 年 6 月才抵达中国澳门。1868 年，清政府派遣的以美国人蒲安臣为使臣的中国政府外交使团出访美、英、法、普、俄等国，当年 2 月 5 日从上海出发，经日本横滨，渡太平洋，过旧金山，然后换乘火车到巴拿马，又改乘轮船到达太平洋西岸的美国，历时 3 个多月，于 6 月 2 日才抵达出访的第一站——美国的首都华盛顿。[①] 然而在今天，我国如果派一个特使出国访问，乘坐现代交通工具——飞机，到任何一个国家去都可以做到两天一个来回。

从人类通讯、交通发展的历史中，我们明显地看到，现代通讯和交通技术的发展，在很大程度上超越了人类交往的原有空间结构和时间结构的限制，空间和时间在人类生活中重新扮演着自己的角色。人们的时空观念发生着明显的变化，从根本上改变了人类传统的社会交往方式，交往行为也不断地进行着重构。人们的各种社会关系、彼此互动形式和过程、社会的组织形式、各个领域的社会生活以及人们的观念，的确都极大地改变了。封闭式生活已成为古老的过去，地域性（地方性）失去了往日的色彩，隔离各种文化的疆界日趋消解。可以说，现代通讯和交通工具载着人类进入了新的文明时代。在现代通讯工具和交通工具的帮助下，不仅人类的交往方

---

① 参见孙倩、余育国：《晚清首位外交使臣：美国人蒲安臣"》，《文史精华》2005 年第 6 期。

式发生了质变、人类的生活发生了质变，而且，人类交往的距离大大缩短了，人类交往的时间大大节省了——现代交通工具使遥远的距离不再成为人类交往的障碍，现代化的通讯工具也使人类沟通可以随时随地进行。正是由于现代通讯工具和交通工具为人类交往提供了空前的便利，大大地压缩了时空，人类才没有哪个时代能像现在这样如此地相互依存，人类社会才成为一个像现在这样的如此紧密的有机整体。麦克卢汉将全球化时代形象地描述为"地球村"①时代，沃勒斯坦将全球化称之为"世界体系"②的形成和发展过程，安东尼·吉登斯则把全球化概括为"时空延伸"、"跨距离的互动"③。

通讯工具和交通工具的不断发明和创造，人类的交往活动日益丰富和广泛，人类交往的时空约束不断地被打破，全球化的进程也随之加快。人类交往的不断扩大即全球化趋势的需要，推动了人类通讯工具和交通工具的不断发展，而人类通讯工具和交通工具的不断发展，又不断地推进人类的全球化趋势，给人类的生活带来新的变化。马克思、恩格斯在创立共产主义理论的时候曾提出，共产主义社会的实现有两个必须具备的前提，即"是以生产力的普遍发展

---

① 地球村又译为世界村。加拿大传播学家 M. 麦克卢汉 1967 年在他的《理解媒介：人的延伸》一书中首次提出。是指随着广播、电视和其他电子媒介的出现，人与人之间的时空距离骤然缩短，整个世界紧缩成一个"村落"。

② 美国社会学家伊曼纽尔·沃勒斯坦：《现代世界体系》第 1 卷，高等教育出版社 1998 年版，世界体系理论由此开始兴起。沃勒斯坦认为，人类历史虽然包含着各个不同的部落、种族、民族和民族国家的历史，但这些历史从来不是孤立地发展的，总是相互联系形成一定的"世界性体系"。尤其是资本主义世界经济体系形成以后日益扩展，"直至覆盖了全球"（第 1 卷，第 1 页），"世界体系是具有广泛劳动分工的社会体系，它具有范围、结构、成员集团、合理规则和凝聚力"（第 1 卷，第 1 页）。

③ 英国著名社会学家安东尼·吉登斯认为，现代性正内在地经历着全球化的过程。这个过程具有时空跨越的特点，即现场卷入（共同在场的环境）与跨距离的互动（在场和缺场的连接）之间的关联；在现代，时空伸延的水平比任何一个前现代时期都要高得多，发生在此地和异地的社会形式和事件之间的关系都相应地延伸开来。不同的社会情境或不同的地域之间的连接方式，成了跨越作为整体的地表的全球性网络。（安东尼·吉登斯：《现代性的后果》，田禾译，译林出版社 2000 年版，第 56 页）

和与此相联系的世界交往为前提的"①。就这一点来说,我们也完全可以有理由相信,随着现代通讯工具和交通工具的不断进步和普及,地理上的偏僻和遥远,将不再是世界交往的障碍,将不再与闭塞与孤立画等号,地球将成为一个更加丰富多彩的世界,人类将成为一个更加普遍联系和普遍交往的共同体,实现共同发展、共同进步、和谐共生、相互借鉴、相互帮助、共享文明、共享幸福的美好共产主义社会并非是人类的梦想。

二、人类社会的相互依存达到了前所未有的程度和水平

人类活动普遍交往的需要,尤其是人类经济活动普遍交往的需要,在当代科学技术的帮助下获得了前所未有的发展,各国家各地区已经成为不可分割的有机整体,人类社会的相互依存也因此达到了一个前所未有的程度和水平。许多人因此都将我们这个时代称之为相互依存的时代。不可否认,有无数的事实都可以为人类社会的这个相互依存时代做很好的注解。我们仅从跨国公司、区域集团和国际组织数量的增加及其作用的增强、从南北关系的发展,或许就足以了解人类社会在经济、政治和社会生活中的高度相互依存状况。

1. 跨国公司和区域性集团日益成为人类经济活动的组织者

根据联合国的统计,1970 年世界上的跨国母公司已有 7000 多家,到 20 世纪的 90 年代就迅速增长到 3.7 万家,增长了 4 倍多,所拥有的子公司约 20 万家,分布在 160 多个国家和地区。1995 年,全球跨国公司对外直接投资达 3250 亿美元,比 1994 年增长 46%(不包括购买股票和债券的金额),其中仅美国的跨国公司对外直接投资达 970 亿美元,约占 30%。目前,跨国公司年生产总值占整个资本主义世界生产总值的 50%,控制着 50% 的国际贸易额、90% 以

①《马克思恩格斯文集》第 1 卷,人民出版社 2009 年版,第 539 页。

上的海外直接投资、80%以上的新技术、新工艺、专利权和70%的国际技术转让。跨国公司海外销售额逐步扩大，从1990年的5.5万亿美元增至1997年的9.5万亿美元。跨国公司控制着世界私人企业资产的1/3，其中美国居世界首位，英国和日本居第二和第三。①

从规模上看，跨国公司覆盖了世界上绝大多数国家和地区，囊括的资本既有政府的，也有私人的，可以在任何国家和地区设立机构，成了世界范围的经济活动组织者，是经济活动地区化、国际化的重要桥梁和纽带；从经营方式上看，跨国公司是集投资、生产、销售、金融、技术开发与转移服务于一体的经营实体，凝聚各国家、各地区、政府、私人的各方面优势于一身，以世界为工厂，以各国为车间；从管理体制上看，以现代信息技术为依托，实行网络化管理，建立了全球范围的生产、贸易、金融体制，形成了全球一体化的管理体系。跨国公司以自己特有的优势、效率形成了强大的吸引力，推动了人类经济活动加速全球化，也使各国家、各地区之间的经济成为不可分割的有机整体。

区域集团化及其加快发展是20世纪80年代以来世界经济发展中的突出现象。所谓区域经济集团化，是指地理上毗邻的若干国家（或地区）的经济合作、经济联合和经济融合的一种趋势。目前大约有自由贸易区、关税同盟、共同市场、经济同盟、完全的经济一体化等几种主要表现形式。以谋求风险成本和机会成本的最小化和实现利益的最大化为基本原则，其目标一般包括促进专业分工，扩大经济规模，实现生产要素合理配置，消除贸易障碍，增大地区市场容量，增进经济的依存关系，达到互利互惠和共同发展，加强在世界经济中的地位和作用等等。区域性经济集团具有以下一些共同特点，如：第一，区域性经济集团是政府间的或官方的组织，即

---

① 转引自胡元梓、薛晓源主编：《全球化与中国》，中央编译出版社1998年版，第157页。

它们是由政府直接出面，通过缔结国际条约或协定而建立的，与跨国公司或民间组织越出一国范围，进行国际化活动有明显区别。第二，区域性经济集团是一种有形的、契约性的组织，有自己的组织和机构，通过签订共同遵行的准则、协定，共同管理区域经济。第三，区域性经济集团赋有主权性的权力功能。出于协调区域内部经济发展需要，集团可以要求成员国各自让渡出部分主权，通过制定共同经济政策对每个成员国的行为进行直接的、强制性的约束。第四，区域性经济集团成员国之间的合作是综合性的。它不像部门或产品联合组织那样只涉及一两个经济部门或某一种产品，而是涉及关税、贸易、金融、货币以及工农业政策等多方面协调合作。而且，除了经济领域的合作外，往往还包括政治、外交、军事、社会、科技等方面的政策协调与合作。第五，区域性经济集团具有排他性。它所提供的优惠政策只面向成员国，一般是不面向非成员国的。

到20世纪90年代中期，区域性集团的发展不仅大大增强了世界经济的活力，也使各国家、各地区经济的依存度大大上升。区域性集团的发展还出现了一些新的现象，例如，第一，更为广泛和普遍。世界大多数国家参与了不同层次的区域经济一体化组织，全世界已经有区域经济集团一百多个。比较重要的区域集团如欧洲联盟、北美自由贸易区、亚太经济合作组织、欧洲自由贸易联盟、东南亚国家联盟、南亚区域合作联盟、海湾合作委员会等。第二，各区域性经济集团大都采取了开放政策，扩大了对外合作范围，不仅将合作拓展到了非成员国，而且拓展到地区之外，形成了跨地区（洲）的合作，此外也加强了区域性经济集团之间的合作，跨洲的双边、多边自由贸易区正在成为主流。北美自由贸易区与欧盟就形成了跨大西洋的泛自由贸易区；亚太经济合作组织则充分体现了跨地区性，其成员来自亚洲、欧洲、北美洲、南美洲和大洋洲。第三，经济发展水平悬殊的国家之间的经济合作开始加强，发达国家与发展中国家共同建立的南北型区域经济合作组织出现了。如1992 年，经济发展水平高度发达的美国和加拿大与经济发展水平相对落后的墨西哥签署了北美自由贸易协定，建立了自由贸易区，从此开创了打破经济发展水平差异组建区域经济集团（组织）的先例，也体现了发达国家和发展中国家经济上的相互依存性。通过建立经济集团，发达国家可以充分利用发展中国家的廉价劳动力和丰富的自然资源，降低有关产品生产成本，增强本国企业的国际竞争能力，同时又能为本国剩余资本寻找出路，为本国企业就近直接投资提供方便；发展中国家借助与发达国家的经济联盟则可以吸引区域内发达国家更多的直接投资和相对先进的科学技术，加速国民经济的发展和创造更多的就业机会，扩大本国劳动密集型产品的市场份额，增强抵御来自区域外的经济冲击的能力。

2. 国际组织日益成为人类社会关系的协调者

一般认为，国际组织是国际社会生活中的重要行为主体，通常也称为国际团体或国际机构，由三个或三个以上国家（或其他国际法主体）为实现特定的共同政治经济目的，依据其成员缔结的条约或其他正式法律文件建立的具有一定规章制度的常设性机构。国际组织是为了适应世界普遍交往和人类生活复杂化的需要而产生和发展起来的。成立于 1907 年的《国际协会联盟》（Union of International Associations，简称 UIA）至今仍为公认的汇集国际组织各类信息的中心。国际组织主要产生于 20 世纪，而增长速度最快的时期是冷战结束以后。由于全球化趋势加速发展，人类交往与合作大大加强，信息技术突飞猛进，国际组织的增长因此十分迅速。换句话，国际组织快速扩张，是与世界普遍交往的不断扩大和人类生活日益复杂化成正比的。目前，包括政府间国际组织和非政府间国际组织在内的数万个国际组织，已经广泛覆盖了包括政治、经济、社会、文化、体育、卫生、教育、环境、安全、人口、妇女儿童等等众多与人类生存和发展相关的领域，成为了推动人类社会发展和左右世界局势的重要力量。从这个意义上可以认为，了解了国际组织的发展与现状，也就等于是了解了国际社会的发展与现状。

当前，国际组织的功能和作用是十分突出的：

第一，国际组织是国际合作的桥梁与纽带。交流与合作已经成为我们人类生活不可缺少的过程，国际组织为这一过程提供了制度上的保证和场所的便利。出于某种特定目的成立的国际组织将成员国联系和组织起来，通过定期或不定期的就所关注和需要解决的问题展开对话与讨论，就有助于形成大家都能接受的共同的意见，从而为采取一致行动奠定政策基础。

第二，国际组织是国际公共事务的管理者。人类社会的公共事务和共同利益日益增多，在全球化加速发展的时代，国际生活尤其高度社会化和复杂化，各类专门的国际组织通过制定各种规章制度，为人类生活的有序化和规范化提供了制度上的保证，从而在很大程度上防止了国际社会因无政府状态而出现混乱。

第三，国际组织是世界持久和平与安全稳定的维护者。第二次世界大战后，许多区域性和全球性的政治组织，特别是联合国，都将维护世界持久和平与安全稳定视为自己的任务和宗旨，并以相应的机制和措施来服务于这一任务和宗旨。它们实施的包括缓和冲突、平息动乱、防止战火蔓延与升级等行动，为长期相对的世界和平、安全稳定作出了巨大的贡献。

第四，国际组织是国际政治争端和经济摩擦的调停者。政治争端和经济摩擦是国际社会生活中经常发生的事情，是国际关系恶化和国际局势动荡的重要缘由。和平地解决政治争端和经济摩擦是国际社会公认的最好手段。而各种国际组织都有自己的解决国际问题的相应机制和办法，也都积极地进行必要的介入干预。国际组织在相当大的程度上已成为和平解决国际争端与摩擦的重要工具，是最有效的调停者。

第五，实现国际生活民主化的重要渠道。反对强权政治和霸权

61

主义、实现国际生活民主化，是世界上绝大多数国家和人民的愿望和追求；世界上的事务由各国平等协商、公平合作、共同解决，也是全球化时代国际生活的客观要求。适应平等协商、公平合作、共同解决国际事务的需要，是国际组织本身产生的重要缘由之一，因而可以是实现国际生活民主化的重要渠道，也是国际生活民主化的推进器，随着它们的不断完善和成熟，国际生活民主化的水平将不断提升。

这些作用表明，国际组织在加强国际合作、组织和管理国际生活、维护世界和平与稳定、和平解决争端与摩擦、推进国际生活民主化等方面的作用是不可缺少、也是不可替代的。国际组织的确在日益成为人类社会关系的协调者。

3. 南方、北方关系的和谐是共同发展的前提

长期以来，广大的发展中国家同少数发达国家之间的关系特别是经济关系处于不对称的相互依赖状态中。在殖民时期，少数发达国家是宗主国，绝大多数发展中国家是殖民地。在第二次世界大战后殖民体系瓦解之后的冷战时期，少数发达国家依然是世界经济发展的中心，广大的发展中国家也依然长期处于附属地位。大多数发展中国家进出口贸易的 2/3 以上依赖于发达国家，国际直接投资的 3/4 流向发达国家，发展中国家所吸收的外资只占 19%，新发明和新产品的开发与应用也基本上掌握在发达国家手中。①

冷战结束以后，特别是经济全球化加速和深入发展以来，广大发展中国家同少数发达国家之间不对称的经济相互依赖关系虽然到目前尚未根本改变，但是，已经开始发生了一些明显的变化。据统计，发展中国家在世界制成品中的份额已从 20 世纪 90 年代初的 23% 上升到 21 世纪初的 29%。发展中国家在世界工业制成品出口总额中的比例也从 80 年代初的 1/4 上升到 21 世纪初的 1/3。据

---

① 参见王和兴：《全球化时代的南北关系》，《世界经济与政治》2002 年第 12 期。

世界银行统计，1999 年 110 个非经合组织成员国的出口额占世界
总出口额的 20%。发展中国家（特别是新兴市场国家）已成为发达
国家极其重要的市场。① 而且，随着经济全球化的继续加速和深入
发展，特别是由于世界经济结构的调整，发达国家不断将夕阳产业
转移到发展中国家，而发展中国家普遍实行对外开放政策，积极参
与国际经济大循环、大流通，经济实力以及在世界市场上的份额继
续上升，发展中国家与发达国家之间不对称的经济相互依赖关系还
会发生变化，朝着对称的经济相互依赖关系的方向发展。世界贸易
不断增多、资本流动不断扩大、国际分工更加深化，经济关系的密
切，促使政治关系也更加密切，共同利益更加增多。相互依存、平
等互惠和建立伙伴关系已经成为当今和今后发展中国家和发达国家
合作共处的基础。

我们可以看到，发达国家或国家集团目前已经普遍认识到，发
展中国家经过 20 世纪 80 年代的经济调整，90 年代以后出现了经
济恢复和增长的势头，已成为世界经济的独立"增长源"，开始承
认发展中国家日益上升的国际社会地位，尤其是一批新兴工业化国
家崛起的现状，并且开始了比较积极的谋求与广大发展中国家建立
合作关系。例如，20 世纪 90 年代以来，主要发达国家在这方面都
采取了明显的积极政策。1990 年 6 月，美国总统布什首次提出了
建立一个从美国阿拉斯加到阿根廷火地岛、覆盖整个美洲的自由
贸易区。克林顿担任总统后，继承了这一被称为"美洲倡议"的计
划并加以具体化。1994 年，克林顿总统邀请 30 多个美洲国家的领
导人在美国迈阿密举行了第一届美洲国家首脑会议。此后，在美
国主导下，美洲国家首脑会议先后在 1998 年、2001 年、2005 年和
2009 年举行了第二、三、四、五届美洲国家首脑会议。在第五届
美洲国家首脑会议上，美国新任总统奥巴马在开幕式上表示，美国

63

① 参见王和兴：《全球化时代的南北关系》，《世界经济与政治》2002 年第 12 期。

将在互相尊重、共同利益和共同价值观基础上，与美洲国家保持平等伙伴关系，承诺开启与美洲国家建立平等伙伴关系的"新时代"。美国政府曾多次宣称与拉美国家建立"长久的伙伴关系"，并联合加拿大与墨西哥一起于1992年建立了北美自由贸易区。美国前总统克林顿在其当政期间（1993—2000年）两次召开全国非洲问题高级会议，表示与非洲国家建立新型关系，制定"互相尊重、促进合作"的对非政策，并开创美国历史先例，于1998年和2000年以总统身份两次访问了非洲。2000年6月，欧盟与非洲、加勒比和太平洋国家集团签署了为期20年的新合作协议——《科托努协定》，代替原来的《洛美协定》，标志着南北"双方努力建立一种新型的合作伙伴关系"的愿望。欧盟还与非洲国家领导人于2000年举行首届非洲首脑会议，并发表《开罗宣言》，强调"非洲与欧洲在21世纪的伙伴关系具有新的战略上的重要意义"。进入20世纪90年代以后，日本也加强了对非洲的工作。1993年，日本提出了召开关于非洲发展问题的国际会议的倡议，并于1993年、1998年、2003年和2008年四次主持了在日本举行的非洲发展会议。在于2008年5月主办的第四届非洲发展会议上，日本首相福田康夫明确表示，日本将为非洲基础建设等提供总额高达40亿美元的贷款。日本政府也将对非洲ODA援助额度翻一番，从现在的每年约1000亿日元增加到2012年的2000亿日元。20世纪90年代以来，日本已成为仅次于法国的非洲第二大援助国。2001年，森喜朗首相进行了有史以来日本首相对非洲的首次访问；2006年，小泉纯一郎首相再次访问了非洲。虽然发达国家的这些做法除了经济利益需求之外也有着各自的其他一些目的，如日本改善与非洲国家的关系和加强对非洲的经济援助，就有为争取入选联合国安理会常任理事国拉选票的意图。但毕竟这些做法是发达国家面对全球化加速发展趋势、正视相互依存关系现状、谋求与广大发展中国家建立合作关系的积极迹象的体现。

在全球化时代，发展中国家的经济是世界经济不可分割的一部分。少数发达国家要从根本上解决商品市场、资金出路和原料供应的问题，离不开广大的发展中国家；广大的发展中国家谋求改变落后的状况、实现现代化，需要资金、技术等支持和某些经验方面的借鉴，也离不开少数发达国家。平衡发展，才有共同发展，才有世界经济的健康运行。相互依存的现实已经表明，相互妥协、改善关系是双方的必然选择，也是共同发展的必要基础。虽然发达国家与发展中国家在政治上真正由主从关系向伙伴关系过渡、在经济上真正由不平等往来转向平等合作、在国际秩序上真正对双方都有利的状态的形成，都不可能一蹴而就，而是一个相当长期的过程，但毕竟共识在增多，对话在进行，合作在加强。

上述内容虽然仅仅是从几个视角来探讨的，但各国家、各地区已经成为不可分割的有机整体、人类社会的相互依存达到了一个前所未有的程度和水平已经是不争的事实。这说明人类的普遍交往在当代科学技术的帮助下的确获得了前所未有的发展。而根据科学社会主义创始人的理论，人类普遍交往的发展不仅是人类进步的标志，也是世界社会主义产生和发展的重要历史条件。我们在后面将会谈到这一点。

三、社会主义与资本主义的关系呈现出新的趋势与特点

现实的全球化趋势在反映资本主义和社会主义两种社会经济制度的性质、受资本主义和社会主义两种社会经济制度的影响与制约的同时，也反作用于资本主义和社会主义两种社会制度，不仅影响和制约着资本主义和社会主义两种经济的发展，给资本主义和社会主义两种制度、两种国家的自身发展带来了巨大的变化，也影响与制约着资本主义和社会主义两种制度、两种国家之间的相互关系的发展，使其发生着一些新的变化。社会主义和资本主义两种国家、两种制度之间的关系，是当代国际关系的重要组成部分。在当前的

全球化条件下，社会主义和资本主义的本质区别和对立没有也不会消失，但对于其相互关系发展中出现的一些新的趋势和特点，我们必须用新的视角来观察、用新的思维方式来思考。

如前所述，伴随着全球化特别是经济全球化的加速发展，世界各国经济、政治、文化等日益跨越民族国家的界限，人类社会日益成为一个前所未有的相互依存的有机整体，社会主义和资本主义的竞争共处关系处于一个新的历史条件下，双方的竞争共处关系因此在许多方面都发生和正在发生着明显的变化和转型，体现出一些新的发展趋势和特点。这些新的发展趋势与特点，并不具有永久性。它们对于正确总结、分析、认识和处理社会主义与资本主义的关系，促进社会主义的发展，具有十分重要的意义。

1. 双方和平共处的暂时性、不确定性转变成为长期性和稳定性

自社会主义制度和国家诞生、社会主义与资本主义两种国家、两种制度在世界上共存的局面开始出现，双方虽然总体上一直处于和平共处状态，但直到 20 世纪末期冷战结束和经济全球化的加快发展，它始终处于某种程度的暂时性和不确定性的状态之中。第一次世界大战后，第一个社会主义国家苏维埃俄国一诞生，就立即遭到了 14 个帝国主义国家的武装干涉，并曾经处于极端危险之中。资本主义列强并不愿意同社会主义的苏维埃俄国共处，而企图将其扼杀在"摇篮"之中。只是在经过浴血奋战、生死搏斗、赢得了与资本主义列强的"均势"之后，社会主义的苏维埃俄国与资本主义列强的共处才被证明是可能的。但即使如此，资本主义列强一天也没有忘记消灭社会主义，总是寻找机会，企图重新发动战争以便消灭苏维埃俄国。这使得新生的社会主义始终面临着资本主义在经济、政治和军事上的严峻压力和威胁，处于十分恶劣的国际环境之中。"均势"仅仅是一种暂时的、极不稳定的状态。第二次世界大战后，社会主义虽然从一国迅速发展到多国，得到了巩固和扩大，但西方资本主义仍然不愿意接受与社会主义的共处，又发动了对社会主义的冷战，长期实行政治孤立、经济封锁、军事包围的战略，企图遏制和彻底消灭社会主义，恢复资本主义的一统天下。在持续40多年的冷战中，社会主义同资本主义的和平共处也始终没有彻底摆脱某种程度的暂时性和不确定性状态。

冷战结束以后，和平与发展成为了时代的主题，经济全球化加速发展，人类社会进入了相互依存的时代，东西方之间的矛盾因此大大缓和；世界各国无论贫富、无论大小，也无论属于何种社会制度，都被日益深入地卷入到了统一的世界市场体系之中，社会主义和资本主义两种制度、两种国家之间的相互依存、相互依赖因此大大增强，双方共处的关系和状态也必然受到极大的影响，并开始发生了一些变化。尽管两种制度和国家之间的矛盾依然存在，但面对世界的多样性趋势、全球化趋势、和平与发展的趋势，双方都已经逐渐认识到，"和则两利"，对抗没有前途，也都不再视和平共处为社会主义与资本主义斗争的特殊形式。这显示出社会主义与资本主义之间的和平共处关系开始进入了相对长期和相对稳定的状态。

2. 双方之间的关系发展状态由以对抗为主转变为趋向于以合作为主

在两种制度、两种国家共存于一个世界的历史形成以来，既对抗又合作，可以说始终是社会主义和资本主义之间相互关系发展的基本状况。由于两种制度的根本对立，两种国家之间不可避免地存在着矛盾乃至对抗；而由于双方共存于一个人类社会之中，处于共同的国际大环境之下和世界经济体系之中，两种国家之间也不可避免地建立必要的联系乃至合作。人们不会忘记，第二次世界大战前第一个社会主义国家苏维埃俄国一诞生就曾同14个资本主义列强进行过殊死战争，第二次世界大战后以建立不久的社会主义中国也同资本主义强国美国等国家在朝鲜战场上和越南战场上进行过武力交锋，第二次世界大战后以社会主义为代表的东方世界同以资本主义为代表的西方世界也曾进行过长达四十余年的冷战对峙；人们也会记得，在第二次世界大战期间，为了战胜共同的敌人，苏联曾同美国、英国、法国等国结成了反法西斯同盟，进行过合作。社会主义国家与资本主义国家之间关系的这种既对抗又合作的基本状况，有一个不可否认的特点，即对抗是占据主导地位的，合作是居于次要地位的，双方更多强调的是分歧而不是共识，更注重的是对立而不是同一。第二次世界大战中结成反法西斯同盟、联合抗敌甚至被视为是一种短暂的极特殊的历史情况下的产物。

在经济全球化加速发展的现今时代条件下，毫无疑问，既对抗又合作将仍然是社会主义和资本主义之间关系相互发展的基本状况，因为对抗与合作的不可避免性因素都依然存在着。然而，过去那种对抗占据主导地位、合作居于次要地位的特点发生了变化，在分歧和对立依旧存在的情况下，可能由对抗为主转变成合作为主，可能由更多地强调分歧变成更多地寻求共识和同一。这是因为由于经济全球化趋势的加速，使世界经济已经发展成为一个前所未有的有机整体，作为世界经济组成部分的社会主义经济和资本主义经济，其双方在发展中的相互依存、相互依赖也达到了前所未有的程度，双方谁也逃脱不了日益增多的全球性问题的困扰。所以，谋求合作而不是对抗，符合和平与发展的时代潮流，符合世界经济发展的要求，也符合社会主义和资本主义两种国家的共同利益。从 20 世纪末期开始，发达的资本主义大国美国、日本、德国、法国、英国、意大利、加拿大等国，都先后同中国建立和发展了各种形式的伙伴关系或建设性的合作关系，就足以说明这一点。

3. **两种制度由势不两立、水火不容转变为相互借鉴、取长补短**

资本主义制度是一种剥削制度，社会主义制度则是对剥削制度的根本否定。两种制度在经济、政治和意识形态等方面存在着的本质差别和根本对立，是决不能抹杀的；但两种制度共存于一个人类社会之中，又是不能回避的现实。然而双方曾经过多地强调差别性和对立性，却忽视了长期共存性，以致在长期的并存中，曾经势不两立、水火不容。资产阶级和资产者视社会主义思想和社会主义制度为可怕的"幽灵"、"洪水猛兽";无产阶级和社会主义者视资本主义思想和资本主义制度为"腐朽"的历史垃圾和"垂死"的现存之物;曾几何时,资本主义世界声称要"彻底消灭"社会主义,社会主义世界也声称要"彻底埋葬"资本主义。

在经济全球化加速发展的时代条件下,毫无疑问,社会主义和资本主义两种制度的本质差别不会消失,双方的根本对立也将依然存在。但是,双方的长期共存性凸显了出来,并日益受到了正视和重视,双方将不再势不两立和水火不容,而将相互借鉴和取长补短。现实的资本主义和现实的社会主义都已经承认对方存在的"合法"性,都接受"和平竞争"的现实,也都承认对方并不是一无是处,而是具有一定可取之处,并且也都通过从对方学习和借鉴某些有益的东西来弥补自己的不足。第二次世界大战后,资本主义从社会主义方面学习和借鉴了计划管理、宏观调控经济的成功办法,在很大程度上减少或克服了资本主义市场经济的盲目性、投机性和破坏性,从社会主义国家引进了福利政策、社会保障机制等措施,对国民收入分配进行了适当的调整,在很大程度上减少或缓和了社会阶级矛盾;社会主义也从资本主义那里学习和借鉴了许多反映现代社会化生产规律的成功经验,如高效率的市场机制、科学的管理方法和先进的经营方式,从而也大大促进了社会主义经济的发展。

4. 影响双方关系发展的主要因素由政治因素转变为经济因素

在两种制度、两种国家共存的历史上,特别是冷战时期,可以说是资本主义和社会主义双方"突出政治"的年代。虽然经济因素是国际关系的基础,但政治因素却成为了影响社会主义和资本主义双方关系的首要因素。双方都曾经将政治问题摆在相互关系的首位,双方矛盾对立围绕的焦点是政治问题,双方在外交政策的选择上倾注更多的也是政治因素,经济安全问题被两种制度的矛盾掩盖和隐藏在后面,经济交往的广度和深度也往往主要由政治利益的需要来调节。

随着冷战结束和经济全球化的加速发展，经济因素从国际关系的幕后走上了前台。经济关系已经成为国际关系的主旋律，对经济关系的追逐成为国际关系发展的推动力，经济手段的运用成为协调国际关系的重要途径，经济安全问题也日益成为国际关系的新课题。经济竞争、经济利益、经济外交、经济安全正日益成为各国政府和政治家最为关注、最为投入的工作之一。一场以经济和科技为中心的综合国力竞争已全面展开。正如时任国家主席江泽民1994年11月在亚太经济合作组织领导人非正式会议上所说："经济优先已成为世界潮流，这是时代进步和历史发展的必然。当前对每个国家来说，悠悠万事，唯经济发展为大。""经济的确越来越成为当今国际关系中最重要的、关键因素。"① 因此，作为国际关系重要组成部分的社会主义和资本主义之间的关系，其发展和演变的主要影响因素也将由政治因素转变为经济因素。双方斗争将主要围绕经济领域展开，较量的重点将不再是政治而是经济，斗争的胜负将主要不在军事战场上而是在经济市场上；与冷战时期相比，双方都将把对经济利益的追逐放在国家利益追逐的首位，经济外交将更为盛行并成为开展对外交往的新趋势，在外交政策的选择上将倾注更多的经济因素，对经济利益的需要将成为用来调节政治交往的主要根据，外交政策服务和服从于经济利益的特点日益鲜明；冷战期间被社会主义和资本主义两大制度矛盾、东西方对抗所掩盖的经济安全问题，将日益突出地显示出来，并成为双方关系的新课题。

5. 双方在争夺与竞争中由追求"零和"转变为追求"双赢"

在冷战时期，社会主义和资本主义两种制度、两种国家在争夺和竞争中，都曾谋求摧毁对方，都采取了"必欲置对方于死地而后快"的态度，都摆出了"不是你死就是我活"的架势，无论是在双

---

① 江泽民：《在亚太经合组织第二次领导人非正式会议上的讲话》，《人民日报》1994年11月16日。

方关系的理论中还是实践中，通行的是传统国际关系理论与实践中的"零和"关系模式，即一方所得必为另一方所失。然而，现今的情况开始发生了明显变化，社会主义和资本主义在争夺与竞争中，已经由追求"零和"模式向追求"双赢"模式转变。

这不单是因为现实社会主义和现实资本主义的发展状况表明，目前双方的每一方都无法尽快地彻底摧毁或消灭对方，从而使自己一方安然无恙地保存下来，而且还因为经济全球化加速发展的历史条件已经不允许双方之中的任何一方那样去做，"零和"的结局已经难以实现。在经济全球化发展的条件下，国家之间、地区之间的相互关系不仅大大加强，错综复杂，你中有我，我中有你，而且发生了深刻的变化。它将不是强国支配弱国的单向性的依附关系，也不同于冷战时期的政治集团、国家之间的从属关系，而将是建立在独立自主基础上的双向性的依赖关系，是新时代的主权国家之间的关系。这种具有鲜明的"双向"效应的相互依存，将使"零和"关系日益转化为"非零和"关系，即"正和"关系，双方或者都获利——"双赢"，或者都不获利——"双输"。显然，"双输"是谁都不想要的选择，"双赢"应该是最为明知的选择。毫无疑问，在这样的时代条件下，社会主义和资本主义在争夺和竞争中，也必须顺应而不能违背时代的潮流，都既不能再追求"一方消灭另一方"或"一方吃掉另一方"的"零和"结局，也不可能追求"两败俱伤"的"双输"结局，而只能努力追求和实现"共存互利"的"双赢"结局。

6. 双方相互封闭、封锁、平行发展转变为相互开放、交流、交叉发展

在过去的共存发展过程中，由于社会主义和资本主义双方更重视对立，忽视同一，更强调对抗、忽视合作，都曾经采取了相互封闭、封锁和平行发展的战略。主要资本主义国家依据其在经济上的绝对优势，对社会主义国家实行经济封锁和孤立的政策，以图"遏制"社会主义的发展和最终消灭社会主义；社会主义国家则"孤芳自赏"、"自我封闭"、"独往独来"。由此导致了社会主义和资本主义两种制度、两种国家之间长期的基本上相互隔绝。人们都不会忘记，社会主义和资本主义曾经是相互对立的"两个世界"，曾经有过相互隔绝的"两个平行的世界市场"。①

在冷战结束以后和经济全球化加速发展的新的历史条件下，上述情况已经和正在发生着明显的变化。社会主义和资本主义双方都逐渐认识到，人类已经进入相互依存的时代，真正的全球性市场已经形成，世界经济越来越联为一个整体，一荣俱荣，一损俱损。全球性市场要求一切国家、一切地区不分社会制度和意识形态的差异都融入其中，要求一切市场都打破封闭、实行开放，要求一切生产要素在全球范围内自由流动，要求实现共同发展和繁荣。相互封闭、封锁、平行的发展战略，无论对社会主义经济的发展还是对资本主义经济的发展都是不适应的，只有实行相互开放、交流、交叉的发展战略，才能实现双方的共同发展和繁荣。资本主义已经不再像过去那样坚持、也无法坚持对社会主义进行经济封锁，而与社会主义开展经济交流与合作；社会主义则同样不再坚持、也无法坚持自我封闭，而将社会主义制度与市场经济结合起来，逐步融入世界经济大潮、与世界经济接轨。双方突破意识形态与社会制度限制的经济合作已经开始，并将日益增多和加强。我国和越南加入亚太经济合作组织，古巴加入拉美一体化协会，与包括发达资本主义第一、第二强国美国和日本在内的资本主义国家进行合作，就是很典型的例子。

---

① 第二次世界大战以后，苏联不仅大大压缩了同西方资本主义国家的经济联系，而且提出了"两个平行的世界市场"的理论。1952 年，斯大林在《苏联社会主义经济问题》中提出："统一的无所不包的世界市场瓦解了"，形成了"两个平行的也是互相对立的世界市场"；认为社会主义国家"不仅不需要从资本主义国家输入商品，而且它们自己还感到必须把自己生产的多余商品输往他国"。这将社会主义国家同资本主义国家的经济联系割断了。

7.双方合作领域日益广泛，矛盾范围日益扩大、摩擦日益增多

在经济全球化加速发展的新的历史条件下，各国、各地区之间相互依存、相互依赖不断增强，国际合作成为国际社会生活不可缺少的重要内容。社会主义和资本主义合作的领域因此日益广泛，在经济、政治、文化、科技、外交、军事等方面加强合作，对双方来说都是不容忽视的重大事情。我们已经看到，冷战结束以来，资本主义国家特别是发达资本主义国家在这些领域中都在不同程度上谋求同社会主义国家进行磋商与合作，在某些方面甚至还比较积极和务实；社会主义国家也日益广泛地参与到这些领域中来，在某些方面也积极地同资本主义国家开展对话与交流。无疑，这对双方各自的发展和繁荣，对整个世界的发展和繁荣，都是十分必要的。可以预见，随着经济全球化的发展，人类生活日益丰富多彩和复杂，全球性问题不断增多，社会主义国家和资本主义国家之间的合作，范围还会广泛，程度还将加深。但是，双方的矛盾和对立决不会因此而减少、更不会消失。相反，在一定时间内，双方矛盾的范围还可能扩大，摩擦也可能增多，尽管矛盾和摩擦并不一定总是要以极其尖锐、十分激化的方式表现出来。

这是因为，社会主义和资本主义两种制度在本质上是根本对立的，因此，社会主义和资本主义两种国家在关于人类社会各种问题的认识上是不可能完全一致的，在国际事务中所采取的对策和行动也不可能完全相同。例如在资源利用和开发、环境治理与保护、国际恐怖主义的防范和惩治、国际和平与安全的维护、南北问题与南北关系的解决、国际经济政治新秩序的建立、国际人权的保障和维护等等一系列重大问题上，双方的认识和行动都存在着明显的分歧和差距，在某些方面的对立甚至也很尖锐；而随着国际社会相互依存、相互依赖的增强，随着社会主义力量的增强和国际地位的提高，社会主义国家参与国际事务的广度和深度都会增长，社会主义与资本主义矛盾范围扩大、摩擦增多的现象也就不可避免。

总之，社会主义代替资本主义是一个相当长期的历史过程，社会主义和资本主义的竞争共处也必然是一个相当长期的历史过程。20世纪末期开始的经济全球化趋势的加速发展，给社会主义和资本主义两种制度、两种国家的竞争共处提供了新的历史条件，也使双方关系出现了许多新的趋势和特点，无疑对世界社会主义运动的发展、对社会主义建设是有利的事情。这不仅说明社会主义的国际地位和影响力在上升，也为社会主义国家正确认识和处理与资本主义国家的关系，顺应时代潮流、加速发展自己提供了新的历史机遇。

四、全球性问题催生着人类共同利益和全球意识的形成

随着全球化趋势的加速发展，人类生活高度社会化和异常复杂化了。人类相互依存度日益提高，每个民族国家的经济都可能是世界经济链条的环节，每个民族国家的发展都可能是临近民族国家发展的条件，使得原来各不相干的民族国家的内部事物，成为民族国家之间密切相关的国际事务，使得本属局部、地区的问题，成为了全球性问题或世界问题（有些学者称全球问题）。目前，所谓的"全球性问题"（global problems；globe-problems；worldwide problem）空前增多，人类面临的共同挑战日益严峻，人类加强广泛合作的必要日益增大，因此催生着人类的共同利益和全球意识。可以说，这是经济全球化趋势给人类社会带来的明显变化之一。

（一）全球性问题及其相关认识

1. 关于全球性问题的提出

众所周知，关于全球性问题的提出和研究始于罗马俱乐部。1972年，罗马俱乐部在《增长的极限》这份著名的报告中指出，新技术革命使人类进入全球时代，人类生产行为的失控引出了严重的后果，产生了在规模上具有全球性、在性质上涉及全人类利益的"全球性问题"，即困扰当代人类发展的"总问题"、"世界性问题"、

"全球性危机"。① 诸如人口问题、工业化的资金问题、粮食问题、不可再生的资源问题、环境污染问题（生态平衡问题）等，正在使人类陷入"增长的困境"；认为这些"全球性问题"的解决需要全球性的行动，而且需要有紧迫感，否则人类成功的机会将减少，就可能来不及避免痛苦的灾难。1974 年，罗马俱乐部在另一份著名的报告《人类处于转折点》中进一步指出，人类面临着人口危机、环境危机、粮食危机、能源危机、原料危机等组成的全球性危机，全球性、并存性和迅捷性是其基本性质，而且与过去的自然灾害不同，是人为造成的；认为人类要战胜全球性危机，必须走新的发展道路，必须进行社会变革和个人价值观变革，需要转变自己的价值观念和发展观念，必须发展一种新的全球伦理学，包括发展一种世界意识，使每一个人都认识到自己是世界大家庭的一员，发展一种使用物质资源的伦理学，使人们不以浪费和丢弃为荣，发展对待自然的新态度，养成一种与后代休戚与共的习惯；认为人类除非以全球观点和顾及长远的观点从事世界范围的合作，否则，想根本校正世界现状和人类前景是不可能的。② 此后，罗马俱乐部陆续发表了包括《重建国际秩序》（1976）、《在浪费时代的背后》（1976）、《人类的目标》（1977）、《通向未来的道路》（1980）、《未来的一百年》（1981）、《微电子学与社会》（1982）、《海洋的未来》（1986）、《关注自然》（1995）、《环境，学会珍惜》（1996）等数十个报告，分析了人类社会发展的现状与矛盾，指出了制约人类生存的资源、环境、贫富悬殊等因素，提出了人类必须有效地进行资源配置和财产分配，实现人口、资源、环境与发展的协调，主张实行必要的国际政策、建立合理的国际秩序、建设文明社会等，以保障人类的生活

---

① ［美］丹尼斯·L.米都斯等：《增长的极限》，李宝恒译，吉林人民出版社1997 年版，第 1 页。

② ［美］梅萨罗维克、［德］佩斯特尔：《人类处于转折点》，梅艳译，三联书店1987 年版，第 194、195 页。

质量、尊严和希望。

全球性问题经罗马俱乐部提出以后，较快地在世界范围内引起了反响，至20世纪80年代，对于全球性问题的关注日趋广泛，关于全球性问题的研究也逐渐增多起来。我国学者对全球性问题的关注也始于20世纪80年代，陆续著述、翻译出版了一些相关书籍。如徐崇温撰写、出版了《全球问题和"人类困境"》一书，较早地对以罗马俱乐部报告为核心的西方当代全球主义学术流派及其哲学思考做了介绍和评论；王兴成、秦麟征编译、出版了《全球学研究与展望》一书，也是较早地介绍国外全球性问题研究情况的书籍；蔡拓撰写、出版了《当代全球问题》一书，是我国学者有关全球性问题研究比较全面和深入的专著。这些书籍对我国学术界研究全球化问题起到了一定的推动作用。目前，国内外针对全球性问题的研究已经比较广泛地开展，在关于全球性问题的概念、全球性问题产生根源、全球性问题的主要内容、全球性问题的基本特点以及全球性问题的解决方法等各方面的研究中，都取得了不少突出的成果。

2. 关于全球性问题的概念

蔡拓在《全球问题与当代国际关系》一书中认为，所谓全球问题，就是指当代国际社会所面临的一系列超越国家和地区界限，关系到整个人类生存与发展的严峻问题[①]；全球问题是当代国际社会面临的严峻问题。它具有全球性、全面性、整体关联性、超意识形态性、严重挑战性等特点。全球问题给国际关系带来深刻影响：一是促使国际关系的内容从注重军事安全的"高级政治"，转向注重经济、社会、文化、环境安全的"低级政治"；二是促进国际关系行为体的多元化，使国际组织、跨国公司等非国家行为体的作用日益加强；三是促使国际关系的主旋律从冲突与对抗转向对话与合作，和平与发展成为各国对外目标的基本内容。张黎夫认为，"全

---

① 参见蔡拓：《全球问题与当代国际关系》，天津人民出版社2002年版，第2页。

球问题是指那些在实质上涉及个人利益，更涉及全人类利益与命运的问题。全球问题的爆发，从根本上说是把人与自然的相互关系这一古老课题以前所未有的全面性、深刻性与尖锐性展现在人的面前。人类疯狂地征服自然，但也把自身推向了整体毁灭的边缘"①。刘军认为，全球性问题指的是那些程度不同地触及全人类或所有国家，不论这些国家的政治制度和意识形态如何，具有危险性和紧迫性，如果不解决，将不仅危及人类发展，还会导致整个人类文明的毁灭，需要所有国家和民族共同努力才能解决的问题。② 余晓菊对全球性问题与全球化问题进行了比较。她在《论全球化问题与全球性问题的区别和联系》一文中指出，二者的区别在于：其一，全球化问题的内涵比全球性问题更宽泛，全球化问题包括全球性问题，但不能仅归结为全球性问题；其二，全球化问题产生的历史起点和理论研究的起始年代比全球性问题早得多，二者形成的背景也不完全相同；其三，就其影响或后果而言，全球化问题兼具正负双重效应，全球性问题则单指负效应。当然，二者在其发展进程上也具有相关性，它们互为因果，互为影响，互相推动。③

3. 关于全球性问题的主要内容

蔡拓在《全球问题与当代国际关系》中把全球性问题的主要内容概括为战争与和平、南北关系、国际新秩序、生态失衡与环境污染、资源短缺、人口爆炸、粮食危机与全球贫困、海洋利用与宇宙开发、国际人权、民族主义、难民、国际恐怖主义威胁、毒品的泛滥、艾滋病的流行等等。④ 王和兴认为贫富差距悬殊、生态环境、

---

① 张黎夫：《从全球问题的特点看求解全球问题的基本原则》，《科技进步与对策》2001 年第 1 期。

② 参见刘军：《与领导干部谈全球化问题》，中共中央党校出版社 2001 年版，第14 页。

③ 参见余晓菊：《论全球化问题与全球性问题的区别和联系》，《南开学报》2003 年第 2 期。

④ 参见蔡拓：《全球问题与当代国际关系》，天津人民出版社 2002 年版，第4—8 页。

毒品泛滥、国际恐怖主义、民族分离主义、移民潮、政治体制、主权与不干涉内政、人权与人道主义干预、国际安全形势逼人等这些是全球性问题的主要内容。[①] 周春明认为，从世界政治、军事的角度看，霸权主义、强权政治仍是威胁世界和平与稳定的主要根源。而且人类面临的核威胁并未从根本上解除；从世界经济的角度看，国家间贫富差距的扩大成为困扰世界的紧迫问题；从生态环境、自然资源的角度看，生态环境恶化直接威胁人类的生存；从人口增长的角度看，人口爆炸及其所带来的人口问题是全球关注的热点问题之一。[②]

4. 关于全球性问题的基本特点

王小民认为，全球问题是在 20 世纪中期伴随新技术革命而出现的，其特点是全球社会在政治、经济、文化、科技等方面深深交织在一起，相互促进也相互牵制。这种全球问题，是在世界范围内的社会性问题。究其空间范围来讲，它不是各个国家存在的个别问题，而是关系到整个人类利益的重大问题，具有全世界性和全人类性；究其严重程度来讲，它不是世界范围内存在的一般性问题，而是严重威胁到人类社会生存和发展的一系列重大问题，具有相当的严重性和紧迫性；究其解决的方式而言，全球问题的解决不是仅仅依靠某些国家或地区的努力就可以做到，而必须通过世界各国共同努力才能解决，具有全球的协调一致性和相互合作性。可见，全球问题不同于国际社会已有的其他问题，有其鲜明的特点，这些特点是全球性、全面性、相互缠结性、超意识形态性、挑战性。[③]

综合各种看法可以认为，所谓全球性问题作为人类行为的后果，主要指的是全球化加速发展条件下世界范围内存在的、关系整个人类根本利益的重大问题，是挑战人类生存与发展、危及人类未

---

① 王和兴：《当代全球性问题透视》，《世界经济与政治》2002 年第 3 期。
② 周春明：《全球性问题与思维方式的转变》，《光明日报》1998 年 8 月 28 日。
③ 王小民：《全球问题与全球治理》，《东南亚研究》2004 年第 4 期。

来命运的重大问题，是凝聚所有国家力量、集合全人类智慧才能解决的重大问题。全球性问题具有全球性、综合性、挑战性等特点。当前，全球性问题至少应该包括诸如全球安全、南北关系、生态失衡、环境污染、人口爆炸、资源短缺、国际恐怖主义、毒品泛滥、艾滋病传播等问题。

（二）主要全球性问题的基本现状及影响

1. 全球安全问题

主要指各种潜在的战争、动荡因素对世界和平与稳定的威胁。虽然在 20 世纪上半叶经历了惨不堪言的两次世界大战的浩劫之后，消除战争威胁，实现持久和平，消除动荡因素，维护全球安全，已成为世界各国人民共同的美好愿望，但如何确保世界和平与安全，依然是人类共同的艰巨使命，人类也依然处于困惑和挫折的探索过程之中；虽然冷战结束以后，和平与发展成为世界的两大主题，新的世界大战可以避免，和平、发展与合作也成为现今世界的主流，但动荡和不安定因素依然存在，霸权主义和强权政治依然肆虐，局部战争和冲突时起时伏，地区热点问题错综复杂，国际恐怖势力、民族分裂势力、极端宗教势力在一些地区还相当活跃，环境污染、毒品走私、跨国犯罪、严重传染性疾病等跨国性问题日益突出，人类实现持久和平与安全仍需不懈努力。进入 21 世纪以来，世界不稳定、不确定和不可测因素有所增加，传统安全威胁与非传统安全威胁相互交织，各类安全问题的跨国性、相关性、突发性日益增强。国家间或地区性的武装冲突，核武器的生产与扩散，大规模杀伤性武器的生产与交易，一些国家和地区的军备竞赛，尤其值得人们高度警惕和关注。种种原因和现象都在表明，世界和平与稳定依然面临着挑战，世界和平与发展这两大问题还没有得到根本解决。

2. 南北关系问题

主要指发达国家与发展中国家之间的矛盾，核心是经济发展问题，突出地表现为贫富差距悬殊上面。据统计，发达国家与发展中国家人均 GDP 的差距已从 1983 年的 43 倍扩大到目前的 60 多倍；1960 年，占全球人口 20% 的富人收入是占全球人口 20% 的穷人收入的 30 倍，1993 年扩大到 78 倍，1995 年则高过 82 倍；1987年，全球生活在绝对贫困线以下的穷人为 12 亿，1993 年增至 13亿，1998 年则达到 17 亿。① 联合国开发计划署发表的 1999 年《人类发展报告》显示，占世界人口 20% 的发达国家所拥有的世界总产值高达 86%，它们占全球出口市场的份额也高达 82%；而占世界人口 75% 以上的发展中国家所占的这两项比例仅分别为 14% 和18%。②

世界银行《2002/2001 年发展报告》中说，在新世纪初，贫困仍然是一个全球性的重大问题；在世界 60 亿人口中，有 28 亿人每天仅靠不足 2 美元来维持生计，其中 12 亿人每天靠不足 1 美元来生活。撒哈拉以南非洲的最不发达国家人均国民生产总值，从 20世纪 80 年代初的 640 美元下降到 90 年代初的 510 美元，与发达国家的差距从 16.3：1 扩大到 51.7 ： 1。北方富、南方穷是当今世界经济的一个显著特点。③

根据联合国开发计划署《2003 年度人类发展报告》，"占世界上人口总数 5% 的最富裕阶层的收入相当于最贫困阶层收入的 114倍。占人口总数 1% 的最富裕人的收入和占人口总数 57% 的人的总收入是相等的。最富裕的 2500 万美国人的收入和世界上最贫穷的 20 亿人的总收入是相等的"④。

3. 生态失衡问题

由于人类过度地、不合理地开发和利用自然资源，给生态环境带来了严重的不良影响，破坏了原有的生态平衡状态，这在许多方

---

① 参见侯石：《一台极度倾斜的天平》，《半月谈》（内部）1999 年第 8 期。
②《文汇报》2000 年 9 月 4 日，《南北差距严重程度令人吃惊》（资料）。
③《瞭望新闻周刊》2006 年 5 月 18 日。
④ 联合国开发计划署：《2003 年度人类发展报告》，［日］横田洋三、秋月弘子审译，国际协力出版社 2003 年版，第 48 页。

面都已经显著地显现出来。例如：第一，生物多样性严重减少。根据世界自然保护基金 1999 年度全球环境指数报告，环境恶化造成物种灭绝速度加快。从 1970 年到 1995 年，25 年间包括哺乳动物、鸟类、鱼类、两栖类在内的淡水动物数量减少了 45%，海水动物的数量则减少了 35% 左右。[①] 物种灭绝和遗传多样性的丧失将造成生态系统的退化和瓦解，直接威胁人类生存的基础。第二，土地荒漠化。土地荒漠化是自然因素和人为活动综合作用的结果，人为因素主要是过度放牧、乱砍滥伐、开垦草地并进行连续耕作等，由此造成植被破坏，地表裸露，加快风蚀或雨蚀。全球陆地面积占 60%，其中沙漠和沙漠化面积已占 29%，每年仍在不断地增加。第三，森林植被破坏。人类砍伐林木、开垦林地、空气污染等致使全球森林面积减少。据世界观察研究所 1999 年的一份报告透露，世界森林正以每年 1600 多万公顷的速度消亡，差不多是一个英国或半个德国的面积。[②] 第四，全球气候变暖趋势。由于目前人类的能源结构以化石燃料为主，二氧化碳、甲烷、氮氧化物等"温室气体"的排放量不断增长，导致温室效应加剧，造成全球变暖趋势。据联合国"政府间气候变化工作组" 2000 年发布的统计数据，在过去 100 年来全球平均气温已经上升了 0.6℃。而 2001 年该小组发布的最新报告更是警告说，如果不采取有效措施，今后 100 年地球气温将上升 1.4℃—5.8℃。[③] 全球变暖趋势如果得不到制止或缓解，必将危及全球沿海地区。此外，全球变暖趋势还影响农业和自然生态系统，加剧洪涝、干旱和其他气象灾害，并有可能加大某些疾病的发病率和死亡率。第五，臭氧层破坏和消耗。随着某些生产材料

[①] 参见宋国涛等著：《中国国际环境问题报告》，中国社会科学出版社 2002 年版，第 423 页。

[②] 参见宋国涛等著：《中国国际环境问题报告》，中国社会科学出版社 2002 年版，第 398—399 页。

[③] 参见宋国涛等著：《中国国际环境问题报告》，中国社会科学出版社 2002 年版，第 387 页。

的广泛使用，如消耗臭氧物质的氟利昂被当做制冷剂、发泡剂和喷雾剂等广泛用于家电、日化、汽车、消防器材等领域，大气中的臭氧层遭受着愈益严重的破坏，其吸收和防止太阳光中有害紫外线对生物损害的功能受到了削弱。由于有害紫外线的增加，某些疾病增多，如皮肤癌和白内障患者增加；人的部分免疫力受到损害，某些传染病的发病率升高；过量紫外线辐射也会破坏生态系统，如抑制光合作用，导致农作物减产。生态系统的失衡日趋严重，不断引发各种自然灾害的发生，反过来给人类的生活带来了严重威胁，可以认为是生态系统对人的报复。

4. 环境污染问题

主要是指由于人类活动作用于周围环境所引起的环境质量变化，以及这种变化对人类的生产、生活和健康造成的影响。例如，第一，水资源危机和海洋资源的破坏。人类能够直接利用的江河湖泊等淡水资源仅占地球上全部水量的 0.003%，这些淡水资源在时空上分布极不均匀，加上人类的不合理利用，使世界上许多地区面临着严重的水资源危机，表现在淡水资源短缺、淡水污染以及争夺淡水资源引起的矛盾和冲突。而海洋生物资源的过度利用和人类对海洋的污染又对海洋环境和海洋生态系统造成巨大的破坏。第二，酸雨污染。酸雨通常是指 PH 值小于 5.6 的降水，其中绝大部分是硫酸和硝酸，主要来源于大气中的二氧化硫和氮氧化物。人为排放的二氧化硫和氮氧化物主要是由矿物燃料燃烧产生的。酸雨的危害主要表现在能对土壤、森林、植物、水生物产生严重破坏，也会对各种建筑物、物质材料、文物古迹等造成严重腐蚀和破坏。第三，高科技污染。这是由科学技术进步产生的影响人类正常活动的现象。一种被称为无形污染，指信息、电磁波、声、光、电等非实体对人的正常工作和生活的干扰。如来自移动电话机、电视机、电脑、微波炉等用品的电磁波辐射而产生的电磁污染已经被认为是继水质污染、大气污染、噪声污染之后的第四大污染；一种被称为有形污染，指工业废水、废气、废渣等高科技垃圾造成的污染，如废弃的电脑、电视机等。微波炉上面就含有铅、汞等各种各样的有毒物质，处理不当也会产生严重的后果。

5. 人口爆炸问题

主要指世界人口数量过多、增长过快。世界人口已经接近 70 亿。根据联合国人口基金会公布的统计数字，自人类诞生以来，世界人口经过数百万年才在 1804 年达到 10 亿，但仅过 123 年后的 1927 年就达到了 20 亿，33 年后的 1960 年达到了 30 亿，14 年后的 1974 年达到了 40 亿，13 年后的 1987 年达到了 50 亿，12 年后的 1999 年达到了 60 亿。[①] 目前，世界人口以每年净增长 8000 多万的速度增长着。人口问题的严重性也从资源过快消耗和环境恶化的视角反衬出来。随着世界人口的增加和人类生活的改善，世界资源的消耗和自然环境的恶化也在日益加快。据世界观察研究所的资料，1990 年世界平均每天只消耗几千桶石油，而 2001 年平均每天消耗 7200 万桶石油；人类对金属的使用量从 1900 年的 2000 万吨上升到现今的每年 12 亿吨。[②] 有关资料表明，全球已有 30% 的土地因人类的活动遭致退化，每年流失土壤约 240 亿吨。全世界每年流入海洋的石油达 1000 多万吨，重金属几百万吨。全世界森林面积以每年约 1700 万公顷的速度消失，平均每天有 140 种生物消亡。全球每年向大气中排放的二氧化碳约有 230 亿吨，比 20 世纪初增加了 25%，空气中的颗粒物质、二氧化硫、一氧化碳、硫化氢等污染物也大量增加；还有数不清的生活垃圾。[③] 一方面是世界人口的迅速膨胀；另一方面是世界能源资源的加速消耗和环境的破坏，地

---

① 参见宋国涛等著：《中国国际环境问题报告》，中国社会科学出版社 2002 年版，第 418 页。

② 参见宋国涛等著：《中国国际环境问题报告》，中国社会科学出版社 2002 年版，第 419 页。

③ 参见宋国涛等著：《中国国际环境问题报告》，中国社会科学出版社 2002 年版，第 418—419 页。

球的负担因此无疑在日益增加。

6. 能源资源枯竭问题

人类对能源资源的需求在不断地增长，但能源资源的总储量又是有限的。根据世界能源会议 1992 年大会期间提出的《1992 年能源资源调查》统计，世界各国煤炭探明可采储量烟煤和无烟煤 5214 亿吨，次烟煤和褐煤 5177 亿吨，合计 10391 亿吨。按照 1990 年产量（烟煤和无烟煤 33.14 亿吨，次煤和褐煤 14.35 亿吨，合计 47.49 亿吨煤炭），还可以开采 219 年；世界各国原油探明可采储量共计 1348 亿吨，天然气液 26 亿吨，合计 1374 亿吨。按照 1990 年产量（原油 30.16 亿吨，天然气液 1.03 亿吨，合计 31.19 亿吨），还可开采 44 年；世界各国天然气探明可采储量共计 128.85 万亿立方米，按照 1990 年净产量（共 2.135 万亿立方米），还可开采 60 年；31 个国家铀资源探明可采储量是每公斤 80 美元以下的共 141 万吨，每公斤 80—130 美元的共 87 万吨，合计 208 万吨，按照 1990 年产量 3.18 万吨，还可开采 65 年。[①] 这几种主要能源资源情况表明，能源资源短缺将是人类面对的实际问题。尽管人类仍有能力寻找和开采新的能源资源，但像石油、天然气的勘探和开采难度越来越大。寻找石油、天然气资源已从陆地扩展到海洋，从地理条件好的地区转向极地，从中深井转向超深井。石油、天然气又是不可再生的能源资源，因此，日见枯竭的总趋势不会得到改变。

7. 国际恐怖主义问题

国际恐怖主义自 20 世纪中期形成，其活动的热点和目标从殖民地、附属国或刚独立的民族国家逐渐向更广泛的国家和地区扩散，手段也日趋多样化，包括绑架、暗杀、劫机、爆炸等。70 年代以后，国际恐怖组织发展较快，形形色色，五花八门，如极端宗教恐怖组织、极右翼恐怖组织、极左翼恐怖组织、民族主义恐怖组

---

① 参见宋国涛等著：《中国国际环境问题报告》，中国社会科学出版社 2002 年版，第 327—328 页。

织、黑社会恐怖组织等，并形成一个较松散的国际网络。据美国著名的智囊机构兰德公司的有关资料，80 年代全世界共发生了近 4000 起恐怖活动，比 70 年代增加了 30%，死亡人数则翻了一番。据有关专门研究国际恐怖活动的机构统计，在 1970 年到 1979 年的 9 年间，因遭恐怖活动丧命的人数多达 4000 人，年均 400 人；1988 年国际恐怖活动发生了 856 起，死亡人数多达 660 人。联合国发表的一份关于"全球恐怖活动状况"的报告称，1997 年全球恐怖活动再次增多，高达 560 起，死亡 420 人。[①]进入新世纪，2001 年 9 月 11 日发生在美国的"9·11"国际恐怖袭击事件，空前的伤亡和破坏，举世震惊。19 名恐怖分子劫持了美国 4 架民航客机，对纽约世贸中心大楼、五角大楼等美国的几个标志性建筑发动了一系列自杀式撞击袭击，造成近 3000 人死亡，直接和间接经济损失高达数千亿美元，曼哈顿的经济活动一度陷入停顿状态。随着高科技的发展和普及，国际恐怖主义组织和势力可能已经掌握了网络技术和大规模杀伤性武器使用技术，今后利用网络进行恐怖活动或以网络为袭击目标的情况可能增多，利用化学、生物甚至核武器等大规模杀伤性武器进行恐怖活动的危险性也将进一步增大，国际恐怖主义活动将更加难以防范，其危害也将不堪设想。防范国际恐怖主义威胁已经成为维护世界安全的头等大事。

8. 跨国犯罪问题

跨国犯罪活动包括走私、贩毒、非法移民、贩卖人口、恐怖活动等，是人类社会面临的严峻挑战之一。非贸易性走私物品的国际走私的物品越来越广泛，包括毒品、文物、珍贵动植物、贵重金属、武器、垃圾、核材料等；国际走私活动也越来越猖獗，往往以有组织的形式出现，其成员和活动跨越国界，组织严密，分工细致。近年来，国际走私手段日益现代化和智能化，用高科技手段进

---

① 参见宋国涛等著：《中国国际环境问题报告》，中国社会科学出版社 2002 年版，第 441 页。

行走私活动已经习以为常，而且往往有武装保护；毒品在全世界的泛滥早已成为几乎包括所有国家在内的社会问题。贩毒、吸毒如同瘟疫一样，不分贫富、不分年龄、不分性别、不分信仰、不分国籍，也不论什么类型的国家，任何人、任何国家都不能逃避。据1998年联合国有关资料显示，全世界有2100万人遭受可卡因和海洛因之害，有3000万人因滥用苯丙胺类兴奋剂而受害。全世界除烟草、酒精外滥用各类毒品的人数达1.91亿，几乎是20世纪80年代末吸毒人数（4800万）的4倍。20世纪90年代以来的10年是历史上吸毒人数增长最快的时期。[1] 目前，世界毒品泛滥形势严峻，并出现一些新的动向，其中最突出的是：全球黑社会组织与毒品集团正以不同形式联手，成为威胁全球的不安定因素；麻醉品渐呈多样化，各种"软毒品"成为毒品消费市场上的"新宠"。据估计，全球吸毒人数以每年3%—4%的速度增长，而吸用人工合成毒品的人数增长最快；毒品问题全球化程度加剧。毒品贩运已涉及170个国家和地区，134个国家和地区出现了毒品消费问题，各类吸毒人员总数已发展到1.8亿。[2] 吸毒不仅直接危害了吸毒者的健康，而且也给社会造成了巨大损害。首先，吸毒与犯罪往往密切相连。吸毒者为了获取毒品和毒资，常常从事抢劫、盗窃、卖淫等犯罪活动。其次，吸毒直接间接造成巨大的经济损失。全世界每年消费的毒品价值达数千亿美元，世界各国为反毒、禁毒、戒毒也付出了巨大代价；贩卖人口和非法移民的跨国犯罪活动也成为人类的公害。那些被贩卖的人口，尤其是妇女和儿童被贩卖到其他国家之后，被迫在工厂当奴工，或者在人家做仆人。一些妇女甚至被拐卖做性奴，或者被贩卖到妓院被迫从事卖淫活动。根据联合国儿童基

---

① 参见宋国涛等著：《中国国际环境问题报告》，中国社会科学出版社2002年版，第469页。

② 参见宋国涛等著：《中国国际环境问题报告》，中国社会科学出版社2002年版，第469页。

金会的统计数字显示，贩卖妇女和儿童的现象正在世界范围内呈严重上升趋势。每年大约有 70 万到 200 万妇女和儿童被当做商品在世界范围内贩卖。据联合国统计，全球每年有 400 万妇女及女童被迫从事卖淫。据国际移民组织估计，犯罪集团贩卖妇女年收入达 60 亿—120 亿美元。另据联合国经合组织估计，犯罪集团每年组织非法移民的暴利 60 亿—200 亿美元之间。[①] 大量的非法移民被当地社会完全同化，也会给当地居民带来很大的就业压力，同时也带来了公共卫生和安全等方面的许多问题，引发政治、经济和社会危机的风险大大增加，成为社会不稳定的重要因素。

9. 艾滋病传播问题

艾滋病是 1981 年才被人们认识的一种新的性传播疾病。由于世界上还没有可以治愈艾滋病的特效药，也没有可用预防的疫苗，艾滋病的传播速度较快，艾滋病患者的死亡率也极高，成为当今世界的"不治之症"，西方国家称艾滋病为"恐怖病"、"超级癌症"、"世纪瘟疫"。据联合国艾滋病联合规划署的统计，从 1981 年到 2001 年的 20 年间，大约有 5600 万人感染艾滋病毒，约有 2200 万人死于与艾滋病有关的疾病，其中 430 万人是儿童。目前，全球 240 个国家和地区，除亚洲的偏僻山区和大洋洲的十几个岛屿小国外，几乎所有国家和地区都发现了艾滋病疫情。[②]

（三）人类的共同利益与全球意识

全球性问题不仅是经济发展问题，更是价值观念、文明方式问题。由于资本主义社会制度占据世界的统治地位，对人类的生产行为、价值观念和文明方式发挥着主导影响，资本主义制度无疑是全球性问题的总根源。例如导致人类相互残杀和文明毁灭的战争产

---

① 参见石刚文：《国际资料信息》2006 年 1 月 31 日，《世界历史探讨》2006 年 9 月 23 日转发。

② 参见宋国涛等著：《中国国际环境问题报告》，中国社会科学出版社 2002 年版，第 485 页。

生的根源是私有制和阶级剥削制度；利用先进科技成果制造毁灭性武器威胁人类和平发展的原因是垄断资本主义——帝国主义的制度与政策；例如世界范围内穷国富国之间日益严重的两极分化，主要也是由于少数发达国家主导不公正不合理的国际经济政治秩序、实行严重的国际剥削和掠夺造成的。而广大发展中国家的长期贫穷落后，甚至是极端的贫穷落后，又进一步成为人口、环境、粮食、能源等全球性问题产生的重要因素；少数发达国家为了发展和保护自己的利益，纷纷到发展中国家掠夺木材、矿石、石油等资源，并将一些产生污染后果比较严重的产业转移到发展中国家，甚至包括转移有毒的垃圾，也成为资源、环境危机等全球性问题加剧的重要原因。但大约在 20 世纪 90 年代以来，全球性问题的凸显以及在世界范围内引起前所未有的关注，并不是偶然的事情。东西方冷战的结束，尤其是全球化趋势的加速发展，显然是全球性问题产生的时代前提。人类相互依存度日益提高，每个民族国家的经济都可能是世界经济链条的环节，每个民族国家的发展都可能是临近民族国家发展的条件，因而使得原来各不相干的民族国家的内部事物，成为民族国家之间密切相关的国际事务，使得本属局部、地区的问题，成为全球性问题或世界问题。全球化促使人类进入了高度相互依存的时代，也提供了全球性问题产生的时代前提。由于全球性使人类面临的共同挑战日益严峻，使人类加强广泛合作的必要日益增大，因此也催生了人类的共同利益和全球意识。

可以认为，人类的共同利益就是人类在全球化时代作为一个整体生存和发展的共同需求。在全球化时代以前，由于人类的相互依存度很低，一方面，人类没有作为一个高度相互依存的整体而存在，另一方面，人类也没有形成生存和发展的共同需求，因此人类的共同利益是不存在的。汪信砚关于当代的全球化对人类生存和发展的深刻影响的分析是很有见地的。他认为从深层价值意蕴来看，当代的全球化对人类生存和发展的影响"集中地表现为它以特定的形式促成了人类共同利益的形成"："首先，当代的全球化促成了人类历史向世界历史转变过程的完成，从而为人类共同利益的形成提供了现实的主体条件，并因此而使人类的共同利益成为可能"，"其次，当代的全球化带来了各种全球问题，从而以否定的形式为人类共同利益的形成提供了内在的动因，并因此而使人类的共同利益成为现实。"①

可以认为，人类的全球意识就是人类在全球化时代发展和维护人类共同利益的思维方式。在全球化时代，由于人类成为了高度相互依存的整体，面临着全球性问题的共同挑战；由于全球性问题具有超越社会制度和意识形态的特点，是任何国家都回避不了的问题，因此，全球化时代在客观上要求各个国家各个民族摆脱社会制度和意识形态的束缚，以人类的共同利益为价值取向来处理人与自然、人与世界的关系。全球意识显然是人类适应全球化时代需要的一种新的认识人类自身、认识世界的思维方式，也就是在承认人类共同利益基础上的、超越社会制度和意识形态分歧、克服国家和利益集团限制、以全球视野来考察、认识人类社会生活的一种思维方式。承认人类处于全球化时代，承认人类是一个高度相互依存的整体，承认存在全球性问题和人类的共同利益，就必然会承认形成全球意识的必要性。现实生活告诉人们，人类生活越是全球化，人类越是相互依存，全球性问题越是复杂，人类共同利益也就越多，人类也就越需要全球意识。人类社会的全球化趋势呼唤全球意识，全球性问题的解决呼唤全球意识，人类共同利益呼唤全球意识。

基于全球化趋势的全球意识，对于解决全球性问题和发展与维护人类的共同利益是十分重要的。因为解决全球性问题、发展和维护人类的共同利益，超出了单独一个国家、一个民族的能力范围，需要国际社会共同协作方能实现。20世纪90年代以来，西方学术

---

① 汪信砚：《全球化与人类的共同利益》，《马克思主义与现实》1998年第4期。

界、一些重要的政治家、重要的国际组织，都纷纷谈论和倡导"全球治理"（global governance）的观念或理念，可以说就是人类基于维护共同利益的全球意识增长的一种体现。依据我国学者俞可平的看法，"所谓全球治理，指的是通过具有约束力的国际规制（regimes）解决全球性冲突、生态、人权、移民、毒品、走私、传染病等问题，以维持正常的国际政治经济秩序"。"全球治理是各国政府、国际组织、各国公民为最大限度地增加共同利益而进行的民主协商与合作，其核心内容应当是健全和发展一整套维护全人类安全、和平、发展、福利、平等和人权的新的国际政治经济秩序，包括处理国际政治经济问题的全球规则和制度。"[①]虽然就目前来看，少数西方大国控制着全球治理的规制、机构，乃至话语权，它们也常常借助其推行霸权主义，干涉别国内政，以实现自己的目的。但全球治理所体现的全球意识、对人类共同利益的追求、对生命、自由和公平的尊重的价值取向，无疑对人类繁荣与发展具有积极的意义。"人类共同利益"、"全球意识"的理念，强调"地球村"、"地球人"、"世界公民"、"共同家园"、"命运共同体"、"共享共治"，无疑也是人类社会走向成熟与理智的体现。虽然从全球治理的实践来看，成效还不明显，但世纪之交以来，关注全球性问题的各种国际会议较之过去更为频繁，关于解决全球性问题的各种国际合作也较之过去大为增多，例如，二十国集团领导人于 2008 年 11 月、2009 年 4 月和 9 月，分别在美国华盛顿、英国伦敦、美国匹兹堡共举行了三次金融峰会，共同探讨应对国际金融危机相关事宜。又如，联合国于 2006 年、2007 年、2008 年和 2009 年连续四年举行了气候变化大会。这都体现了人类在发展和维护共同利益方面的合作及实际行动确实在推进，人类的全球意识确实在增强。

　　笔者认为，全球性问题是人类共同的发展危机，挑战着人类共

---

① 俞可平：《全球治理引论》，《马克思主义与现实》2002 年第 1 期。

同的生存与发展、危及着人类共同的前途与命运。面对着人类陷入的发展困境，人类的共同利益是不能否认的，人类的全球意识也是存在的。伴随着经济全球化趋势的深化和发展，人类的共同利益必将不断地增加，人类的"人类共同利益"理念和"全球意识"理念也必将不断地增强和净化。"人类共同利益"理念、"全球意识"理念的形成不仅是人类进步和走向成熟的重要表现，而且，"人类共同利益"理念、"全球意识"理念，与"和谐世界"理念一样，同"世界社会主义"理念具有价值取向的一致性。

笔者也认为，全球性问题的总根源是资本主义社会制度和发展道路。全球性问题不仅是经济发展问题，更是价值观念、文明方式和社会制度问题。在当前的世界上，资本主义制度和资本主义生产方式占据着主导地位，与资本主义制度和生产方式相适应的价值观念、生活方式等也居于主要的影响地位。全球性问题因此归根结底都与资本主义制度和发展道路有关，而且，在以剥削为本质特征的资本主义制度和发展道路的范围内，全球性问题永远也不可能得到真正和彻底的解决。全球性问题真正和彻底解决的根本出路是社会主义制度和发展道路。社会主义制度是否定阶级剥削和阶级压迫的最先进的社会制度，社会主义道路是符合全人类共同利益的可持续发展道路。就其本质来说，社会主义制度和发展道路完全符合全人类的共同利益观，也真正能够为全球性问题的解决创造社会条件。先进的社会主义制度和发展道路一旦在全世界实现，不仅将为人类的智慧和创造能力开辟更加广阔的空间，也必将能最大限度地把全球积极因素和力量协调起来，消除人类社会发展的缺陷，矫正人类行为的不当。在一定意义上，人类共同利益的增多，是人类社会向社会主义的靠近，全球意识的增强，是人类社会对社会主义的呼唤。

第三章
经济全球化趋势与世界社会主义的关系

全球化或经济全球化趋势与世界社会主义的关系问题是一个值得关注的问题，也是需要深入研究的问题。在世纪之交，随着我国对外开放的深化和更加广泛地参与经济全球化，随着中国特色社会主义建设的迅速发展，这一问题进入了我国学者的视野。目前，虽然站在世界社会主义的视角来研究全球化或经济全球化趋势与世界社会主义关系的成果还不是很多，但关于这方面的研究已经开始拓宽，并且，有学者已经提出了"社会主义全球化和共产主义全球化"的概念。① 当然，这还需要深入和广泛的探讨。更多的研究成果是站在中国社会主义建设的视角来研究经济全球化趋势与社会主义的关系，如许多学者将经济全球化视为中国特色社会主义建设和发展的国际环境，也比较普遍认为中国特色社会主义是与经济全球化相联系的社会主义，建设和发展中国特色社会主义必须更积极地参与经济全球化，以便充分利用经济全球化提供的发展机遇和条件，最大限度地吸收和借鉴人类社会创造的一切优秀文明成果。

世界社会主义与全球化或经济全球化趋势的联系无疑是十分密切的，无论从世界社会主义产生的历史来看，从世界社会主义发展的进程来看，还是从世界社会主义发展的目标来看，两者的关系都是紧密相连的。笔者认为，世界社会主义与全球化或经济全球化的密切关系，至少应该体现在这样几个方面：第一，全球化或经济全

---

① 参见吴易风：《全球化的性质和利弊》，《中国人民大学学报》2001 年第 4 期。

球化的历史趋势为世界社会主义的产生提供了先决的历史条件；第二，全球化或经济全球化的发展成果为世界社会主义发展提供了不可缺少的物质基础；第三，全球化或经济全球化的未来前景与人类世界的社会主义发展目标具有完全一致性。同时，我们也必须看到，全球化或经济全球化的发展现状也使世界社会主义发展面临着严峻的考验与挑战。

一、经济全球化是世界社会主义产生的先决历史条件

众所周知，科学社会主义创始人马克思和恩格斯是在批判资本主义旧世界中发现社会主义新世界的，也是在考察人类社会的历史变迁中确认社会主义新世界的。他们通过对资本主义制度弊端的分析，揭示了世界资本主义终将走向灭亡、让位于世界社会主义的必然性，同时也通过对世界历史的考察，论证了世界社会主义终将实现、取代世界资本主义的可能性。马克思、恩格斯通过考察人类社会的历史变迁进而论证世界社会主义终将实现、取代世界资本资本主义的可能性，主要体现在他们的著名的"世界历史理论"之中。

我们探讨的全球化现象或趋势，在马克思和恩格斯以前的时代就已经存在了，虽然在马克思和恩格斯的著述中，是无法找到"全球化"或"经济全球化"这个词汇的，但这并不妨碍他们观察全球化的现象和思考全球化的问题。在我国学术界，关于全球化问题的研究者们一般都认为，马克思主义的"世界历史理论"是我们今人关于全球化或经济全球化认识的重要思想渊源，而且对于我们认识今天的全球化或经济全球化现象依然具有重要的方法论意义和价值；认为"马克思的'世界历史'概念完全可以与全球化概念互换使用"① 的看法，也已经得到较为普遍的认同。在国外学术界，有许多学者也认为，马克思和恩格斯是全球化问题研究的先驱者，承

---

① 郁建兴：《全球化：一个批评性考察》，浙江大学出版社2003年版，第189页。

认我们今天谈论的全球化现象在 160 多年前马克思和恩格斯的视野中已经存在，而且马克思和恩格斯关于全球化现象的分析和阐述直到今天依然十分新鲜和深刻。

"世界历史"概念虽然不是马克思和恩格斯创立的，但马克思和恩格斯批判地继承了前人的"世界历史"概念，并通过赋予其新的含义而形成了他们自己的"世界历史理论"。在马克思、恩格斯之前，近代西方思想家的思想中早已存在关于"世界历史"的讨论，如 17 世纪的意大利哲学家维科，18 世纪的法国哲学家孟德斯鸠，德国的哲学家康德、赫德尔、黑格尔等，都探讨过世界历史问题，并形成了相应的世界历史思想。马克思和恩格斯的世界历史理论主要是在批判地继承康德和黑格尔的历史哲学思想的基础上形成的。康德在自己的历史哲学思想中提出了"普遍的历史观念"，认为世界历史是由罪恶、贪欲、自私、暴力等恶因素为动力推动的前进过程，最终实现一个永久和平的、美好的社会。这个美好的社会是一种既定的目的，是一种理性的计划。世界历史就是由某种理性的智慧所引导的、朝着由某种理性的智慧所规定的目标前进的过程。黑格尔的历史哲学思想虽与康德有所不同，但继承了康德唯心主义的世界历史观，认为世界历史就是理性的自我实现的过程。黑格尔提出："世界历史无非是'自由'意识的进展，这一种进展是我们必须在它的必然性中加以认识的。"[①]他认为人类的历史最终要从各民族的历史走向世界的历史，自由精神的旗帜就是使各个民族终将聚集其下的旗帜[②]。康德和黑格尔对世界历史的考察都是以一种先验的、悬浮于太空的观念即理性原则为准则的，将理性原则当做最终决定性因素，将世界历史的本质最终也归结为观念。马克思和恩格斯对康德和黑格尔的历史哲学作出了尖锐的批评，并划清了同他们在世界历史观和方法论上的界限。马克思和恩格斯

---

① 黑格尔:《历史哲学》，上海书店出版社 1999 年版，第 19 页。
② 参见黑格尔:《历史哲学》，上海书店出版社 1999 年版，第 429 页。

指出："德国哲学从天国降到人间；和它完全相反，这里我们是从人间升到天国。""前一种考察方法从意识出发，把意识看做是有生命的个人。后一种符合现实生活的考察方法则从现实的、有生命的个人本身出发，把意识仅仅看做是**他们的**意识。"[1]马克思和恩格斯指出：世界历史当然离不开人，人是历史活动的主体和历史的创造者，"但不是处在某种虚幻的离群索居和固定不变状态中的人，而是处在现实的、可以通过经验观察到的、在一定条件下进行的发展过程中的人。只要描绘出这个能动的生活过程，历史就不再像那些本身还是抽象的经验主义者所认为的那样，是一些僵死的事实的汇集，也不再像唯心主义者所认为的那样，是想象的主体的想象活动"[2]。马克思、恩格斯还指出："历史向世界历史的转变，不是'自我意识'、世界精神或者某个形而上学幽灵的某种纯粹的抽象行动，而是完全物质的、可以通过经验证明的行动，每一个过着实际生活的、需要吃、喝、穿的个人都可以证明这种行动。"[3]马克思、恩格斯批判了康德和黑格尔唯心主义的历史观和方法论，依据自己创立的辩证唯物主义和唯物主义的历史观与方法论，剔除了康德和黑格尔把世界历史过程看做是"理性过程"、看做是"自由意识"、"世界精神"的发展过程以及历史将终结的思想糟粕，吸取了其人类的历史最终将从各民族的历史走向世界历史这一思想精华，创立了科学的"世界历史"理论。

马克思和恩格斯认为，世界历史不是人类社会从来就有的，而是人类社会发展到一定历史阶段才产生的。在《德意志意识形态》、《共产党宣言》等著作中，他们考察和分析了近代机器大工业和资本主义生产方式及世界市场的产生和发展，并把它们推动历史发展的作用与世界历史的形成联系起来，阐述了世界历史的形成及其动

---

[1]《马克思恩格斯文集》第1卷，人民出版社2009年版，第525页。
[2]《马克思恩格斯文集》第1卷，人民出版社2009年版，第525—526页。
[3]《马克思恩格斯文集》第1卷，人民出版社2009年版，第541页。

力。在《德意志意识形态》中，马克思、恩格斯分析指出："大工业创造了交通工具和现代的世界市场，控制了商业，把所有的资本都变为工业资本，从而使流通加速（货币制度得到发展）、资本集中"。恰恰是大工业，"它首次开创了世界历史，因为它使每个文明国家以及这些国家中的每一个人的需要的满足都依赖于整个世界，因为它消灭了各国以往自然形成的闭关自守的状态"①。在《共产党宣言》中，马克思和恩格斯也指出：以机器大工业为基础的资本主义生产方式开拓了世界市场，促进了商业和交通的发展，"使一切国家的生产和消费都成为世界性的了"，新的"工业所加工的，已经不是本地的原料，而是来自极其遥远的地区的原料；它们的产品不仅供本国消费，而且同时供世界各地消费。旧的、靠本国产品来满足的需要，被新的、要靠极其遥远的国家和地带的产品来满足的需要所代替了。过去那种地方的和民族的自给自足和闭关自守状态，被各民族的各方面的互相往来和各方面的互相依赖所代替了"。资产阶级"不断扩大产品销路的需要，驱使资产阶级奔走于全球各地。它必须到处落户，到处开发，到处建立联系"②。"资本一方面要力求摧毁交往即交换的一切地方限制，夺得整个地球作为它的市场，另一方面，它又力求用时间去消灭空间，就是说，把商品从一个地方转移到另一个地方所花费的时间缩减到最低限度。资本越发展……也就越是力求在空间更加扩大市场，力求用时间去更多地消灭空间。"③在资本追逐利润的本性的内在驱动下，在机器大工业为基础的生产力的推动下，不仅促进了以广泛交换为特征的世界市场的形成和以"实行最广泛的分工"④为特征的社会化大生产发展，而且"到处造成了社会各阶级间相同的关系，从而消灭了各民族的

①《马克思恩格斯文集》第1卷，人民出版社2009年版，第566页。
②《马克思恩格斯文集》第2卷，人民出版社2009年版，第35页。
③《马克思恩格斯全集》第46卷（下），人民出版社1980年版，第33页。
④《马克思恩格斯文集》第1卷，人民出版社2009年版，第565页。

特殊性"①，于是，民族历史逐渐演变成为世界历史。"各个相互影响的活动范围在这个发展进程中越是扩大，各民族的原始封闭状态由于日益完善的生产方式、交往以及因交往而自然形成的不同民族之间的分工消灭得越是彻底，历史也就越是成为世界历史"②。马克思、恩格斯认为世界历史的形成，无疑是人类社会的巨大发展和进步。根据马克思、恩格斯的思想，民族历史转变为世界历史，一方面，是以机器大工业为代表的人类生产力发展的必然结果，另一方面，是资本主义生产方式和世界市场的形成以及由此推动的各民族普遍交往发展的必然结果。

马克思在《〈政治经济学批判〉导言》中明确地指出"世界史不是过去一直存在的；作为世界史的历史是结果"③。这一重要结论就是马克思主义历史理论同以往历史理论的根本区别。马克思认为世界历史不是某种既定的历史事实，历史哲学家的任务不是简单地描述一直存在的东西，不是观客地记述民族之间、国家之间的联系，而是探究决定这些联系的背后的东西，研究这些联系是如何形成的。如果只是简单地描述一直存在的东西，或客观地记述民族之间、国家之间的联系，不仅不能真实地解释历史，而且这样的历史就成了孤立的和没有生命力的既定事实的堆积。康德、黑格尔把世界历史看做一个"发展过程"，是一个重大的贡献，但却把这一"发展过程"视为理性原则的实现、精神发展过程的验证，就把真实的历史过程头足倒置了。马克思指出"作为世界史的历史是结果"，是说世界历史不仅是一个发展过程，而且是人类社会生产力、交往以及分工发展的物质过程，也就是说世界历史是一个自然的发展过程，不是精神或观念的发展过程。马克思、恩格斯通过对人类社会生产力、交往以及分工发展的现实的考察，揭示了世界历史的

①《马克思恩格斯文集》第1卷，人民出版社2009年版，第567页。
②《马克思恩格斯文集》第1卷，人民出版社2009年版，第540—541页。
③《马克思恩格斯文集》第8卷，人民出版社2009年版，第34页。

形成与发展，恢复了世界历史的本来面目，从而实现了世界历史观和世界历史理论的伟大革命。马克思、恩格斯的世界历史理论是马克思主义世界观和方法论的重要组成部分，为人们科学地分析人类历史发展提供了指导思想。

马克思主义历史理论同以往历史理论的根本区别，不仅在于从人类历史的客观存在本身出发来认识和解释历史，从而恢复了世界历史的本来面目，实现了世界历史观和世界历史理论的伟大革命，而且在于为推动人类历史发展提供思想武器，即为变革现实的资本主义社会、实现共产主义社会做科学的论证。"哲学家们只是用不同的方式**解释**世界，而问题在于**改变**世界。"① 这就是马克思主义历史观和历史理论的鲜明特点。

马克思和恩格斯考察和分析世界历史形成与发展的重要目的，是为了科学地揭示人类社会发展的一般规律，尤其是为了说明世界历史与世界共产主义（社会主义）的关系，即论证世界社会主义产生的可能性。在马克思、恩格斯关于未来共产主义社会的思考中，我们知道，有三点是特别明确的：其一，马克思、恩格斯认为，共产主义社会是整个人类社会历史发展的总趋势，而推动人类社会历史发展的最终决定力量是人类社会的生产力；其二，马克思和恩格斯认为，共产主义制度是整个人类社会发展的最高级的形态，不是某一国家、某一民族的历史发展趋势和未来社会形态。共产主义也不是某一个阶级、某一个民族的解放事业，而是全人类的解放事业；其三，共产主义革命的主体力量是无产阶级。无产阶级是资本主义的掘墓人和共产主义的建设者。只有解放全人类，无产阶级才能最后解放自己。马克思、恩格斯关于未来共产主义社会的思考同他们关于世界历史的认识是密不可分的。从马克思和恩格斯的世界历史理论中，我们可以看到，马克思、恩格斯很鲜明地将世界历史

①《马克思恩格斯文集》第 1 卷，人民出版社 2009 年版，第 506 页。

与世界共产主义紧密地联系了起来，主张共产主义是世界历史性的，阐明了世界历史的形成是世界共产主义产生的先决条件。

首先，世界历史的形成为世界共产主义产生提供了物质条件。马克思和恩格斯认为，取代资本主义社会的共产主义社会是必须以人类社会生产力高度发展为物质基础的，是人类文明的伟大结晶，而决不是乌托邦，决不是空中楼阁。他们注重世界历史形成的机器大工业发展、世界贸易和世界市场的产生与发展的物质基础，强调人类社会生产力的巨大发展是世界历史形成的根本推动力，就是因为世界历史的形成及其发展是世界共产主义产生与发展的先决条件。离开生产力的高度发展，不可能形成世界历史，也就不可能产生世界共产主义；不仅人类社会发展不会前进，反而可能还会倒退。因为"如果没有这种发展，那就只会有**贫穷**、极端贫困的普遍化；而在**极端贫困**的情况下，必须重新开始争取必需品的斗争，全部陈腐污浊的东西又要死灰复燃"①。

其次，世界历史的形成为世界共产主义的产生提供了社会条件。马克思和恩格斯认为，取代资本主义社会的共产主义社会又是必须以各民族的普遍交往为历史前提的，是一个高度社会化的大同世界，是一个世界性的现实存在。而世界历史的形成是以各民族的普遍交往的形成为标志的，恰恰为世界共产主义的产生与发展提供了社会条件。由于普遍的交往，"过去那种地方的和民族的自给自足和闭关自守状态"才会"被各民族的各方面的互相往来和各方面的互相依赖所代替"②，由于普遍的交往，"地域性的个人"才会"为**世界历史性的**、经验上普遍的个人所代替"③，人类社会才可能形成一个紧密相连、息息相关的有机整体，也才可能最终实现人类社会的最高级形态——共产主义的大同世界。如果没有这种普遍的交

①《马克思恩格斯文集》第1卷，人民出版社2009年版，第538页。
②《马克思恩格斯文集》第2卷，人民出版社2009年版，第35页。
③《马克思恩格斯文集》第1卷，人民出版社2009年版，第538页。

往，"共产主义就只能作为某种地域性的东西而存在"；"交往的**力量**本身就不可能发展成为一种**普遍的**因而是不堪忍受的力量：它们会依然处于地方的、笼罩着迷信气氛的'**状态**'"；所以，"交往的任何扩大都会消灭地域性的共产主义。共产主义只有作为占统治地位的各民族'一下子'同时发生的行动，在经验上才是可能的"①；共产主义是一个世界性的事业，"只有作为'世界历史性的'存在才有可能实现"②。

最后，世界历史的形成为共产主义的实现准备了社会主体力量。共产主义实现的社会主体力量是工人阶级。这一社会主体力量既是资本主义社会的掘墓人，又是共产主义社会的建设者。马克思和恩格斯强调世界历史的形成"是以生产力的普遍发展和与此相联系的世界交往为前提的"③，还因为只有在人类社会生产力普遍发展和世界交往的普遍发展的条件下，才"可以产生一切民族中同时都存在着'没有财产的'群众这一现象（普遍竞争），使每一民族都依赖于其他民族的变革"，才会使"地域性的个人为**世界历史性的**、经验上普遍的个人所代替"，也才会产生"只有**在世界历史意义上**才能存在"的共产主义革命的主体力量——无产阶级。④

世界历史的形成为世界共产主义的产生提供物质条件、社会条件和社会主体力量等先决的历史条件，所以，马克思、恩格斯强调，共产主义在本质上是世界性的，必须是世界历史性的东西，决不能"作为某种地域性的东西而存在"⑤。

马克思和恩格斯特别强调共产主义的世界历史性，不仅是因为他们认为世界历史的形成是共产主义产生的先决历史条件，还因为他们认为共产主义革命是"世界性的革命"。在《德意志意识形态》

---

① 《马克思恩格斯文集》第 1 卷，人民出版社 2009 年版，第 538—539 页。
② 《马克思恩格斯文集》第 1 卷，人民出版社 2009 年版，第 539 页。
③ 《马克思恩格斯文集》第 1 卷，人民出版社 2009 年版，第 539 页。
④ 参见《马克思恩格斯文集》第 1 卷，人民出版社 2009 年版，第 538、539 页。
⑤ 《马克思恩格斯文集》第 1 卷，人民出版社 2009 年版，第 538 页。

中，马克思、恩格斯指出："共产主义只有作为占统治地位的各民族'一下子'同时发生的行动，在经验上才是可能的。"①在《共产主义原理》中，恩格斯指出："单是大工业建立了世界市场这一点，就把全球各国人民，尤其是各文明国家的人民，彼此紧紧地联系起来，以致每一国家的人民都受到另一国家发生的事情的影响。此外，大工业使所有文明国家的社会发展大致相同，以致在所有这些国家，资产阶级和无产阶级都成了社会上两个起决定作用的阶级，它们之间的斗争成了当前的主要斗争。因此，共产主义革命将不是仅仅一个国家的革命，而是将在一切文明国家里，至少在英国、美国、法国、德国同时发生的革命，……。共产主义革命也会大大影响世界上其他国家，会完全改变并大大加速它们原来的发展进程。它是世界性的革命，所以将有世界性的活动场所。"②在《共产党宣言》中，马克思、恩格斯还指出："工人没有祖国"，号召"全世界无产者，联合起来"③。在国内外的学术界，马克思和恩格斯关于共产主义革命的"世界性"的思想比较普遍地被概括为"世界革命论"或"同时胜利论"。

从马克思和恩格斯这些早期的思想中，我们的确可以鲜明地看出，马克思和恩格斯是把世界历史的形成与发展同共产主义紧密联系在一起的，他们通过对世界历史的考察和分析，论证了资本主义灭亡和共产主义实现的历史必然性。对此，我国学者丰子义、杨学功做了很好的概括："马克思研究世界历史的深刻动因，在于通过对现代资本主义社会的分析，论证共产主义的必然性。马克思并不是一般地谈论世界历史，或者是有意识地要建构一种世界历史理论，其大量有关世界历史的论述，都是围绕资本主义和未来共产主义阐发的，因而是为共产主义的必然性这一核心问题作论证的。"

---

① 《马克思恩格斯文集》第1卷，人民出版社2009年版，第538—539页。
② 《马克思恩格斯文集》第1卷，人民出版社2009年版，第687页。
③ 《马克思恩格斯文集》第2卷，人民出版社2009年版，第50、66页。

马克思"在《德意志意识形态》和《共产党宣言》等早期著作中，既是谈论共产主义最多的地方，又是谈论世界历史比较集中的地方。这决不是偶然的巧合，而是内在联系的必然，因为共产主义与世界历史是不可分割的。也正因为如此，在这些著作中，只要谈到世界历史，总是同资本主义与共产主义联系在一起，马克思从来没有一般地、孤立地谈论世界历史"[①]。

显然，世界共产主义是世界历史的产物，也是全球化的产物，没有世界历史的形成，就不会有世界共产主义的产生。马克思和恩格斯关于世界历史的理论、关于世界共产主义与世界历史关系的论述，仍然是我们今天讨论世界共产主义（社会主义）问题的重要的方法论，其当代价值是我们应该深刻思考的。

自从20世纪80、90年代东欧剧变和苏联解体以来，社会主义在世界范围内跌入了低谷，不仅社会主义国家大大减少了，社会主义实力下降了，世界社会主义运动也衰弱了；西方舆论中的"历史终结论"、"社会主义崩溃论"甚嚣尘上，共产党人、尤其是社会主义国家执政的共产党人的思想压力大大增加，社会主义信仰者中有改弦更张的，有意志消沉的，也有悲观失望的。在这样的历史时刻，学习马克思和恩格斯的世界历史理论，并依据它来认识世界社会主义的未来前景、分析人类历史的发展趋势、探索社会主义的发展道路，至少会使我们从中得到如下的思想支持和启发。

第一，坚持从世界历史的角度认识社会主义的本质。依据马克思和恩格斯关于世界历史与社会主义关系的思想，首先，社会主义是世界历史发展的必然产物。由于世界历史的形成和发展是不以人的意志为转移的客观物质过程，因此社会主义形成和发展也是不以人的意志为转移的客观物质过程。这告诉我们，虽然世界历史发展过程不是笔直的，社会主义的发展过程也不可能是一帆风顺的，但

---

① 丰子义、杨学功:《马克思"世界历史"理论与全球化》，人民出版社2002年版，第11页。

是世界历史发展的总趋势是前进的，社会主义发展的总趋势也是前进的。世界历史不会因为某些曲折而改变发展的总趋势，社会主义也不会因为某些挫折而停下前进的步伐。其次，社会主义理论与实践在本质上都是全球性的。社会主义的概念和理论虽然首先产生于个别地区、个别国家和少数个人，但它从一开始就是全球性的。社会主义追求的目标是全部人类的解放、一切不平等的消除、整个世界的和谐、各民族的共同繁荣和发展。社会主义的价值理想是属于全人类的，也终将为全人类所拥有。社会主义实践虽然不可能在全世界同时开展，而要在个别国家、个别地区首先开展，但社会主义是世界性的，而不是地域性的，它的优越性终将在整个世界体现出来，终将惠及整个人类社会。这告诉我们，社会主义终将成为人类的共同选择和归宿。

第二，坚持从世界历史的角度认识世界社会主义的前景。如前所述，马克思和恩格斯的世界历史理论作为世界观和方法论，揭示了社会主义与世界历史的关系，论证了世界历史的形成为世界社会主义的产生提供了不可缺少的先决历史条件和重要的物质基础，论证了世界历史发展前景的世界社会主义的必然性。今天看来，马克思和恩格斯的世界历史理论并没有过时，当代世界历史的现实也在进一步证实马克思、恩格斯世界历史理论的科学性，证实世界历史的发展与世界社会主义有着更为密切的关系。依据马克思和恩格斯的思想，人类社会生产力的普遍发展和与此相联系的人类交往的普遍发展是社会主义产生的历史前提。当今世界人类社会生产力的发展水平和普遍发展程度、当今世界人类社会交往的发展水平和各国家、各地区相互联系与相互依赖的程度，早已经是马克思和恩格斯所处历史时代的情形所不可比拟的了。依据马克思、恩格斯的思想，世界社会主义又是人类社会生产力的普遍发展和与此相联系的人类交往的普遍发展的必然结果。因为人类社会生产力的普遍发展和与此相联系的人类交往的普遍发展，不仅为世界社会主义产生提供了必要的物质基础，而且伴随着资本主义生产方式的广泛传播也使得资本主义社会基本矛盾广泛传播，从而也为世界社会主义产生提供了必要的社会条件。伴随人类社会生产力的普遍发展和与此相联系的人类交往的普遍发展，当今世界为世界社会主义提供的必要的物质基础，伴随资本主义生产方式在世界更大范围的传播与发展，以及资本主义社会基本矛盾和弊端在世界更大范围的传播与发展，当今世界为世界社会主义提供的必要的社会条件，也都早已经是马克思和恩格斯所处历史时代的情形所不可比拟的了。从这个意义上，显然可以说，当代世界历史与世界社会主义的关系是更为密切的，当代世界历史的发展是更加趋向世界社会主义的。

第三，坚持从世界历史的角度认识社会主义的发展。依据马克思、恩格斯的世界历史理论，世界社会主义是世界历史形成的产物，也是世界历史发展的必然结果，离开世界历史及其发展就没有社会主义。我们从中也可以体会出：世界历史是社会主义发展的给养和动力源泉。我们今天仍然必须坚持把世界社会主义置于世界历史中来认识，必须坚持使社会主义建设与世界历史条件相适应，在与当代世界历史发展的紧密联系中推进社会主义事业。世界历史的发展与深化将不断地为社会主义提供日益丰富的物质基础和愈益有利的历史条件，而社会主义的发展也必须不断地从世界历史发展中吸收物质文化给养和补充前进的驱动力量。从现实社会主义建设和发展所处的当代世界历史条件来看，较之马克思、恩格斯所处的时代，世界历史或全球化前所未有的加速发展，不仅人类社会生产力更为普遍地发展了，各民族的世界性交往也更加普遍地发展了，世界历史或者说全球化受资本主义生产方式控制和主导的程度也更加深重了。而且，社会主义与资本主义两种国家、两种制度将长期共存和共同发展，社会主义的实力和发展水平也将长期居于绝对和相对劣势。面对这样的时代条件，一方面，要求社会主义国家在建设和发展过程中，必须处理好民族发展与世界发展的关系，实行对外

105

开放政策，坚持融入国际社会，以便充分吸收和利用全球化提供的人类社会发展的文明成果，加快自己的发展步伐。另一方面，要求社会主义国家在建设和发展过程中，必须处理好社会主义与资本主义的关系。社会主义的建设和发展不能脱离经济全球化的历史条件，也不能与资本主义隔绝起来。因此，社会主义国家实行同资本主义国家和平共处的政策，坚持合作不搞对抗，以便营造和利用和平发展的国际环境，减少自己的发展障碍，从发展战略上说无疑是正确的选择。

二、经济全球化为世界社会主义提供必要的物质基础

在马克思和恩格斯对世界历史与社会主义关系的深刻分析中，我们了解到，世界历史即全球化是社会主义产生的历史先决条件。如果换一个视角，我们完全可以说，马克思、恩格斯也论证了世界历史即全球化为社会主义提供了不可缺少的物质基础。

关于全球化或经济全球化的发展成果为社会主义提供不可缺少的物质基础，我们可以从马克思和恩格斯关于共产主义与世界历史的关系、关于世界历史特点的一系列论述中体会出来。社会主义的产生离不开世界历史或全球化，也即离不开人类社会生产力的普遍发展和各民族交往的普遍发展。社会主义的发展同样离不开世界历史或全球化，也即离不开人类社会生产力的普遍发展和世界交往的普遍发展。马克思、恩格斯关于共产主义"是以生产力的普遍发展和与此相联系的世界交往为前提"[①]的论述，关于资本主义时代"采用机器生产以及实行最广泛的分工"[②]的论述、关于"大工业创造了交通工具和现代的世界市场"[③]的论述、关于对资产阶级和资本主义生产方式"在它的不到一百年的阶级统治中所创造的

①《马克思恩格斯文集》第 1 卷，人民出版社 2009 年版，第 539 页。
②《马克思恩格斯文集》第 1 卷，人民出版社 2009 年版，第 565 页。
③《马克思恩格斯文集》第 1 卷，人民出版社 2009 年版，第 566 页。

生产力"①的赞扬，关于"资产阶级在历史上曾经起过非常革命的作用"②的肯定，关于"地方的和民族的自给自足和闭关自守状态"被密切联系、普遍交往的"各民族的各方面的互相往来和各方面的互相依赖所代替"③等等的论述，就是阐述了世界历史即全球化的形成与发展是社会主义产生和发展的不可缺少的物质基础。

　　关于全球化或经济全球化的发展成果为社会主义提供不可缺少的物质基础，我们又可以从马克思晚年形成的"跨越卡夫丁峡谷"这一思想中体会出来。我们知道，马克思和恩格斯晚年对东方经济文化发展相对落后的非资本主义国家的历史发展道路和前景给予了关注，尤其是对俄国给予了高度的关注，关于"跨越卡夫丁峡谷"的思想是这一关注的代表性研究成果。马克思基于俄国农村公社的历史和现状的考察、基于俄国所处的世界历史环境的分析，提出经济文化落后的俄国有可能"不通过资本主义制度的卡夫丁峡谷"而走向社会主义，即俄国有可能走一条非资本主义的道路，"不经受资本主义生产的可怕的波折"④而进入新社会。这是马克思关于俄国发展道路的一种设想。马克思晚年与俄国一些政治活动家、社会学家的通信及一些文稿，集中地体现了这一思想及其基本观点，如写于1877年的《给〈祖国纪事〉杂志编辑部的信》，写于1881年3月的《给维·伊·查苏利奇的复信》，与恩格斯合写于1882年1月21日的《共产党宣言》俄文版序言等等，都论及了俄国未来可能的非资本主义发展道路问题。虽然马克思并没有对俄国的发展道路作出明确定论，俄国非资本主义发展道路的设想后来也没有实现，而是继续走上了资本主义的发展道路，但是，马克思关于"跨越卡夫丁峡谷"思想的思维逻辑具有重要的方法论意义，对于我们

107

---

①《马克思恩格斯文集》第2卷，人民出版社2009年版，第36页。
②《马克思恩格斯文集》第2卷，人民出版社2009年版，第33页。
③《马克思恩格斯文集》第2卷，人民出版社2009年版，第35页。
④《马克思恩格斯文集》第3卷，人民出版社2009年版，第575、571页。

认识全球化或经济全球化与社会主义的关系富有重要的启发意义。

马克思从来都没有脱离开世界历史环境来分析一个民族可能的发展道路问题。换句话说，马克思关于俄国非资本主义道路的可能性的探讨也是以他的世界历史理论为指导的。他之所以设想俄国有可能"不通过资本主义制度的卡夫丁峡谷"，一个重要的理由就是考虑了俄国所处的世界历史环境。在 1877 年给《祖国纪事》杂志编辑部的信中，马克思通过纠正米海洛夫斯基将《资本论》中关于西欧资本主义起源的历史结论视为适用于一切民族历史发展的误解，不同意超出西欧地区任意扩大其适用范围，阐明了考察民族发展道路不能脱离其所处的世界历史环境的观点。他批评说：米海洛夫斯基"一定要把我关于西欧资本主义起源的历史概述彻底变成一般发展道路的历史哲学理论，一切民族，不管他们所处的历史环境如何，都注定要走这条道路"，是完全不正确的。"他这样做，会给我过多的荣誉，同时也会给我过多的侮辱。"[1] 马克思依据俄国当时所处的历史环境，认为于 1861 年刚刚踏上资本主义道路的俄国有不继续走西欧式资本主义发展道路的历史机会。他说："如果俄国继续走它在 1861 年所开始走的道路，那它将会失去当时历史所能提供给一个民族的最好的机会，而遭受资本主义制度所带来的一切灾难性的波折。"[2] 在 1881 年 3 月写给俄国政治活动家维·伊·查苏利奇的信及其三份草稿中，马克思关于俄国农村公社前途问题的回答，既注意了俄国农村公社的"构成形式"特点，又注意了俄国农村公社所处的"历史环境"特点。

俄国农村公社构成形式的特点是怎样的呢？（1）是没有血缘关系的自由人的社会联合。（2）土地公有。土地是不许买卖的公共财产，定期在公社成员中进行重新分配，每个家庭独立耕种。（3）房屋及其附属物园地私有。（4）产品私人占有。（5）动

---

① 《马克思恩格斯文集》第 3 卷，人民出版社 2009 年版，第 466 页。
② 《马克思恩格斯文集》第 3 卷，人民出版社 2009 年版，第 464 页。

产的私有权已出现，不动产的私有权正在萌芽。俄国农村公社这样的构成形式及其特点，使得其自身具有了明显的二重性：一方面，摆脱了狭隘的血缘关系的束缚，既扩大了对外交往和联系，又保持了一定的经济平等和社会平等，从而使公社的存在和发展具有牢固的基础；另一方面，房屋和园地的私有、家庭为单位的小块耕地的独立耕种以及劳动产品的私人占有，促进和有利于个人的发展，也使经济平等和社会平等容易受到破坏，从而也使公社存在解体的趋势。公社自身的这种二重性表明，它既具有维持生存的较强的发展因素，又具有导致解体的破坏因素。马克思因此认为，公社面临走向新生和趋向瓦解的两种结局："或者是它所包含的私有制因素战胜集体因素，或者是后者战胜前者。"公社究竟会走向哪一种结局呢？由什么来决定呢？马克思认为"两种结局都是可能的，但是，对于其中任何一种，显然都必须有完全不同的历史环境。一切都取决于它所处的历史环境"[1]。

俄国农村公社所处的历史环境是怎样的呢？依据马克思关于俄国农村公社可能的非资本主义道路探讨的一系列思想，俄国农村公社所处的历史环境可以高度概括为就是俄国处在"世界历史"及其迅速发展的时代条件下，用今天的话语来说，俄国处于全球化趋势发展的时代条件下。而资本主义生产及其迅速发展、世界市场的存在与不断扩张、各民族的发展普遍联系和相互依赖日益增强是这一历史环境的主要特点。在这样的历史环境下，俄国已经不是孤立存在的民族国家，俄国社会也不可能孤立地发展，不能不在各个方面受到"世界历史"的各种因素及其发展的影响。因此，俄国的发展就可以借鉴和利用现代历史条件提供的有利因素。具体来说，其一，落后的俄国的发展处于资本主义生产及其迅速发展的时代。已经有二三百年发展历史的先进的资本主义制度、先进的生产力不仅

---

① 《马克思恩格斯文集》第 3 卷，人民出版社 2009 年版，第 574 页。

创造了巨大的物质财富，也创造了巨大的精神财富，这为俄国农村公社提供了可以学习、借鉴和利用的人类文明优秀成果。其二，落后的俄国的发展与资本主义世界市场相联系。世界市场的不断扩张，世界贸易的不断增长，促进了现代化的生产和交通设备、先进的科学技术、先进的生产管理经验以及资本在更大范围内的流动和传播，这为俄国农村公社提供了学习、借鉴和利用人类文明优秀成果提供了可能的渠道。马克思说得很清楚："和控制着世界市场的西方生产**同时存在**，就使俄国可以不通过资本主义制度的卡夫丁峡谷，而把资本主义制度所创造的一切积极的成果用到公社中来。"[①] 其三，落后的俄国的发展处于各民族发展的普遍联系和相互依赖日益增强的时代。马克思十分重视西方国家发生的事变与东方国家发生的事变的遥相呼应，尤其看重西方国家的社会革命与东方国家的社会革命的相互促进。马克思明确认为："要挽救俄国公社，就必须有俄国革命"[②]，而且俄国革命与西方国家的无产阶级革命必须联系起来、相互促进。他在1882年《〈共产党宣言〉俄文第二版序言》中明确地指出：俄国公社这种原始土地公共占有形式，是能够直接过渡到高级的共产主义的公共占有形式呢？还是必须经历西方的历史发展所经历的那个瓦解过程呢？"对于这个问题，目前唯一可能的答复是：假如俄国革命将成为西方无产阶级革命的信号而双方互相补充的话，那么现今的俄国土地公有制便能成为共产主义发展的起点。"[③]我们可以看到，正是依据俄国所处的历史环境及其特点，依据俄国农村公社与现代世界历史条件同时存在和相互联系，马克思作出了关于俄国有可能"占有资本主义制度所创造的一切积极的成果"而"不通过资本主义制度的卡夫丁峡谷"[④]的设想。

---

① 《马克思恩格斯文集》第3卷，人民出版社2009年版，第575页。
② 《马克思恩格斯文集》第3卷，人民出版社2009年版，第582页。
③ 《马克思恩格斯文集》第2卷，人民出版社2009年版，第8页。
④ 《马克思恩格斯文集》第3卷，人民出版社2009年版，第580页。

关于全球化或经济全球化的发展成果为社会主义提供不可缺少的物质基础，我们还可以从现实社会主义自诞生以来的实践经验中体会出来。现实社会主义国家建设和发展的历史表明，全球化及其发展成果的确为社会主义建设和发展提供了重要的物资条件。从世界上第一个社会主义国家苏维埃俄国（1922 年建设发展成为苏维埃社会主义共和国联盟，简称苏联），到第二次世界大战后诞生的包括我国在内的十几个社会主义国家，其建设和发展都处于世界历史也即全球化发展的历史环境中，都不同程度地利用了全球化的趋势，不同程度地吸收、借鉴了人类文明的优秀成果。它们都是在经济文化相对落后条件下即不发达的条件下建设和发展社会主义的，尤其需要积极利用全球化的发展趋势，充分地吸收、借鉴人类文明的优秀成果。在现实社会主义国家建设和发展的历史过程中，尽管由于冷战的干扰，西方资本主义列强曾经对社会主义国家采取过遏制政策，实行经济封锁、政治孤立和军事包围，社会主义国家也采取过对抗政策，实行自我封闭和盲目排外，使得社会主义国家在利用全球化发展趋势、吸收和借鉴人类文明优秀成果方面受到过不小的妨碍和限制，但社会主义建设和发展的确从全球化发展趋势和人类文明优秀成果中获得了不少的收益。

从第一个社会主义国家苏维埃俄国革命和建设开始，利用全球化或经济全球化的发展趋势，吸收和借鉴人类文明优秀成果的问题，应该说就受到了重视。在列宁和布尔什维克党关于俄国社会主义革命和建设的大量思考和认识中，我们可以看到，列宁和布尔什维克党不是孤立看待俄国社会主义革命和建设问题的，而是把俄国社会主义革命和建设问题与全球化的时代条件紧密结合起来的。

例如，在十月革命前的理论准备中，列宁提出了"社会主义可能首先在一个国家获得胜利"的理论，并认为社会主义革命可能将在像俄国这样的落后国家首先取得胜利。列宁的这一论断，就是根据"世界历史"即全球化发展特点作出来的，是列宁把俄国的现实同国际环境紧密结合起来思考的结果。我们知道，马克思、恩格斯从共产主义是世界历史性的产物的认识出发，认为共产主义革命是世界各民族共同的事业和共同的行动；他们在认真研究西欧资本主义发展状况的基础上，明确提出了共产主义革命必须至少在几个先进的资本主义国家同时爆发才能取得胜利的论断。列宁之所以认为社会主义可能首先在单独一个国家获得胜利，一个重要的依据就是资本主义已经从自由阶段发展到垄断阶段，世界帝国主义体系已经形成，即世界历史进入了帝国主义时代。由于瓜分世界的资本家国际垄断同盟已经形成，最大的资本主义大国已经把世界上的领土瓜分完毕，资本主义的经济政治发展不平衡规律的作用特别突出，并导致列强之间的矛盾异常尖锐化。正是资本主义经济政治发展不平衡规律作用的特别突出，使得社会主义可能首先在一个国家获得胜利。1915 年 8 月，在《论欧洲联邦口号》中，列宁提出："经济和政治发展的不平衡是资本主义的绝对规律。由此就应得出结论：社会主义可能首先在少数甚至在单独一个资本主义国家内获得胜利。"[1]1916 年 8 月，在《无产阶级革命的军事纲领》中，列宁进一步提出："资本主义的发展在各个国家是极不平衡的。而且在商品生产下也只能是这样。由此得出一个必然的结论：社会主义不能**在所有**国家内同时获得胜利。它将首先在一个或者几个国家内获得胜利，而其余的国家在一段时间内将仍然是资产阶级的或资产阶级以前的国家。"[2]列宁之所以认为社会主义革命可能将在像俄国这样的落后国家首先取得胜利，一个重要的原因就是俄国这样的落后国家处在帝国主义时代的世界历史环境中。列宁分析的社会主义可以在经济落后国家首先胜利的条件主要是：（1）帝国主义时代资本主义发展的不平衡加剧了。各国在竞争中往往以军事冲突和战争的方式重新瓜分世界，帝国主义内部冲突的加深，成为资本主义统治链

---

① 《列宁专题文集〈论社会主义〉》，人民出版社 2009 年版，第 4 页。
② 《列宁专题文集〈论社会主义〉》，人民出版社 2009 年版，第 8 页。

条中的薄弱环节。（2）帝国主义战争的严重破坏，使一些经济不发达国家的社会矛盾尖锐化，使这些国家的人民除了起来革命之外没有别的出路。（3）不发达国家由于资本主义发展不充分，封建势力存在，造成这些国家资产阶级的软弱性、动摇性甚至叛卖性，他们不可能举起民族民主革命的旗帜，把这些国家引上资本主义发展道路。（4）这些国家的无产阶级人数虽少，但革命性强，有农民做同盟军，有经过长期革命斗争锻炼的无产阶级政党的领导。如果这些条件汇合起来，就可以形成一种直接的革命形势。[①] 这些条件无疑是同帝国主义时代这一世界历史环境紧密相连的。十月革命实践证明，列宁关于"社会主义可能在一个国家获得胜利"以及"社会主义革命可能将在像俄国这样的落后国家首先取得胜利"的理论是正确的，也是对科学社会主义理论的重要发展。十月革命胜利以后，列宁也还一再强调：俄国革命"是和第一次帝国主义世界大战相联系的革命"，它不违背世界历史发展的一般规律。"世界历史发展的一般规律，不仅丝毫不排斥个别发展阶段在发展的形式或顺序上表现出特殊性，反而是以此为前提的。"[②] 十月革命的成功无疑是"世界历史"的产物。

再如：十月革命后，列宁指出："社会主义共和国不同世界发生联系是不能生存下去的，在目前情况下应当把自己的生存同资本主义的关系联系起来"。[③] 列宁为什么提出这样的认识？因为俄国是一个经济文化落后的国家：经济结构复杂，存在着宗法式的农民经济、小商品生产、私人资本主义生产、国家资本主义经济、社会主义经济等多种经济成分；经济基础落后，小农经济占绝对优势，现代化大工业基础十分薄弱；国家整体文化水平低下，文盲半文盲

---

① 参见高放、李景治、蒲国良主编：《科学社会主义的理论与实践》，中国人民大学出版社 2005 年版，第 102 页。

②《列宁专题文集〈论社会主义〉》，人民出版社 2009 年版，第 357—358 页。

③《列宁专题文集〈论社会主义〉》，人民出版社 2009 年版，第 387 页。

占全国人口 75％以上。社会主义作为先进的社会制度和社会形态，本来就是以人类一切优秀文明成果为物质文化基础的，社会主义建设也是决不可能离开人类文明发展的大道的。而在俄国这样的经济文化落后的国家里建设社会主义，就必须更加充分吸收和利用人类创造的一切优秀文明成果，尤其是资本主义社会创造的优秀文明成果。因此，列宁特别强调，要建设社会主义，就不能把社会主义和资本主义抽象地对立起来，必须充分利用资本主义的文明成果为社会主义建设服务。他明确地指出："社会主义能否实现，就取决于我们把苏维埃政权和苏维埃管理组织同资本主义最新的进步的东西结合得好坏。"[1]为此，列宁还提出了一个著名的公式："乐于吸取外国的好东西：苏维埃政权＋普鲁士的铁路秩序＋美国的技术和托拉斯组织＋美国的国民教育等等等等＋＋＝总和＝社会主义。"[2]

列宁也因此非常重视苏维埃俄国同西方资本主义国家发展正常的贸易关系，认为没有稳定的外贸关系，就不可能有稳固的国内经济关系；认为苏维埃俄国同西方资本主义国家发展正常的贸易关系也是可能的。因为西方国家虽然仇视苏维埃政权，但出于经济方面的考虑，他们也不得不同我们做生意。列宁曾说过："有一种力量胜过任何一个跟我们敌对的政府或阶级的愿望、意志和决定，这种力量就是世界共同的经济关系。正是这种关系迫使它们走上这条同我们往来的道路"[3]；"俄国需要同资产阶级国家做生意。另一方面，各国资产阶级政府也很清楚，没有俄国，欧洲的经济生活就不可能调整好"[4]。从苏维埃俄国建设的实践来看，虽然在1918年到1920年的三年外国武装干涉和内战时期，苏维埃俄国同西方资本主义国家的正常的贸易关系没有建立起来，双方的贸易往来也受到了严重

---

① 《列宁专题文集〈论社会主义〉》，人民出版社 2009 年版，第 98 页。
② 《列宁专题文集〈论社会主义〉》，人民出版社 2009 年版，第 381—382 页。
③ 《列宁专题文集〈论社会主义〉》，人民出版社 2009 年版，第 387 页。
④ 《列宁全集》第 43 卷，人民出版社 1987 年版，第 156 页。

的制约，但外国武装干涉和内战结束以后，双方的贸易关系和贸易往来逐渐形成并迅速展开。在 1921 年，苏维埃俄国就从国外订购了几千台机车，几百辆油罐车，出口量达到 5000 万普特。1922 年，西方国家在热那亚举行国际经济财政会议，苏维埃俄国也参加了会议。列宁还要求俄国共产党员必须以商人的身份参加会议。他说："我们欢迎热那亚会议并准备出席这次会议；我们十分清楚而且毫不隐瞒，我们准备以商人的身分出席会议，因为我们绝对必需同资本主义国家（只要它们还没有完全垮台）进行贸易。"①

在外国武装干涉和内战结束以后，列宁提出了新经济政策。新经济政策中的一项重要内容就是积极引进和利用外资。在新经济政策的实践中，苏维埃俄国从 1921 年起实行了租让制和租借制，即"和最文明先进的西欧资本主义直接订立正式的书面合同"②，把国家一时还无力经营的部分企业和产业如油田、矿山、林区等租让或租借给外国资本家经营，以便迅速地改善经营条件，促进和发展生产力。列宁在晚年已经比较明确地意识到，社会主义制度与资本主义制度将长期在世界上共存，如何利用全世界经济的联系性和整体性、利用资本主义和社会主义的共同的经济关系，如何"根据资本主义世界的特点"，"来巩固我们的经济地位"，"依靠资本主义来改善自己的状况"③，为社会主义共和国的生存和壮大、为社会主义建设和发展创造有利条件等等，是他思考的重要问题。这是列宁的新经济政策思想的重要内容，也构成了列宁的社会主义建设理论的重要组成部分。如果我们反思一下第二次世界大战以后世界社会主义运动发展的历史教训，如果就世界社会主义发展与全球化关系的视角来看，社会主义各国在社会主义与全球化的关系问题上的认识是不够清楚的，或者说出现了失误，以为社会主义建设无须借

①《列宁全集》第 43 卷，人民出版社 1987 年版，第 2 页。
②《列宁专题文集〈论社会主义〉》，人民出版社 2009 年版，第 221 页。
③《列宁全集》第 41 卷，人民出版社 1986 年版，第 162—163 页。

助国际环境和国际条件可以取得成功，结果在社会主义建设的实践中，没有采取开放式的发展战略，而是采取封闭式的发展战略，没有处理好同资本主义的关系，没有积极主动地吸收、利用和借鉴包括资本主义创造的优秀文明成果在内的人类社会发展的一切优秀文明成果。虽然，这同历史上发生的一切过程一样，都是有其客观原因的，也往往又是复杂的。但没有能够正确地应对全球化，应该说是第二次世界大战后世界社会主义运动的一个重要的教训。这也是导致苏联、东欧国家发生剧变的重要原因之一。对苏联、东欧国家发生的剧变，徐艳玲就从全球化的视角即社会主义与全球化关系的视角进行了分析，指出，"苏东剧变正是在全球化进程深入进行的大背景下发生的"。"苏联、东欧剧变的全球化原因，先是背离全球化进程，长期游离于世界市场经济大潮之外；后又盲目汇入资本主义主导的全球化进程，陷入了西方国家设计的所谓'全球化的陷阱'而不能自拔，导致自我否定"①。从斯大林时期开始没能正确认识第二次世界大战后世界经济政治格局的新变化，提出了资本主义和社会主义"两个世界、两个平行市场"的理论，没有处理好与资本主义的关系，实行以封闭性为特征的经济发展。"历史经验表明，长期游离于全球化的世界经济潮流之外，排斥庞大的资本主义世界市场，使经济文化比较落后的社会主义国家脱离世界经济全球化浪潮，从本质上说是脱离了世界先进的生产力和科技进步，这就违背了全球化发展的客观规律，不仅不能获得全球化的诸多好处，而且难以长久地坚持社会主义。"②而"到了1985年戈尔巴乔夫上台执政以后，虽然试图融入全球化进程，但由于西靠的速度过快过急，使得积重难返的苏联犹如雪崩一般迅速亡党、亡国、亡制度"。如同

---

① 徐艳玲：《全球化、反全球化思潮与社会主义》，山东人民出版社2005年版，第269页。
② 徐艳玲：《全球化、反全球化思潮与社会主义》，山东人民出版社2005年版，第270页。

詹姆逊描述当时苏联急于汇入资本主义主导的全球化的情景时的比喻说法："没有准备好太空衣就急急忙忙地打开了气塞，从而使自己遭受到越来越大的来自外部世界的沉重压力。"①

我国社会主义建设和发展的历史经验也从正反两个方面足以说明，全球化或经济全球化是社会主义建设和发展不可缺少的外部条件，全球化或经济全球化的发展成果可以为社会主义建设和发展提供不可缺少的物质基础。高度重视这个不可缺少的外部条件、充分利用了这个不可缺少的物质基础，社会主义建设和发展就会充满活力、快速前进，反之，社会主义建设和发展就会呆板僵化、步履维艰。

从新中国成立以后直到1978年年末，一方面，主要是由于我们没有能够科学地把握世界局势，没有能够正确认识资本主义同社会主义的关系，过分地强调了资本主义与社会主义的区别和对立，忽视了社会主义与资本主义的联系和继承，除了在第一个五年计划期间对苏联东欧国家开放以外，总体上采取了与西方资本主义隔绝对抗和与世界闭关锁国的对外政策。另一方面，客观上也是由于新中国成立以后长期处于东西方冷战的世界环境中，西方资本主义强国对我国采取了遏制政策，我国在政治上受到孤立，在经济上受到封锁，在军事上受到包围，长期无法同西方资本主义强国建立正常的经济政治关系。无论是自我封闭，还是西方遏制，导致我国关起门来进行社会主义建设，没有能够有效地利用全球化或经济全球化趋势中的有利于社会主义建设的国际因素，没有能够充分地吸收和利用包括西方资本主义创造的优秀文明成果在内的人类社会发展的一切优秀文明成果，我国社会主义建设因此没有取得应有的发展成就，我国的经济发展、科技文化等与世界先进水平的总体差距更加扩大。这作为一个十分惨痛的历史教训，从反面告诉人们，社会主

---

① 徐艳玲：《全球化、反全球化思潮与社会主义》，山东人民出版社2005年版，第270—271页。

义建设不能离开全球化日趋加速的国际环境，不能离开人类文明的物质基础和人类文明发展的大道。

1978年年末中国共产党十一届三中全会召开以后，一方面，中国共产党人恢复了解放思想、实事求是的思想路线，开始科学地分析世界局势和正确地认识资本主义同社会主义的关系，既毫不动摇地坚持国家发展的社会主义的正确方向，又实事求是地认识了社会主义建设借鉴包括资本主义创造的人类一切优秀文明成果的必然性和实行对外开放的必要性。特别是邓小平同志，非常敏锐地看到了经济全球化加速发展的历史趋势和世界各国之间相互依赖、相互依存的密切关系，深刻地指出："现在的世界是开放的世界"[1]，"中国长期处于停滞和落后状态的一个重要原因是闭关自守。经验证明，关起门来搞建设是不能成功的，中国的发展离不开世界"[2]；要建设好社会主义，"要实现四个现代化，就要善于学习，大量取得国际上的帮助。要引进国际上的先进技术、先进装备，作为我们发展的起点"[3]。实行对外开放的重要目的，就是学习先进，就是吸收和利用人类社会创造的一切优秀文明成果，加快我国的发展。他反复强调："对外开放具有重要意义，任何一个国家要发展，孤立起来，闭关自守是不可能的，不加强国际交往，不引进发达国家的先进经验、先进科学技术和资金，是不可能的。"[4] 邓小平同志的这些认识，鲜明地体现了中国共产党人关于社会主义建设的一种新思路。

另一方面，冷战逐渐结束，使得经济全球化趋势加速发展，世界各国家、各地区之间经济政治上的相互依赖性日益增强，西方发达资本主义国家对社会主义国家遏制政策难以为继，出于自身发展

---

[1]《邓小平文选》第三卷，人民出版社1993年版，第64页。
[2]《邓小平文选》第三卷，人民出版社1993年版，第78页。
[3]《邓小平文选》第二卷，人民出版社1994年版，第133页。
[4]《邓小平文选》第三卷，人民出版社1993年版，第117页。

的需要也不得不作出新的调整。资本主义国家同社会主义国家之间的关系因此发生了新的变化。如前所述：影响双方关系发展的主要因素由政治因素转变成为经济因素，双方和平共处状态成为长期的相对稳定状态，双方之间关系的发展由以对抗为主趋向于以合作为主，双方相互封闭和封锁的平行发展转变成为相互开放和交流的交叉发展，等等。正是由于我国实行了全面对外开放政策以及由于冷战结束、经济全球化趋势加速发展改变了国际环境与时代条件，我国在改革开放和加速建设现代化的新时期以来，迅速地融入了国际社会，积极地参加了经济全球化潮流，并在这一过程中充分地吸收和借鉴了人类社会尤其是资本主义社会创造的优秀文明成果，广泛地引进和利用了国外资金、先进技术和先进经验，从而创造了经济文化相对落后国家快速发展的奇迹，取得了中国特色社会主义建设的巨大成就。我国建设和发展的伟大成功举世瞩目，它从正面告诉人们，社会主义建设不能离开全球化日趋加速的国际环境，不能离开人类文明的物质基础和人类文明发展的大道。

从以上的分析我们可以看到，全球化或经济全球化的发展趋势的确是社会主义革命和建设不可缺少的历史条件，全球化或经济全球化的发展成果也的确为社会主义革命和建设提供了不可缺少的物质基础。实践也将表明，马克思、恩格斯的世界历史观和方法论，对于今天和未来的世界社会主义事业依然具有重要的价值，依然是社会主义革命和建设的重要的指导思想。全球化的发展趋势虽然在人类社会一定的历史阶段内将是曲折的过程，但它不仅不可逆转，而且将不断地深化。现今的全球化水平同马克思、恩格斯所处历史时代的全球化水平已经相去甚远，无论是人类社会生产力的普遍发展，还是各民族之间交往的普遍发展，都早已不可同日而语了，人类生活的社会化也达到了前所未有的高度。我们完全可以预见，随着人类社会历史的前进，全球化的发展趋势将为世界社会主义事业的发展提供更加良好的历史条件，全球化的发展成果将为世界社会主义事业的发展提供更加丰富而坚实的物质基础，直至世界社会主义事业取得全面的、最终的胜利。

三、经济全球化与世界社会主义发展目标具有一致性

我们把经济全球化理解为是"以科学技术进步为基础、生产力发展为根本动力的人类经济生活的高度社会化"，确认它"是世界经济发展的不以人的意志为转移的客观趋势"，"是人类社会历史进步的重要标志"，确认"经济全球化的发展必将促进和推动人类精神、政治等方面生活的全球化发展，最终将形成一个人类社会前所未有的高度发展的和全面进步的共同体"等等，这样的认识，同我们关于人类历史在生产力推动下必然从低级走向高级，最终实现世界共产主义（社会主义）社会的认识，是不是矛盾的呢？人类社会生活全面全球化的未来前景与人类世界的社会主义发展目标的关系又是怎样的呢？这是我们不能不思考和回答的问题。

笔者认为，经济全球化以及人类社会生活的全面全球化趋势同世界共产主义（社会主义）的发展趋势不是矛盾的，经济全球化以及人类社会生活的全面全球化的发展目标同世界共产主义（社会主义）的发展目标是一致的。

我们知道，科学社会主义创始人马克思和恩格斯本来就认为共产主义事业是世界历史性的事业。他们认为世界历史的形成是共产主义产生和发展的历史前提条件，不承认地域式的共产主义。他们鉴于资本主义是一个世界性的体系，显然也认为共产主义同样是一个世界性的体系。根据他们的思想，共产主义革命是世界性的革命运动，需要世界各国共同采取行动，至少需要一批先进的资本主义国家共同采取行动，一般不能在单独一个国家发生并取得成功，一个国家也不可能取得战胜资本主义的最终胜利或建成共产主义。所以，他们倡导无产阶级世界革命，倡导无产阶级国际主义，主张全世界无产者的联合。根据他们的思想，共产主义无论是作为一种价

值观念、一种思想体系，还是一种社会运动、一种社会制度，先天或者说在本质上就是全球性的。共产主义强调解放和发展生产力、消灭阶级压迫和阶级剥削、实现共同富裕，追求人的自由、人的解放和人的全面发展等等，就是全球性的，不是某一个国家或地区的，是整个人类的，不是某一阶级、某一个民族、某一部分人的。共产主义思想勾勒的人人平等、民族平等、社会正义、社会和谐、人与自然和谐的世界大同远景，可以说就是对人类社会生活全球化的一种认识。

如前所述，经济全球化不能仅仅停留在人类经济生活领域，必将促进和推动人类精神生活、政治生活等等各方面生活的全球化发展。人类生活的高度社会化也不能孤立地仅仅存在于经济生活方面，而必将是各方面的高度社会化。就是说，经济全球化必将导致人类生活的全面全球化。人类生活的全面全球化将是一个比经济全球化更能把人类社会连成一个密不可分的有机整体的过程，将是一个世界各国家、各地区之间物质文明、精神文明更广泛地摩擦碰撞和吸纳融合的过程。人类生活全面全球化的高级发展阶段的标志性的历史结局，将是一个大同世界。这个大同世界应该是一个消除了阶级对立、实现了种族平等、共同富裕和繁荣的人类共同体，是一个人类社会前所未有的高度发展和全面进步的共同体。如果我们从人类社会发展形态的角度来认识和理解，人类生活的全面全球化社会就是人类社会的高级形态，是现今人类社会经过充分发展之后的高级境界。也就是说，全面全球化的社会也就是世界共产主义（社会主义）社会，人类生活的全面全球化的发展趋势也就是人类社会的世界共产主义（社会主义）的发展趋势，人类社会实现全面全球化的过程，也就是人类社会实现世界共产主义（社会主义）社会的过程。

列宁曾经说过："人类的整个经济、政治和精神生活在资本主义制度下就已经愈来愈国际化了。社会主义会把这三方面的生活完全国际化。"①这是列宁基于资本主义历史条件下人类生活趋于国际化的现实，对未来世界社会主义社会人类生活的一种预测。人类经济、政治和精神生活的"国际化"，可以理解为是人类生活的高度一体化，是人类经济、政治和精神生活的密切联系，是人类生活各个方面的高度的相互依存和影响等等，或者说就是人类生活的全面全球化。可不可以把"国际化"理解为"全球化"呢？我觉得是可以的。如果列宁讲的"国际化"可以理解为"全球化"，那么，我们也就由此可以认为，全球化的发展与世界社会主义的发展不仅趋势可以是一致的，而且最终目标也可以是相同的。

在关于社会主义与全球化关系的议论中，周战超的一个见解是很有见地的。他认为，"社会主义是一个全球化的概念"②。他分析说，"社会主义范畴是作为消除资本主义弊端提出来的，它是资本主义的对立物、替代物，天生与资本主义联系在一起。凡是有资本主义生产方式的地区就必然有社会主义学说、理论和运动。资本主义的全球化进程决定了社会主义也是一个全球化范畴。仅从语义的产生来看，社会主义就不是任何一个民族国家的事情，社会主义的语义几乎同时产生于英、法、意、德等国，是一个全球化的概念"③。他还认为，全球化迄今经历了三次浪潮，"全球化的每一个发展都与社会主义联系在一起"。"第一次全球化浪潮使社会主义由空想变为科学"。资本主义生产方式确立的同时，社会的不平等和贫富对立就成为社会问题，由此就出现了对更加合理、公正的社会制度的探索和追求，诞生了空想社会主义学说。1780年以后，英国工业革命为资产阶级开拓世界市场提供了技术条件，一切国家的生产和消费都变成为世界性的，资本主义生产关系向

---

①《列宁全集》第 23 卷，人民出版社 1990 年版，第 332 页。

② 周战超：《社会主义：作为一个概念的全球化》，见杨雪冬主编：《全球化与社会主义的想象力》第四章，重庆出版集团、重庆出版社 2009 年版，第 75 页。

③ 周战超：《社会主义：作为一个概念的全球化》，见杨雪冬主编：《全球化与社会主义的想象力》第四章，重庆出版集团、重庆出版社 2009 年版，第 75—76 页。

世界扩张，资本主义进入自由发展阶段。马克思、恩格斯创立了唯物史观和剩余价值学说后，使空想社会主义变成了科学。同时，他们指出，由于生产力普遍交往的发展和世界历史的形成，社会主义作为资本主义的对立物自然也是一个全球化发展的历史过程。共产主义"以生产力的普遍发展和与此有关的世界交往的普遍发展为前提"，"只有作为占统治地位的各个'民族间'同时发生的行动在经验上才能是可行的"。这就是说，马克思主义经典作家一开始就是从全球化的角度创立科学社会主义的。"第二次全球化浪潮使社会主义从理论走向实践"。19 世纪末至 20 世纪 80 年代末，资本主义发展史上发生了第二次工业革命，西方资本主义国家迅速发展，出现了垄断资本主义、帝国主义。列宁领导了俄国十月革命，建立了世界上第一个社会主义国家，实现了社会主义从理论到实践的飞跃。列宁还分析了世界经济全球化发展的新形势和社会主义所处的世界环境，认为社会主义经济和资本主义经济都是整个世界经济的组成部分，不可避免地要发生联系，提出了一系列学习和利用资本主义文明成果发展社会主义的思想与措施，发展了马克思、恩格斯的全球化思想，丰富了作为全球化的社会主义内涵。"第三次全球化浪潮将使社会主义走向成熟"。20世纪 80 年代末开始，资本主义出现了以原子技术、电子技术、生物和信息工程为标志的技术革命，资本主义全球化趋势加速发展。苏东剧变后，社会主义运动虽然处于低潮，但社会主义作为一种先进思想仍在广泛传播、不断发展。因为资本主义全球化在促进资本主义经济发展的同时，不可避免地把资本主义社会所固有的矛盾扩展到全球，作为对立物的社会主义思潮也随之扩展到全球。科学社会主义所倡导的消灭剥削、消除两极分化和各种各样的差别、歧视、压迫，实现不同层次、不同领域中不同主体间的民主和平等，也受到了全世界人民的关注。资本主义思潮并非一统天下，而是有多种新社会主义思潮勃兴，出现了各种各样的社会主义运动，如社会党的民主社会主义、绿党的生态社会主义，以及无党派左翼人士的股份社会主义、法人社会主义、市场社会主义、女权社会主义运动等。科学社会主义作为一种制度，今天仍然存在于中国、越南、朝鲜、古巴、老挝等国家的社会现实中。资本主义的全球化进程既给社会主义提出了挑战，也为社会主义发展提供了机遇。①

笔者认为，站在马克思主义的立场上，如果我们既认可世界共产主义（社会主义）是人类社会历史发展的必然趋势，同时又认可经济全球化及其将带来的人类生活的全面全球化也是人类社会历史发展的必然趋势，我们就只能而且必须把世界共产主义（社会主义）的发展趋势与全球化的发展趋势统一起来。虽然世界共产主义（社会主义）的未来、人类生活全面全球化的未来对我们来说都还很远，我们今天还既不可能细致地描述世界共产主义（社会主义）社会的未来情景，也不可能细致地描述人类社会全球化的未来情景，但我们预测世界共产主义（社会主义）的发展趋势与全球化的发展趋势的统一应该是有道理的。因为我们不可能把两者对立起来或割裂开来。如果我们承认两者都是人类社会历史发展的趋势，却又把两者对立起来，在逻辑上是说不通的；而如果我们把两者割裂开来，将世界共产主义（社会主义）置身于人类社会的全球化过程之外，或者认为人类社会的全球化过程与世界共产主义（社会主义）毫无关系，同样也是不合适的。相反，把世界共产主义（社会主义）的发展趋势同人类社会全球化的发展趋势统一起来，不仅是有道理的，而且对于我们来说又是十分必要和有利的。这主要是因为，第一，这样的认识符合马克思主义辩证唯物主义和历史唯物主义的科学世界观与方法论，也符合人类历史发展的逻辑和实际进程。第二，这样的认识有利于证明世界共产主义（社会主义）在今

---

① 参见周战超：《社会主义：作为一个概念的全球化》，见杨雪冬主编：《全球化与社会主义的想象力》第四章，重庆出版集团、重庆出版社 2009 年版，第 76—78 页。

天和未来的人类社会发展中仍然具有强大的生命力和重要的价值，有利于批驳共产主义（社会主义）"失败论"和"过时论"。第三，这样的认识有助于人们正确认识和把握人类社会历史的发展方向，坚定世界共产主义（社会主义）信念。第四，这样的认识有助于人们在新的历史条件下坚持和发展社会主义，促进社会主义理论与实践与时俱进。

当然，也必须指出，尽管人们目前已经明显地感到了经济全球化以及人类社会生活其他方面的全球化的发展速度在日益加快，国际社会生活和事务也越来越复杂和密切，诸如"信息化"、"网络化"、"一体化"、"相互依存"、"利益攸关"、"和谐共处"、"地球村"等等的概念也日益深入人心，但我们今天所处的社会距离人类社会全面全球化时代还极其遥远，现实的全球化也不是在每一方面都在给人类造福，还是一柄"双刃剑"，它在给人类社会带来广泛发展机遇的同时，也使人类社会面临着许多严峻的挑战。人类社会全面全球化时代，将是美好的大同世界的时代，即世界共产主义（社会主义）时代。只有实现了美好的大同世界，即实现了世界共产主义（社会主义）的时候，全球化才能真正全面地造福于全人类。对此，任何盲目乐观的情绪都是不可取的，任何悲观失望的情绪也都是不正确的。

四、经济全球化使世界社会主义发展面临考验与挑战

依据前述的全球化的历史趋势与世界社会主义的密切关系，无论是全球化的历史趋势为世界社会主义产生提供的先决历史条件，还是全球化的发展成果为世界社会主义发展提供的不可缺少的物质基础，都可以说是全球化的发展为世界社会主义提供了重要的机遇和有利条件。然而，我们也应该看到，就全球化或经济全球化的发展现状来说，由于资本主义占据着统治地位，或者说处于资本主义的主导之下，全球化或经济全球化对人类是一柄"双刃剑"，那么

它对世界社会主义运动来说也是一柄"双刃剑",世界社会主义的发展因此在面临着全球化或经济全球化提供的良好发展机遇的同时,也面临着其所带来的严峻的考验与挑战,尤其是社会主义国家在全球化或经济全球化的大潮中,既不能盲目乐观,也不能轻率盲从,要从实际出发,冷静应对。

我国许多学者都正确地指出了这一点,并从不同的角度论及了全球化或经济全球化趋势对社会主义国家建设和发展形成的考验和挑战。如,李海平指出,资本主义国家与社会主义国家之间的矛盾从根本上说是不可调和的,即使在全球化的今天,两者虽然在经济上彼此依存,但资本主义颠覆社会主义,一统天下之心依然未变;全球化对社会主义政治意识形态造成了强大冲击。[1] 刘文汇指出,经济全球化对社会主义发展进程的负面影响主要表现在三个方面:影响社会主义经济基础和经济机制,削弱社会主义的经济力量;影响社会主义政治基础和政治理论,淡化无产阶级的阶级意识;影响社会主义文化基础和文化精神,冲击马克思主义世界观。[2] 吕小波指出,经济全球化有利于西方发达资本主义国家利用先进的科技对社会主义进行和平演变;经济全球化环境下,社会主义国家由于缺乏市场经济的经验,且实力不强,极易受到国际投机者的冲击。[3] 任俊英指出,全球化对社会主义国家的经济发展、政治文化提出了挑战,对社会主义国家文化安全构成了威胁。[4] 陈国栋指出,经济全球化给中国社会主义意识形态发展带来挑战,包括对社会主义理想信念的挑战,对中国主流意识形态的"消解",对中国意识形态

---

[1] 参见李海平:《全球化与社会主义前景问题探讨》,《求实》2000年第9期。

[2] 参见刘文汇:《经济全球化与21世纪社会主义复兴》,《社会主义研究》2003年第1期。

[3] 参见吕小波:《试论经济全球化对社会主义运动的影响》,《江西社会科学》2000年第2期。

[4] 参见任俊英:《全球化背景下社会主义发展战略取向》,《河南师大学报》2001年第6期。

领域的直接冲击。[①] 这些认识和思考无疑都是很好的、很积极的，也是很富有启发的。但笔者认为，这些认识还限于从社会主义国家个体视角分析问题，我们还有必要从世界社会主义运动整体的视角，进一步深刻地认识社会主义面临的考验与挑战。例如：

第一，世界社会主义运动面临实力对比的压力与挑战。现实社会主义是在世界上的少数国家中诞生的，又都是在经济文化相对落后的国家中诞生的。迄今为止，在同世界资本主义实力的对比上，始终处于劣势地位，不仅目前实力差距依然巨大，而且在短期内不会发生根本的改变。20世纪80、90年代，经济全球化趋势进一步加速发展，资本主义生产方式在世界范围内得到了进一步扩张和巩固，而苏联东欧国家发生了剧变，世界社会主义力量遭受了严重损失，世界社会主义运动也跌入了低谷。我国虽然是一个人口居世界第一位的社会主义大国，世纪之交以来的发展也十分迅速，但依然处于并还将在较长时期内处于发展中国家的发展水平；我国的社会主义也依然处于并还将在较长时期内处于社会主义的初级阶段。在社会主义同资本主义力量对比还处于绝对劣势的情况下，包括我国在内的社会主义国家就长期面临着发展的压力，不仅社会主义在世界上的影响力、感染力和号召力是有限的，而且世界社会主义运动因此也将长期难有高潮发生。

第二，世界社会主义国家面临西方制度、价值观念的冲击。现实社会主义处于发展的低水平阶段，实力对比处于同资本主义的劣势状态，因此，社会主义制度的优越性还没有在世界范围内得到充分的显示和发挥，社会主义的价值观念也还没有为世界上更多的人们所接受。这也同样是在短时间内难以改变的客观事实。正如邓小平当年所说：我们现在搞的社会主义还是低水平的社会主义，是不合格的社会主义，"只有到了下世纪中叶，达到了中等发达国家的

---

① 参见陈国栋：《经济全球化时代社会主义意识形态面临的机遇与挑战》，《党政干部学刊》2009年第4期。

水平，才能说真的搞了社会主义，才能理直气壮地说社会主义优于资本主义"①。不仅社会主义制度的优越性还难以在世界范围内得到充分的显示和发挥，社会主义的价值观念还难以为世界上更多的人们所接受，而且社会主义制度和价值观念还始终遭受西方资本主义制度和价值观念的冲击。社会主义与资本主义毕竟是两种不同的和根本对立的社会制度。西方反社会主义势力经常会利用各种渠道、通过各种宣传手段向社会主义国家传输、渗透资本主义制度和价值观念，企图以此销蚀社会主义国家人民的社会主义信念、改变社会主义国家的社会制度和发展道路。

第三，世界社会主义运动缺乏具有充分说服力的创新理论。"没有革命的理论，就不会有革命的运动。"②"理论一经掌握群众，也会变成物质力量。理论只要说服人，就能掌握群众；而理论只要彻底，就能说服人"③。科学社会主义诞生以来160多年过去了，全球化趋势加速发展，人类社会大大改观，世界经济、政治、文化取得了巨大进步，资本主义制度和生产方式也发生了明显的新变化，这一切给人们提出了许多新的问题，迫切需要科学社会主义理论给予回答。虽然包括中国共产党在内的世界上的马克思主义政党、世界上信仰科学社会主义的人们，依据时代条件的新变化，从各国国情实际出发，坚持和发展了马克思主义，与时俱进地尝试探讨和回答了许多问题，提出了不少新的认识和观点，如"什么是社会主义、怎样建设社会主义，建设什么样的党、怎样建设党，实现什么样的发展、怎样发展"等等，但无论对于适应经济全球化加速发展的时代要求，还是对于适应社会主义建设和发展的实际需要，严格说来理论创新都是不够的，世界社会主义运动尚缺乏具有充分说服力的创新理论。

---

①《邓小平文选》第三卷，人民出版社1993年版，第225页。
②《列宁专题文集〈论无产阶级政党〉》，人民出版社2009年版，第70页。
③《马克思恩格斯文集》第1卷，人民出版社2009年版，第11页。

第四，世界社会主义实践缺少应对经济全球化的丰富经验。资本主义生产方式的发展与扩张是与经济全球化相伴随的，资本主义生产方式在一定意义上也是经济全球化发展的推动力，资本主义迄今为止也是经济全球化的主导力量。而社会主义经济则不同，其发展的历史与资本主义经济相比较本来就不是很长，走开放式发展道路、加入经济全球化的历史尤其短暂。以中国为例，实行社会主义制度同市场经济的结合，实现从高度集中的计划经济体制到充满活力的社会主义市场经济体制的伟大历史转折，至多不过20年左右。因此，社会主义国家如何参与和应对经济全球化，如何同发达的资本主义经济打交道，如何参与和解决人类面临的共同难题，都还缺少丰富的经验，加上世界社会主义因为处于同资本主义相比较的劣势地位，制约和影响经济全球化的能力和作用有限，在许多情况下或在许多问题上还处于被动状态，一定意义上还是"被全球化"。

第五，社会主义国家的社会主义建设总体上仍处于探索阶段。现实社会主义建设和发展的历史还不算长，又经历了曲折的发展道路。在经济全球化加速发展的时代条件下，在日益开放的世界环境中，社会主义国家如何将科学社会主义原则与本国国情紧密结合起来，如何认识和建设具有本民族特色的社会主义，如何选择和确立社会主义现代化道路，如何建设和发展社会主义市场经济制度，如何建设和发展社会主义民主政治制度，如何建设和发展社会主义的先进文化，如何建设和发展社会主义的和谐社会，等等，在所有这些方面，总体上也都还处于探索阶段。世界的发展变化很快，国际关系也十分复杂。今后社会主义的建设和发展道路肯定也还是曲折的，不可能一帆风顺。

第四章
经济全球化趋势与当代资本主义的新发展

　　经济全球化与资本主义的关系从历史上看十分密切，今天来看可以说更为密切。经济全球化与当代资本主义发展始终处于相互伴随和相互作用的状态之中。中外学者大都承认，当代资本主义的发展极大地影响和促进了经济全球化的加速发展，而经济全球化的加速发展也极大地影响和促进了当代资本主义的发展。伴随着经济全球化的加速发展，当代资本主义也发生了许多新的变化。关于经济全球化加速发展条件下当代资本主义的新变化，我国的研究者不少，也取得了比较丰富的研究成果，如在资本主义经济方面，关于当代资本主义生产力与生产关系、关于当代资本主义经济结构、关于当代资本主义阶级关系、关于当代资本主义上层建筑等等方面的变化，都有许多研究和阐述。这些研究都是比较细致的，也是有道理的、有说服力的，说明了 20 世纪 80、90 年代经济全球化加速发展以来，当代资本主义的确在这些方面发生了一些不同于 20 世纪上半叶、也不同于第二次世界大战后初期至 70、80 年代的明显变化。

　　笔者认为，对于当代资本主义的新变化仍然需要更深入、更广泛的研究，而就资本主义经济方面而言，还应当进一步指出：在经济全球化趋势加速发展的条件下，"跨国化"是当代资本主义新变化中最突出的一点，或者说"跨国化"是当代资本主义新变化中最为显著的特征，它至少可以包括垄断的跨国化、阶级关系的跨国化、资本主义矛盾的跨国化等等。

一、经济全球化与资本主义垄断的跨国化

19 世纪末 20 世纪初，资本主义由自由阶段进入到垄断阶段，即若干个资本主义大企业，以获取高额利润为目的实行某种联合，独占或控制了一个或几个商品生产部门和商品销售市场，出现了各种垄断组织和金融寡头。对这一时期的垄断资本主义的分析，在马克思主义理论家中，以列宁的分析最为透彻，《帝国主义是资本主义的最高阶段》就是一部著名的代表作。在这部书中，列宁认为，垄断资本主义是自由资本主义矛盾发展的产物，是自由竞争中生产和资本集中的必然结果："集中发展到一定阶段，可以说就自然而然地走到垄断。因为几十个大型企业彼此之间容易达成协议；另一方面，正是企业的规模巨大造成了竞争的困难，产生了垄断的趋势。"[①]列宁认为，垄断资本的一般形式是卡特尔、辛迪加、托拉斯和康采恩，典型形式或最高形式是金融资本，"金融资本的统治，是资本主义的最高阶段"[②]。列宁认为，垄断资本主义与自由资本主义的不同主要体现为五个方面的特征："（1）生产和资本的集中发展到这样高的程度，以致造成了在经济生活中起决定作用的垄断组织；（2）银行资本和工业资本已经融合起来，在这个'金融资本的'基础上形成了金融寡头；（3）和商品输出不同的资本输出具有特别重要的意义；（4）瓜分世界的资本家国际垄断同盟已经形成；（5）最大资本主义大国已把世界上的领土瓜分完毕。"[③]列宁将垄断资本主义也称为帝国主义，认为"帝国主义是发展到垄断组织和金融资本的统治已经确立、资本输出具有突出意义、国际托拉斯开始瓜分世界、一些最大的资本主义国家已把世界全部领土瓜分完毕这一阶段的资本主

---

①《列宁专题文集〈论资本主义〉》，人民出版社 2009 年版，第 108 页。
②《列宁专题文集〈论资本主义〉》，人民出版社 2009 年版，第 148 页。
③《列宁专题文集〈论资本主义〉》，人民出版社 2009 年版，第 176 页。

义"①。并认为，帝国主义是寄生的或腐朽的资本主义，是垂死的资本主义，是资本主义发展的最高阶段，是无产阶级社会革命的前夜。

列宁关于垄断资本主义的理论，不仅极大地影响了他同时代的马克思主义者，也极大地影响了后来的马克思主义者，曾经是俄罗斯（苏联）共产党人以及世界各国共产党人的指导思想的重要理论基础。各国共产党人在从事社会主义革命和国际共产主义运动的过程中，无论是认识资本主义的现状和发展前景，还是分析革命形势和制定战略策略，都是以列宁的垄断资本主义理论为基本依据的，在第二次世界大战以后的较长时间内，也还大都坚持认为世界依然处在帝国主义和无产阶级革命的时代。直到 20 世纪 70 年代前后，世界社会主义发展和国际共产主义运动面临许多新的问题，当代资本主义特别是西方发达国家的资本主义的发展出现了许多新情况新动向，人们才开始关注当代资本主义的新变化，反思过去关于资本主义的认识。各国的许多马克思主义者以及西方马克思主义者都认为，自 20 世纪初期以来，资本主义的确又有了巨大的发展，也发生了许多新的变化，尤其是在西方发达资本主义国家表现得更为突出。虽然垄断依然是当代资本主义最鲜明的标签，或者说当代资本主义依然是垄断资本主义，但它也有一个从低级走向高级的过程。国内外的研究者们不仅对于资本主义在当代的新发展、新变化给予了高度关注，而且探讨了垄断资本主义的发展阶段问题。在这方面，研究者们提出了不少新的很有价值的认识。

首先是关于国家垄断资本主义的认识，即资本主义从私人垄断资本主义阶段发展到了国家垄断资本主义阶段。在这一问题上，从国外来看，20 世纪 70 年代就有人开始研究，例如，1971 年法国出版了由法国共产党中央经济部编著的《马克思主义政治经济学论

---

① 《列宁专题文集〈论资本主义〉》，人民出版社 2009 年版，第 176 页。

著——国家垄断资本主义》一书，作者认为资本主义已经发展到了国家垄断资本主义阶段，明确提出"国家垄断资本主义"是"帝国主义的现阶段"[①]。1973年罗马尼亚出版了由格·普·阿波斯托尔主编的《当代资本主义》一书。书中提出并阐述了"国家垄断资本主义是垄断资本主义的当前存在形态"这一认识，而且认为"国家垄断资本主义的发展，这一社会经济过程早在几十年前的初期阶段就成为资本主义组织的决定因素"[②]。所谓的"初期阶段"指的是20世纪30年代凯恩斯主义于大危机过后开始主导美国经济政策的时期，也就是说，国家垄断资本主义早在那时就成为了资本主义组织的决定因素。1975年苏联出版了由经济学家M.C.德拉基列夫主编的《国家垄断资本主义：共性与特点》一书，是包括苏联、德意志民主共和国、波兰、匈牙利、保加利亚等国的一批经济学家共同撰写的。该书指出："国家垄断过程的发展是垄断资本主义的一条根本规律。垄断组织和金融资本的统治一旦建立起来，就必然会向广度和深度发展。金融资本使自己的统治机制愈来愈完善。如果它不是积极地和更加广泛地把国家的政治行政和经济力量纳入这个机制中，那就不成其为金融资本了。"[③]

从国内来看，我国学者的研究稍晚一些，约开始于20世纪80年代，但陆续产生的研究成果也不少，突出的成果及观点有：1983年钱俊瑞主编出版了《世界经济概论》一书，该书对"一般垄断资本主义向国家垄断资本主义的转变"、"国家垄断资本主义的实质和形式"等做了论述，认为国家垄断资本主义萌芽于第一次世界大战以前，迅速发展于第一次和第二次世界大战时期，第二次世界大

① 法共中央经济部编著：《国家垄断资本主义》（上册），宇泉译，商务印书馆1982年版，第24页。

②［罗］格·普·阿波斯托尔主编：《当代资本主义》，陆象淦译，生活·读书·新知三联书店1979年版，第68页。

③［苏］M.C.德拉基列夫主编：《国家垄断资本主义：共性与特点》上册，黄苏等译，上海译文出版社1982年版，第6页。

战以后则在所有发达资本主义国家中成为一种"经常的、稳定的体制。"① 该书是国内较早涉及国家垄断资本主义问题的书籍,其观点也是国内较早关于国家垄断资本主义的认识。1986 年李琮主编了《当代资本主义世界经济发展史略》一书,该书认为"第二次世界大战后,资本主义生产关系的调整,更重要的是国家垄断的充分发展,一般垄断转变为国家垄断资本主义。这是资本主义生产关系的又一次局部质变"②李琮后来于 1993 年出版了《当代资本主义论》,于 1998 年出版了《当代资本主义的新发展》。在这两部书中,都认为第二次世界大战后发达国家的资本主义进入了国家垄断资本主义阶段,是"一般垄断资本主义之后的新的历史阶段"③,同时,认为列宁于 20 世纪之初关于"帝国主义是资本主义的最高阶段"的说法"言之过早了"。④ 1987 年仇启华主编出版了《现代垄断资本主义》一书,该书阐述了垄断资本主义向国家垄断资本主义的转变、国家垄断资本主义的形态和实质;1990 年仇启华出版了《现代资本主义经济》一书,该书则重点分析了第二次世界大战后国家垄断资本主义的巨大发展,指出了其与战前国家垄断资本主义发展所体现的不同特点:第一,国家与垄断资本的结合,已成为经常性、稳定性的制度,国家垄断资本主义的发展已成为一种不可逆转的趋势。第二,国家与垄断资本的结合,不再限于资本增殖过程的这一方面或那一方面,而是贯穿于资本增殖过程的一切方面。第三,国家垄断资本主义开始超越了一国内部的经济领域,而向国际范围发展,出现了国际性质的国家垄断资本主义。⑤ 1993 年由宋涛、陈耀庭主编出版了全面讨论国家垄断资本主义的著作《论国家垄断资本

---

① 钱俊瑞主编:《世界经济概论》(上册),人民出版社 1983 年版,第 184 页。

② 李琮主编:《当代资本主义世界经济发展史略》,社会科学文献出版社 1986 年版,第 193 页。

③ 李琮主编:《当代资本主义论》,社会科学出版社 1993 年版,第 674 页。

④ 李琮著:《当代资本主义的新发展》,经济科学出版社 1998 年版,第 17 页。

⑤ 参见仇启华:《现代资本主义经济》,中共中央党校出版社 1987 年版,第 174—175 页。

主义》① 一书，该书不仅详细地论述了国家垄断资本主义产生的必然性，而且论述了国家垄断调节经济、国家垄断所有制经济和资本主义国私合营经济等国家垄断资本主义的经济形式。

其次是关于国际垄断资本主义的认识，即资本主义从国家垄断资本主义阶段发展到了国际垄断资本主义阶段。随着国家垄断资本主义的继续发展，理论研究也更加走向深入。在国内外的学术界中出现了对垄断资本主义新的认识，认为国家垄断资本主义大约从20世纪70、80年代又发生了明显的新变化，进入了又一个新的发展阶段，并引发了新一轮研究热潮。从目前的研究来看，认为当代资本主义处于国家垄断资本主义阶段之后的又一个新的发展阶段的看法已经趋于普遍，虽然对于这个新的发展阶段的称谓其说不一。在国外，有"后资本主义"②、"晚期资本主义"③、"新资本主义"④、"全球资本主义"⑤、"超级资本主义"⑥ 等等的说法。在国内，有"国际垄断资本主义"、"跨国垄断资本主义"、"全球垄断资本主义"、"社会垄断资本主义"、"垄断竞争资本主义"、"社会资本主义"等等的说法。

近年来，关于当代资本主义处于国际垄断资本主义阶段、国际垄断资本主义是垄断资本主义发展的新阶段的说法，在我国学术界更为普遍一些，不少学者持这一看法，而且对于国际垄断资本主义的含义、特征、形式等，都有不少比较深入的研究。靳辉明认

---

① 宋涛、陈耀庭主编：《论国家垄断资本主义》，安徽人民出版社 1993 年版。

② 参见［美］彼得·F.德鲁克：《后资本主义社会》，傅振焜译，东方出版社2009 年版。

③ 参见［比利时］欧内斯特·曼德尔：《晚期资本主义》，马清文译，黑龙江人民出版社 1983 年版。

④ 参见［美］威廉·E.哈拉尔：《新资本主义》，冯韵文、黄育馥译，社会科学文献出版社 1991 年版。

⑤ 参见［美］威廉·L.罗宾逊：《全球资本主义论》，高明秀译，社会科学文献出版社 2009 年版。

⑥ 参见［美］罗伯特·赖克：《超级资本主义》，石冠兰译，当代中国出版社2010 年版。

为："资本主义产生至今的几百年间，在经历了自由资本主义阶段之后，从私人垄断资本主义，经过国家垄断资本主义，今天已经发展到国际垄断资本主义阶段。国际垄断资本主义是当代资本主义的主要特征，它是垄断资本主义或帝国主义发展的新阶段。"[①] 他还认为，"世界进入国际垄断资本主义的主要标志是：真正意义上的包括技术市场、商品市场和金融市场在内的市场经济全球化，以及在这种全球化中确立起来的国际垄断资本的全球性统治。它同先前发展阶段的不同之点在于，这种垄断资本在形式上和某种程度上是超越国家主权的；它是在以生产资本为主体的各种形态资本的国际化运动中，即在以国际直接投资为主要形式的生产资本的国际化、以国际贸易为主要形式的商品资本的国际化、以国际信贷为主要形式的货币资本的国际化运动中，实现其价值增值和垄断利润的。这种变化的核心和趋向，就是资本的社会化和利润的最大化。它同私人垄断资本主义和国家垄断资本主义阶段相比，其社会化已经不只是局限于一个国家的社会，而是已经发展为国际社会，也就是资本的国际社会化"[②]。顾海良提出，"从1880年开始的最近120年，资本主义经济关系的演进和调整是以垄断为主线的。其中开头60年的私人垄断，接着40年的国家垄断和最近20年的国际垄断"。他还认为经济全球化是随着垄断资本主义从低级走向高级的过程而向前发展的。"正是由于这种私人垄断发展到国家垄断，再发展到国际垄断，才使经济全球化具有现实可能性。"[③] 刘宁扬等提出，作为垄断资本主义发展的新阶段，较之前阶段相比，国际垄断资本主义具有的新特征主要是："首先，资本主义基本矛盾在经济全球化条件

---

① 靳辉明：《国际垄断资本主义的本质特征和历史地位》，《中国社会科学文摘》2007年第1期。

② 靳辉明：《国际垄断资本主义的本质特征和历史地位》，《中国社会科学文摘》2007年第1期。

③ 顾海良：《经济全球化与〈资本论〉研究的新视野》，《中国特色社会主义研究》2002年第3期。

下得以强化；其次，资本国际流动成为主要渠道，跨国公司发挥主体作用；最后，各国政府尤其是发达国家政府在国际垄断过程中起着重要的协调作用。"① 刘昀献在《国际垄断资本主义论》一书中不仅确认垄断资本主义进入了国际垄断资本主义阶段，而且系统地阐述了国际垄断资本主义的基本特征。他认为，垄断资本主义经历了第二次世界大战前的私人垄断资本主义阶段和第二次世界大战后的国家垄断资本主义阶段，于20世纪70年代中期进入了国际垄断资本主义阶段。国际垄断资本主义具有五个基本特征：第一，跨国公司成为世界经济的主导力量；第二，国际直接投资成为国际投资的主要形式；第三，生产和资本的集中正在形成全球寡头垄断市场；第四，资本家国际垄断同盟的形式更加高级化；第五，以美国为首的发达资本主义国家建立了以综合国力为后盾的全球霸权。② 柳瑟青指出，与一般垄断资本主义阶段相比，国际垄断资本主义阶段的表现形式也大不一样了。"在垄断第一阶段（一般资本主义阶段），列宁所说的从经济上分割世界的资本家同盟，其主要形式是国际卡特尔。到垄断第二阶段（跨国或国际垄断资本主义阶段），国际卡特尔的地位下降，出现了跨国公司之间的战略联盟以及国家间的经济联合体等更加高级的形式。具体来说，从企业、公司层面看，当代资本家同盟的主要形式是发达国家跨国公司相互之间的战略同盟。从国家、政府层面看，当代国际垄断同盟的主要形式在经济上的表现就是发达国家由政府出面组成的各种经济联合体，如自由贸易区、关税同盟、共同市场以及经济货币联盟，欧洲联盟（EU）就是经济联合体的最高形式。"③ 杨晓玲认为，"国际垄断同盟的新形式是跨国公司的战略联盟。与第二次世界大战前相比，现代国际垄

---

① 刘宁扬等：《论当代资本主义的国际垄断》，《世界经济与政治论坛》2001年第6期。

② 参见刘昀献：《国际垄断资本主义论》，河南人民出版社2005年版。

③ 柳瑟青：《邓小平国际垄断资本论研究笔记》（中），《现代国际关系》2001年第9期。

断同盟与传统的国际垄断同盟的不同特点在于，传统的国际垄断同盟主要局限于生产与购销等职能部门，包括在世界范围内瓜分原料产地、销售区域，规定产品的价格及分配利润等。而现代国际垄断同盟的核心内容是技术开发与成果的共享，并且是一种非资本参与型国际垄断形式，即超越国界以协商生产的契约协定为基础的国际合作网络"①。

同国家垄断资本主义代替私人垄断资本主义一样，国际垄断资本主义代替国家垄断资本主义也是生产社会化与私有制之间的矛盾不断加深的结果。在国家垄断资本主义阶段，国家政权与私人垄断资本结合起来，资产阶级国家政权直接参与了社会资本的再生产过程，从总体上垄断着经济生活，成为"理想的总资本家"②。私人垄断资本主义在运行中，特别是在第二次世界大战以后的运行中，内在矛盾日益尖锐化。例如，第一，生产规模迅速扩大对巨额资本的需求与私人垄断资本承受能力有限之间的矛盾。尤其是由于新科技革命生成了原子能、航天、电子等新兴工业，这些新兴工业产业需要巨额资金投入，而私人垄断资本的承受能力就相形见绌了。第二，生产技术改造以及劳动力再生产过程社会化程度提高与私人垄断资本支撑能力有限之间的矛盾。尤其是尖端科学研究和技术更新，规模巨大，参与的部门和人员众多，不仅需要巨额资金投入，而且需要强大的组织和协调能力，私人垄断资本也是力不从心的。第三，垄断组织内部生产的有组织性与整个社会生产的无政府状态之间的矛盾。个别企业生产的有组织性与整个社会生产无政府状态之间的矛盾，是资本主义经济弊端的基本表现之一，垄断资本主义并不能消除这一矛盾。单个垄断组织的生产往往是很有组织性、计划性的，但整个社会生产依然处于无政府状态之中。第四，各种经济社会问题对资本主义制度的威胁日益严重与私人垄断资本解决这些问题的能力有限之间的矛盾。包括资本主义发达国家在内的资本

① 杨晓玲：《论国际垄断发展的新阶段》，《教学与研究》2002 年第 6 期。
②《马克思恩格斯文集》第 3 卷，人民出版社 2009 年版，第 559 页。

主义国家，都不同程度地存在环境问题、资源问题、市场问题、就业问题、分配不均与相对或绝对贫困化问题，解决这些问题，以保证经济可持续发展、社会稳定运行，私人垄断资本的能力和力量也是大为有限的。面对这些矛盾及其危害，私人垄断资本不能不迫切希望国家政权出面加以干预和参与治理。国家垄断资本主义实质上就是垄断资本控制国家政权和借助国家政权的力量，通过国家政权干预和调节社会经济生活，以实现社会经济生活正常运转，从而保证垄断资本获得高额垄断利润。国家垄断资本主义比私人垄断资本主义具有优势。它在很大程度上克服了私人垄断资本积累能力的相对有限性，缓解了社会化大生产巨额投资需求的压力，克服了私人垄断资本在科学研究和技术更新过程中支撑能力的局限性，使生产技术改造以及劳动力再生产过程社会化，克服了社会生产的某些动荡和不稳定因素，缓解了经济危机及减少了经济危机的破坏，克服了生产日益扩大同消费相对狭小的矛盾，缓解了资本主义市场问题，从而容纳了更大的生产力，缓和了劳资关系的矛盾和对立，也减轻了其他各种经济社会问题的不良后果，促进了经济社会的发展。

但是，由于国家垄断资本主义只是在资本主义生产方式范围内对生产关系所做的部分调整，既没有改变垄断资本主义的性质，也不可能完全克服资本主义经济制度内在的历史局限性，只是在一定程度上克服了私人垄断资本主义的局限性。因此，国家垄断资本主义发展到一定的时候，生产社会化与私有制这一资本主义生产方式的固有矛盾不可避免地又以新的形式凸显出来，并且不断地加重和深化。在国家垄断资本主义阶段，生产社会化与资本主义私人占有之间的矛盾，即资本主义一切问题的总根源，依然继续存在，并在各种具体方面体现出来。例如，第一，生产规模扩大超出国家的界限，跨国界的生产、销售等联合经营行为普遍发生，对巨额资本的需求更高更大；第二，科学研究、技术创新以及劳动力再生产过程社会化程度进一步提高，不仅对资金投入提出更高的要求，而且对组织和协调能力提出更高的要求；第三，个别企业生产的有组织性与整个社会生产无政府状态之间的矛盾，作为资本主义经济弊端的基本表现之一，已经不仅仅存在于资本主义的个别国家中，而且存在于整个资本主义世界经济之中；第四，环境问题、资源问题、市场问题、就业问题、分配不均与相对或绝对贫困化等各种经济社会问题，不仅在资本主义国家继续存在，而且成为了全球性问题。面对资本主义基本矛盾的深化以及这些具体问题在更大范围的存在，国家垄断资本主义应对起来的确力不从心了，事情发展到了不借助资本主义国际垄断同盟、世界经济组织、国家集团、区域联盟等等的国际联合，不在更高层面、不由具有更大权威的力量加以调整和治理，资本主义经济已经难以持续发展了。这就是国际垄断资本主义产生的根本原因及其历史必然性。

国家垄断资本主义发展到国际垄断资本主义阶段，作为资本主义根本矛盾发展的必然结果，也完全符合资本的本性和资本主义经济运行的规律。资本的本质就是不断地增值，资本主义经济的运行法则，就是追逐利润的最大化，资本主义经济因而也就处于不断的扩张过程之中。马克思、恩格斯早在《共产党宣言》中就明确指出过："资产阶级除非对生产工具，从而对生产关系，从而对全部社会关系不断地进行革命，否则就不能生存下去。"[1] 他们也指出过："生产的不断变革，一切社会状况不停的动荡，永远的不安定和变动，这就是资产阶级时代不同于过去一切时代的地方。"[2] 垄断资本主义从私人垄断资本主义发展到国家垄断资本主义，再从国家垄断资本主义发展到国际垄断资本主义，就是由资本不断地追逐利润这一内在动力驱动的一种必然历史趋势和过程。

应该指出，虽然国际垄断资本主义的产生是资本主义发展的必然趋势，但国际垄断资本主义产生并迅速发展于 20 世纪 80 年代前

①《马克思恩格斯文集》第 2 卷，人民出版社 2009 年版，第 34 页。
②《马克思恩格斯文集》第 2 卷，人民出版社 2009 年版，第 34 页。

后，还有两个因素需要看到。一个因素是，第二次世界大战以后发生的新科技革命的作用。这场新科技革命以原子能、电子计算机和空间技术的发明和广泛应用为主要标志，涉及信息技术、新能源技术、新材料技术、生物技术、空间技术和海洋技术等诸多领域，是一场有史以来规模最大、影响最为深远的一次科技革命。这次科技革命在 70 年代达到高潮，而后继续发展。这次科技革命不仅极大地推动了人类社会经济、政治、文化领域的变革，而且也极大地影响了人类生活方式和思维方式，使人类社会生活和人的现代化向更高境界发展。由于美国是这次科技革命的发源地，发达国家是主要发生国家，因此，这次科技革命对资本主义经济的发展尤其是对发达资本主义国家经济的发展产生了广泛而深刻的影响。发达资本主义国家以高新技术为依托，促进了工业经济信息化的转变，进入了知识经济时代，其产业结构更加高级化，经济增长方式进一步高度集约化，劳动生产率获得了进一步提高，为生产力发展开辟了新的空间。由于生产社会化程度空前提高，生产规模空前扩大，拓展更大的国际空间、加强更广泛的国际竞争与合作，就成为经济发展的必然追求。另一个因素是，苏联东欧国家剧变导致的冷战结束等国际局势变化的影响。从 20 世纪 80 年代末到 90 年代初，随着苏联东欧国家剧变、经互会和华约解散、苏联解体，世界社会主义力量受到严重削弱，世界社会主义运动遭受严重挫折，东西方两大势力的冷战宣告结束，两个平行的世界市场不复存在，资本主义势力在第二次世界大战以后终于赢得了绝对的优势；社会主义国家和广大的发展中国家，大都总结了经济发展的经验教训，重新作出了经济发展道路和模式的选择，放弃了闭关自守的政策和国家计划经济体制，实行了对外开放政策和不同类型的市场经济体制，而以资本主义为主导的世界经济体系和世界市场急剧膨胀，垄断资本因此赢得了前所未有的迅速发展、大规模扩张和高度国际化的时机。

绝大多数学者在分析和阐述国际垄断资本主义的现状时，差不多至少都谈到三个方面，一是跨国公司为基本组织，二是金融资本起决定作用，三是资本输出是主要形式，以这些方面作为当代资本主义处于国际垄断资本主义新阶段的证明。这里以靳辉明先生的阐述作为代表。靳辉明先生指出，在今天，垄断资本较半个多世纪前有了巨大的质的变化："1. 垄断已经不是一般的垄断，而是高度集中的国际垄断；垄断组织也不再是最初的'国际托拉斯'，而是庞大的跨国公司以及触角伸向世界各个角落的子公司。"一些巨型跨国公司成为集生产、贸易、投资、金融、技术开发和技术转让以及其他服务为一体的最主要的经济实体，是各种资本形态国际化和全球化的主要载体，是国际垄断资本主义存在和发展的支柱。它们控制和决定着世界经济的导向和秩序，有的还结成各种形式的国际联盟，以集团的力量加强其在全球市场上的竞争力和垄断地位。"2. 金融资本在当今经济全球化中起着决定性作用，在金融资本的推动下，资本和财富迅速集中，在世界上形成了空前巨大的财团、寡头和豪富。"资本和生产的高度集中，已经不是个别的寡头，而是形成了真正意义上的寡头集团和寡头经济。这种寡头经济的形成，突出地表现在巨型国际垄断资本通过合并和并购，进一步扩大规模和提高垄断的程度上。这种垄断寡头集中在西方少数发达资本主义国家，主要集中在美国。由于这些巨型国际垄断资本在全球的垄断性和掠夺性经营，大大增强了这些国家的经济实力和在全球化进程中的战略地位。"3. 资本输出已经成为国际垄断资本主义发展的主要形式。"几乎所有垄断资本都把资本的高度国际化、都把在国外寻找新的有利的投资场所并进行大量投资，参与国际资本市场、技术市场、商品市场和服务市场的剧烈竞争，作为自己生存和发展的关键和立足点，想方设法地将资本投入国际资本市场的运转，以追逐最大增值，谋取巨额利润。①

---

① 参见靳辉明:《国际垄断资本主义的本质特征和历史地位》,《马克思主义研究》2006 年第 1 期。

　　如果从目前国际垄断资本主义的实现形式和发展现状来看，其最大的特征就是跨国化，即以巨型跨国公司为基本经济实体和运行载体，是以各种形式的国际联盟，国家集团为纽带的寡头集团经济。有的学者因此不赞成把当代资本主义称为国际垄断资本主义，而称为跨国垄断资本主义。如，王亦楠认为，跨国垄断是资本主义发展的新阶段。"垄断资本主义发展经历了从低级形态向高级形态的演变过程。大致可分为三个阶段，即私人垄断、国家垄断、跨国垄断。"① 王亦楠还指出："跨国垄断资本主义是资本主义基本矛盾发展的必然结果，其根本特征是生产集中和资本集中突破了国家的地域疆界，并且力图超越国家管制，在全球范围内实现生产要素的最优组合，使资本在全球范围内获得最大限度的增殖。"② 郭宝宏不仅认为资本主义目前处于跨国垄断资本主义阶段，而且给跨国垄断资本主义的概念做了明确的界定："跨国垄断资本主义是各国垄断资本借助国家垄断资本主义在全球范围展开激烈竞争的基础上形成的，是各国垄断资本主义以追求剩余价值最大化为目标，以全球资源为猎取对象，以全球市场为销售市场，力求超越国家的界限，摆脱国家的控制，努力实现垄断全世界的原料、生产和市场的过程中形成的全球性垄断资本主义。"跨国垄断资本主义的"范围、规模和影响大大超过任何民族国家的国家垄断资本主义，它以发达资本主义国家的跨国公司、带有经济基础功能的国家机器，以及一些国际经济组织为支撑，把越来越多民族国家纳入全球资本主义生产方式的统治之下，是不合理的国际经济政治秩序的基础和核心。"③ 他们确认资本主义目前处于跨国垄断资本主义阶段，这一点是十分清楚的。不过，跨国垄断资本主义与国际垄断资本主义的区别主要在什么地方？

---

① 王亦楠：《跨国垄断：资本主义发展的新阶段》，《求是》2002 年第 1 期。

② 王亦楠：《跨国垄断：资本主义发展的新阶段》，《求是》2002 年第 1 期。

③ 郭宝宏：《跨国垄断资本主义简论》，经济科学出版社 2004 年版，第 37—38 页。

为什么不能称目前的资本主义为国际垄断资本主义？尚未加以阐述。

有的学者提出资本主义目前处于超国家垄断资本主义阶段。罗文东提出了超国家垄断资本主义的概念，认为"20世纪80年代以后西方国家的种种新现象和新动向表明，当代资本主义已经发展到了超国家垄断资本主义的新阶段。"他分析说："在这个阶段，私人垄断、国家垄断和国际垄断的形式、作用以及它们之间的关系都发生了显著的变化，垄断资本超越国家界限、摆脱国家管制，在全球范围内榨取超额垄断利润的倾向明显增强。更值得注意的是，20世纪80年代以后，随着跨国公司经营的全球分散度的提高，它们与母国的经济连带关系和政治依从关系有所减弱，从而出现了'无国籍化趋势'。在跨国公司基础上出现的全球公司（Global Corporation），更是一种'国籍不明的'、脱离了母国身份并超越了国与国界限的超国家垄断组织。由跨国公司和跨国金融机构的老板以及超国家经济计划机构的管理精英、大的传播媒体的统治精英、技术精英和某些国家的领导人组成的跨国资本家阶级，构成了剥削和统治全球劳工的新的霸权集团，占据着经济全球化乃至整个世界体系中的主导地位。"他认为，"资本主义的这些新特点，已经难以被国家垄断资本主义的概念范畴和理论框架所解释，需要建立超国家垄断资本主义的概念和理论来阐释当代资本主义的最新变化及其发展趋势"[①]。他还指出，"超国家垄断资本主义也可以看做是对列宁关于帝国主义理论的坚持和发展"，"当代资本主义的实质仍然是垄断资本主义，帝国主义的本质属性——垄断，以及由垄断所产生的帝国主义的寄生性、腐朽性和垂死性并没有根本改变。从私人垄断资本主义、国家垄断资本主义发展而来的超国家垄断资本主义，是帝国主义发展的一个新阶段。它不仅没有改变帝国主义的本性，

145

---

① 罗文东：《超国家垄断资本主义：对当代资本主义的一种理论分析》，《当代世界与社会主义》2006年第5期。

没有推翻列宁关于'帝国主义是资本主义的最高阶段'的基本原理"①。

笔者认为，就目前国内外的研究来看，关于当前资本主义发展阶段的界定，无论是称其为全球资本主义，还是称其为国际垄断资本主义，无论是称其为跨国垄断资本主义，还是称其为超国家垄断资本主义，从一定视角和意义上来说，都具有一定的道理，而且在一个较长时期内仍将难以取得一致意见。但是，无论是持哪一种观点的研究者，都不否认一个事实，即承认当代资本主义生产主要是以跨国公司为载体运行的，或者说跨国公司是当代资本主义经济中最活跃、最具主导作用的因素。20 世纪 70、80 年代以来，跨国公司在数量上、规模上都急剧扩大，其在资本主义经济中的主导作用也不断增大。"1980 年全球范围内跨国公司只有1.5 万家，国外分支机构约 3.5 万家；而到 2005 年，跨国公司猛增至 6.7 万家，国外分支机构更是高达 87 万家。跨国公司生产的产品总值已占世界 GDP 的 1/4，其贸易总量占世界贸易额的 70% 左右，其研发活动占世界研发活动的 75%—80%。""目前世界上 100个最大经济实体中，51 个是跨国公司，49 个是主权国家。"② 从实际情况来看，跨国化的确是当前垄断资本主义运行最基本的特征，因此，称目前的垄断资本主义为跨国垄断资本主义可能更为合适。

二、经济全球化与阶级关系的跨国化

如果说当代垄断资本主义经济以跨国公司为主要运行载体，形成了跨国化经营的基本特征，那么有一个问题就是不能回避的了，即以跨国公司为主要运行载体的垄断资本主义经济形式所代表的已经不是一个国家的资产阶级的利益了，跨国垄断资本主义所剥削的

① 参见《国外理论动态》2008 年第 3 期，罗文东与该刊记者谈话。
② 齐兰著：《垄断资本全球化问题研究》，商务印书馆 2009 年版，第 46—47 页。

对象也已经不再是一个国家的劳动者了。也就是说，资产阶级对劳动者的剥削，或者反过来说，劳动者遭受资产阶级的剥削，已经超出了民族国家的界限。在一定意义上，这一问题可以称为"阶级关系的跨国化"问题。

那么如何认识"阶级关系的跨国化"这一问题呢？显然这又是一个十分复杂的问题，也是一个一时还难以说清楚的问题。虽然如此，它却是一个不能回避的、需要回答的现实问题。目前，这一问题在国内外已经引起关注，而且分歧很大，也足以表明它既是一个不能回避的问题，又是一个十分复杂的问题。

根据目前看到的研究成果，关于阶级关系的跨国化问题的关注，大约在 20 世纪 70 年代首先萌芽于国外，世纪之交逐渐形成热点。美国、英国等一些西方国家的学者提出了"跨国资本家阶级"（the transnational capitalist class）的概念和理论，认为随着经济全球化的加速发展，世界资本主义实现了从民族国家阶段向新的跨国阶段的过渡，传统的阶级结构因而发生了变化，一个跨国资本家阶级已经形成，并成为全球的统治力量。各国的资本家阶级打破民族国家的分野联合了起来，携手剥削世界无产阶级。虽然这一理论尚未成熟，依据马克思主义的方法和立场，也不能承认其为科学理论，在研究和探讨这一问题的西方学者们之间分歧也很多，不过，它对于我们分析和认识经济全球化与当代资本主义发展的关系、分析和认识经济全球化条件下当代资本主义的新变化、分析和认识经济全球化与当代社会主义的关系等等，都具有启发意义，值得我们重视并给予认真研究。

美国学者斯蒂芬·海默（Stephen Hymer）在《跨国公司：一种极端的研究方法》一书中提出："国际资本家阶级正在形成，这一阶级的利益存在于整体世界经济以及允许资本在国家间自由流动的国际私有财产体系之中……资本家阶级中那些最强大的部分越来越倾向于认为他们的未来在于世界市场的进一步发展，而不是缩减"。① 沃尔特·戈德弗兰克（Walter Goldfrank）指出："越来越多的证据显示，跨国公司的所有者和经理们本身正在形成一个强大的社会阶级"②。英国学者莱斯利·斯克莱尔（Leslie Sklair）指出："资本主义在全球运作，资本主义体系内的一些行为者和机构的确拥有更多的权力。而且，在社会生活的某些领域，那些全球资本主义力量的控制者作出了影响世界绝大多数人命运的决策。不仅如此，跨国资本家阶级还在某些方面成功地扮演了跨国统治阶级的角色。"③莱斯利·斯克莱尔（Leslie Sklair）不仅认为已经形成了跨国资本家阶级，而且还指出了其构成情况。他认为跨国资本家阶级由四类人组成：跨国公司经理、正在被全球化的官僚与政客、正在被全球化的专业人员和消费主义精英。④ 莱斯利·斯克莱尔指出，他们之所以被称做"跨国资本家阶级"，主要是因为：从其对生产资料的占有、分配和交换的关系来看，他们已经形成一个"阶级"；从其个人或集体控制着各种资本来看，他们属于资本家阶级；从其进行跨境经营、运作的目的来看，他们是为了拓展全球资本的利益，而不是为了任何民族国家的利益。⑤ 关于跨国资本家阶级的"跨国性"，莱斯利·斯克莱尔在《跨国资本家阶级》一书中做了特别详

① ［美］斯蒂芬·海默：《跨国公司：一种极端的研究方法》（Stephen Hymer, *The Multinational Corpration:A Radical Approach*, Cambridge Universiti Press），1979，第 262 页。转引自［美］威廉·L. 罗宾逊：《全球资本主义论——跨国世界中的生产、阶级与国家》，高明秀译，社会科学文献出版社 2009 年版，第 45 页。

② ［美］沃尔特·戈德弗兰：《谁统治着世界？国际层面上的阶级形成》，载于《意识形态季刊》（Walter Goldfrank, *"Who Rules the World? Class Formation at the International Level", Quarterly of Ideology*1：2），1977，第 35 页。转引自［美］威廉·L. 罗宾逊：《全球资本主义论——跨国世界中的生产、阶级与国家》，高明秀译，社会科学文献出版社 2009 年版，第 45 页。

③ Sklair、Leslie, *The Transnational Captalist Class,* UK, Blackwell Publishers Ltd, 2001, p.105. 转引自王宏伟：《"跨国资本家阶级"理论评析——经济全球化是否导致了"超帝国主义"？》，《国外社会科学》2004 年第 6 期。

④ 转引自王宏伟：《"跨国资本家阶级"理论评析——经济全球化是否导致了"超帝国主义"？》，《国外社会科学》2004 年第 6 期。

⑤ 转引自王宏伟：《"跨国资本家阶级"理论评析——经济全球化是否导致了"超帝国主义"？》，《国外社会科学》2004 年第 6 期。

148

细的阐述，归纳起来有以下五个表现：第一，跨国资本家阶级成员的经济利益在全球范围内彼此联系；第二，跨国资本家阶级通过全球竞争和宣传消费主义对各国社会施加经济控制、政治控制和文化思想控制；第三，跨国资本家阶级成员都以外向性的全球眼光，而不是内向性的本土眼光来认识经济、政治和文化思想问题；第四，跨国资本家阶级拥有共同的生活方式，特别是接受同样内容的高等教育，倾向于消费奢华的商品和服务；第五，跨国资本家阶级都愿意将自己的形象设计成为世界公民。①

美国学者威廉·L.罗宾逊（William I.Robinson）和杰里·哈里斯（Jerry Harris）认为，"一个跨国资本家阶级业已出现，这一跨国资本家阶级是全球的统治阶级，它控制着形成中的跨国国家机构和全球决策。这一跨国资本家阶级正建构一个新的全球资本家集团：这是一个新的霸权集团，它由全世界包括北方发达国家以及南方国家中统治阶级内占主导地位的形形色色的经济、政治势力组成。具体地说，就是由跨国公司和跨国金融机构及超国家经济计划机构的管理精英、统治政党内的主要势力、大的传播媒体的统治精英、技术精英以及北南国家的国家领导人组成"②。他们认为，资本的跨国化是跨国资本家阶级产生的基础。资本的跨国化就是"不同国家的资本融合而形成这样一个过程，它使这些资本脱离本国而被置于经济全球化所开创的、新的超国家空间之中"。正是"由于各国经济的跨国一体化，由于资本的流动，由于资本增殖过程在全球范围内进行，阶级的形成已愈来愈不再与某一特定地区相联系。马克思主义者传统上认为，资本家阶级是组织在民族国家内的，他们的行为受一国内的资本主义竞争，受国与国之间的争夺的驱动，这种看法现在已需要加以修正。"③ 他们指出，"关于跨国资本家阶级

149

---

① 参见周通编写：《全球化与跨国资本家阶级》，《国外理论动态》2001年第2期。
② 参见周通编写：《全球化与跨国资本家阶级》，《国外理论动态》2001年第2期。
③ 参见周通编写：《全球化与跨国资本家阶级》，《国外理论动态》2001年第2期。

兴起的实证证据是：跨国公司的发展、国外直接投资的增长、跨国合并、建立战略联盟、资本的相互渗透，以及跨国公司董事职位的相互交叉。此外，还有分包制、外购制、自由工业区的扩展等等与全球经济有关的新经济形式"。这些组织全球化生产的新形式"发展了世界性网络，把不同地区的资本家连结起来，并在他们中间围绕资本的全球性（而不是地区性）增殖，产生一种客观利益的一致性和主观认同。它们使阶级形成从一国范围转移到跨国的空间"①。他们指出，跨国资本家阶级通过组建跨国国家机构来建设和操纵全球性的经济。跨国资本家阶级的政治组织有：由北美、欧洲和日本商界、政界和知识界精英中业已跨国化的人士组成的"三边委员会"、政府一级成立的"七国集团"、24个最大的工业化国家建立的超国家机构"经济合作与发展组织"、"世界经济论坛"、"国际货币基金组织"、"世界银行"、"世界贸易组织"、"欧洲联盟"、"欧洲安全和合作会议"、"联合国"，等等。虽然"形成中的跨国国家机构尚未形成中央集权的制度形式"，但"跨国资本家阶级正是通过这些全球机构企图成为一个新的全球资本主义霸权集团"②。他们认为，"代表跨国资本的跨国资本家阶级是世界资产阶级的一部分。各国资产阶级古老的国际联盟已变化成新时代的跨国资本家阶级，后者已在全球掌握了霸权。跨国资本家阶级与一国的或地区的资本家阶级的区别在于：前者从事的是全球化生产和全球化的资本增殖，这使它在全球体系中超越于任何一国或地区政治实体之上，具有一种空间上和政治上的客观阶级存在和阶级特性"。而且，"跨国资本家阶级具有自觉的阶级意识，它也意识到自己的跨国性，它一直在追求实现自己的阶级目标：资本主义的全球化，建起一个跨国国家机构。因此，跨国资本家阶级已经既是自在的，又是自为的

---

① 周通编写:《全球化与跨国资本家阶级》,《国外理论动态》2001 年第 2 期。
② 周通编写:《全球化与跨国资本家阶级》,《国外理论动态》2001 年第 2 期。

阶级"①。在他们看来，资本的跨国化不仅带来了资产阶级的变化，而且也带来了无产阶级的变化："世界日益分化为一个全球资产阶级和一个全球无产阶级"，"全世界无产阶级也处于跨国形成的过程中。一个跨国的工人阶级正愈来愈成为现实，但目前它还只是自在的阶级"②。

威廉·L. 罗宾逊（William I.Robinson）在《全球资本主义论——跨国世界中的生产、阶级与国家》一书中，也集中探讨了"全球阶级的形成与跨国资本家阶级的崛起"。他指出："全球经济正在改变全世界的社会生产过程，并进而对世界阶级结构进行重构。""国家资本的主要部分正在融入一种新的跨国资本架构。跨国资本在此前民族资本的基础上产生，且正在对那些民族资本家阶级造成相似的变革性影响。这些民族资本家阶级被全球化带入了重新定位阶级形成的决定因素的跨国化链条之中。世界范围内的主流资本家阶层正在形成一个跨国资本家阶级。"③他认为，资本的跨国化是跨国资本家阶级形成的基础。"跨国资本的崛起将民族资本家阶级卷入了全球经济的旋涡。全球化按照完全不同于旧的国家阶级结构和国际阶级冲突与联盟的方式，创造了跨越国界的新型的跨国阶级联盟，以及在全球和国家、地区、城市和本地社区内部创造了新型的阶级分裂。促进资本家群体跨国化的各种机制包括跨国公司的扩张，对外直接投资的扩展，跨界并购，战略联盟，资本的相互渗透，联合董事会，全世界的转包与外包，自由企业带的延伸，以及其他与全球经济相关的经济形式。"这些全球化生产的新的组织形式"有利于将本地资本家相互连接起来的全球网络的发展，并且在全球（相对于本地）积累过程中，使这些资本家产生了客观利益和

151

① 周通编写：《全球化与跨国资本家阶级》，《国外理论动态》2001 年第 2 期。
② 周通编写：《全球化与跨国资本家阶级》，《国外理论动态》2001 年第 2 期。
③ ［美］威廉·L. 罗宾逊：《全球资本主义论——跨国世界中的生产、阶级与国家》，高明秀译，社会科学文献出版社 2009 年版，第 59—60 页。

主观看法的认同"①。关于跨国资本家阶级的人员构成，威廉·L.罗宾逊（William I.Robinson）认为，"跨国资本家阶级主要由构成跨国资本内部循环的具有阶级意识的跨国精英，以及服务于跨国资本家阶级的跨国经理、跨国官僚、跨国技术人员和主流思想家及知识分子构成。"由于"以世界资本主义中心为基础的跨国管理精英处于全球经济的制高点，对全球机构行使职权，并且控制着全球政策制定的杠杆"，因此，"跨国资本家阶级是新的世界性统治阶级"②。在这一书中，他也认为，随着经济全球化的加速发展，不仅资产阶级发生了变化，而且其他阶级都发生了变化——"全球阶级的形成：从国家阶级到跨国阶级"③，"一个全球阶级结构正凌驾于国家阶级结构之上"④。他认为，"全球阶级的形成包括世界日益分裂成为全球资产阶级和全球无产阶级"，"一个跨国工人阶级日益成为现实，成为自在阶级，也就是客观存在的阶级"⑤。他进而还认为，"马克思主义者应该好好重新思考一下马克思和恩格斯所提出的'每一个国家的无产阶级当然首先应该打倒本国的资产阶级'⑥。'本国的资产阶级'现在已经跨国化了。每个'国家的'资产阶级也是无数其他国家的无产阶级的资产阶级。对于政治战略而言，这将意味着从属阶级必须将他们的斗争进行跨国化"。⑦

我国学者在关于经济全球化条件下资本主义新变化的研究中，

①〔美〕威廉·L.罗宾逊：《全球资本主义论——跨国世界中的生产、阶级与国家》，高明秀译，社会科学文献出版社 2009 年版，第 64—65 页。
②〔美〕威廉·L.罗宾逊：《全球资本主义论》，高明秀译，社会科学文献出版社 2009 年版，第 64—65 页、第 61—62 页。
③〔美〕威廉·L.罗宾逊：《全球资本主义论》，高明秀译，社会科学文献出版社 2009 年版，第 48 页。
④〔美〕威廉·L.罗宾逊：《全球资本主义论》，高明秀译，社会科学文献出版社 2009 年版，第 54 页。
⑤〔美〕威廉·L.罗宾逊：《全球资本主义论》，高明秀译，社会科学文献出版社 2009 年版，第 54—55 页。
⑥《马克思恩格斯文集》第 2 卷，人民出版社 2009 年版，第 43 页。
⑦〔美〕威廉·L.罗宾逊：《全球资本主义论》，高明秀译，社会科学文献出版社 2009 年版，第 185 页。

近年来也开始涉及阶级关系跨国化问题。如郭宝宏在《跨国垄断资本主义简论》一书中认为，在当今资本主义发展的跨国垄断阶段，已经形成了一个跨国垄断资产阶级。他分析说，马克思、恩格斯当年曾经提出"工人没有祖国"①，"既然工人阶级没有祖国，资产阶级也是没有祖国的"②。他还给跨国垄断资产阶级下了一个比较完整的定义："所谓跨国垄断资产阶级，就是凭借手中掌握的大量生产资料，不仅在本国，而且在世界范围推进资本主义生产方式，实施对各国无产阶级的资本主义剥削，并获取超额垄断利润的、不以民族国家的政权体系为制约条件的垄断资产阶级。"③

与阶级关系跨国化密切相关的问题是关于跨国国家的问题，即所谓的由于阶级关系跨国化了，作为阶级统治工具的国家机器也跨国化了。国内外学者中都有一些类似的观点提出。如威廉·L.罗宾逊（William I.Robinson）认为，跨国资本家阶级是在全球化过程中应运而生的，而跨国资本家阶级的出现又导致了跨国国家的形成。"在全球化背景下，资本主义国家已经越来越多地采取了跨国国家的形式。""跨国国家机器是一个新兴的网络，它包括经过变革和与外部已经融合的民族国家，以及超国家的经济和政治论坛，但到目前为止它还没有形成任何中央集权的机构形式。这些经济论坛包括国际货币基金组织（IMF）、世界银行（WB）、世界贸易组织（WTO）和地区银行等；政治论坛包括七国集团（G-7）、二十二国集团（G-22），尤其是联合国体系、经济合作与发展组织（OECD）、欧盟（EU）、欧洲安全与合作会议（CSEC，欧安会）等。跨国资本家阶级直接将这一跨国国家机器工具化，通过跨国国家多层次的结构来行使一种跨国国家的权力。正是通过这些全球机

---

① 《马克思恩格斯文集》第 2 卷，人民出版社 2009 年版，第 50 页。

② 郭宝宏：《跨国垄断资本主义简论》，经济科学出版社 2004 年版，第 232 页。

③ 郭宝宏：《跨国垄断资本主义简论》，经济科学出版社 2004 年版，第 232—233 页。

制，跨国资本家阶级试图形成一个新的全球资本家历史集团。"① 他还认为，这些国际组织作为超国家机构 "逐渐取代国家机构进行政策制定、全球管理、全球经济经营。民族国家的功能正在从制定国家政策转向执行超国家机构制定的政策"②。又如我国学者郭宝宏认为，有跨国垄断资产阶级就应当有超国家的世界政府。虽然目前世界上还没有一个全球统一的世界政府，但 "在垄断资本全球扩张所决定的当代国际政治生活纷纭复杂的现象背后，潜存着按跨国垄断资产阶级的意志行事的跨国国家机器"③。这种跨国国家机器是 "自觉或不自觉地能够按照全球统治阶级即跨国垄断资产阶级的意志，以不同方式行使职能的国际组织（或机构）"④。其构成主要包括：联合国、国际法院、维和部队、能发挥政治作用的三大国际经济组织（即国际货币基金组织、世界银行、世界贸易组织）、北大西洋公约组织。此外，欧洲联盟、西方七国首脑会议等国际组织和论坛，在当代世界经济与政治舞台上都有举足轻重的影响，也可视为跨国国家机器的重要组成部分。⑤

上述认识，显然与马克思主义的阶级理论和国家理论有很大的不同。我们知道，马克思主义认为，阶级是一个历史范畴和经济范畴，"**阶级的存在仅仅同生产发展的一定历史阶段相联系**"。⑥ 阶级的产生、存在、发展和消灭最终都要由物质资料生产方式的性质及发展状况来说明和决定的。我们也熟知并经常引用列宁给阶级下的定义：即 "所谓阶级，就是这样一些大的集团，这些集团在历史上一定的社会生产体系中所处的地位不同，对生产资料的关系（这种

① ［美］威廉·L.罗宾逊：《全球资本主义论》，高明秀译，社会科学文献出版社 2009 年版，第 113—114 页。

② 转引自王宏伟编写：《全球化与跨国国家的形成》（上），《国外理论动态》2002 年第 4 期。

③ 郭宝宏：《跨国垄断资本主义简论》，经济科学出版社 2004 年版，第 245 页。

④ 郭宝宏：《跨国垄断资本主义简论》，经济科学出版社 2004 年版，第 251 页。

⑤ 郭宝宏：《跨国垄断资本主义简论》，经济科学出版社 2004 年版，第 251—263 页。

⑥ 《马克思恩格斯文集》第 10 卷，人民出版社 2009 年版，第 106 页。

关系大部分是在法律上明文规定了的）不同，在社会劳动组织中所起的作用不同，因而取得归自己支配的那份社会财富的方式和多寡也不同。所谓阶级，就是这样一些集团，由于它们在一定社会经济结构中所处的地位不同，其中一个集团能够占有另一个集团的劳动。"[①] 根据这一定义，阶级是根据一定社会集团在一定的社会生产体系中的地位、对生产资料的占有关系、在社会劳动组织中所起的作用、取得自己所支配的那份社会财富的方式和多寡的不同情况来划分的。也就是说，经济因素是划分阶级的依据，虽然阶级形成以后，阶级关系不仅表现为经济关系，而且表现为体现经济关系的政治关系、思想关系，阶级斗争也是一个广泛的社会范畴，可以多方面或多领域地发生和表现出来，因为每一个阶级为了维护本阶级的切身利益、为了争取本阶级的生存发展，不能不在经济、政治、思想等各个方面、各个领域进行斗争，但是不能以思想因素、政治因素作为划分阶级的依据。剥削阶级就是在一定社会经济结构中居于统治地位的集团，一般认为主要是掌握生产资料的集团，凭借这样的地位而占有其他集团的劳动，不占有生产资料、劳动被占有的集团就是被剥削阶级。剥削阶级的实质，就是占有生产资料并占有另一部分人的劳动。此外，"一定的社会生产体系"、"一定社会经济结构"，显然是处于一定民族或国家的范围内的，也即关于阶级的划分是民族或国家内部的事情。

上述的关于跨国资本家阶级的认识，依据马克思主义的阶级观点显然是不科学的。根据当代世界经济全球化和世界资本主义发展的实际情况来看，虽然说的确出现了阶级关系跨国化的现象，垄断资本的跨国化使得世界资本主义各国资本家阶级之间的利益和关系前所未有地密切，他们剥削的对象的确并不是一个国家的劳动者；而各国的被剥削阶级及广大劳动者之间的利益和关系也前所未有地

[①]《列宁专题文集〈论社会主义〉》，人民出版社 2009 年版，第 145 页。

密切，他们也不只是遭受单独一个国家的资本家阶级的剥削。但是，能不能因此就说目前已经形成了一个超越民族国家界限的、代表各国资本家阶级共同利益的跨国资本家阶级或者跨国垄断资产阶级呢？显然还不能。这是因为，第一，单一的跨国资本并没有形成。持已经形成了跨国资本家阶级或跨国垄断资产阶级这一看法的学者，大都以垄断资本的跨国化为主要依据，尤其是强调垄断资本跨国化是以跨国公司为基本载体的，认为跨国公司已经不再单纯代表一个国家或一个国家资本家阶级的利益了，公司的经理和职员们也来自多个不同的国家，跨国公司已经"无国籍"了，因此资本家阶级也不再从属于某个单独的国家了。但事实上，完全脱离母国国籍、不体现母国利益的跨国公司在当今世界上是不存在的。我们显然还不能脱离开民族国家来认识经济全球化和垄断资本的跨国化现象。第二，阶级的划分和存在依然依托民族国家的事实没有改变。目前，无论哪一个国家的资本家集团，其社会地位的获得和认可、其根本利益的实现和维护，最终还是要依托国家政府或国家政权的。所谓的"跨国资本家阶级"成员之间地位也并不平等。第三，各国资本家阶级之间的利益和关系并不是完全一致的。虽然说在经济全球化加速发展的条件下，世界各国资本家阶级之间的利益和关系前所未有的密切，但在这种密切的关系中不只是存在合作和利益的一致性，也存在着竞争和利益的矛盾性。各国资本家阶级之间，特别是发达国家的资本家阶级同发展中国家的资本家阶级之间，地位处于严重的不平等状态，利益一致性是相对的，利益的差异性是绝对的，相互之间激烈竞争、严重摩擦也是司空见惯的事情，他们不可能平等地或者均衡地分享世界资本主义发展的红利。所以，就目前来看，世界上还没有抽象的不分民族国家界限的跨国资本主义利益，还没有形成抽象的跨国资本家阶级或跨国垄断资产阶级，也还不具备这样的历史条件。

我们也知道，马克思主义认为，国家是阶级矛盾不可调和的产物，是一个阶级压迫另一个阶级的工具。国家是随着阶级的产生而产生的一种历史现象。国家的起源是同阶级对立联系在一起的，它是在社会分裂成为敌对阶级的情况下，作为阶级统治的工具而产生的，将来也必然随着阶级的灭亡而失去其存在的根据。恩格斯是这样给国家下定义的："国家是社会在一定发展阶段上的产物；国家是承认：这个社会陷入了不可解决的自我矛盾，分裂为不可调和的对立面而又无力摆脱这些对立面。而为了使这些对立面，这些经济利益互相冲突的阶级，不致在无谓的斗争中把自己和社会消灭，就需要有一种表面上凌驾于社会之上的力量，这种力量应当缓和冲突，把冲突保持在'秩序'的范围以内；这种从社会中产生但又自居于社会之上并且日益同社会相异化的力量，就是国家。"[1]恩格斯还指出，"国家和旧的氏族组织不同的地方，第一点就是它**按地区来划分它的国民**。……并允许公民在他们居住的地方实现他们的公共权利和义务"；"第二个不同点，是**公共权力**的设立，……。构成这种权力的，不仅有武装的人，而且还有物质的附属物，如监狱和各种强制设施"。恩格斯也特别强调，"由于国家是从控制阶级对立的需要中产生的，由于它同时又是在这些阶级的冲突中产生的，所以，它照例是最强大的、在经济上占统治地位的阶级的国家，这个阶级借助于国家而在政治上也成为占统治地位的阶级，因而获得了镇压和剥削被压迫阶级的新手段"[2]。无疑，国家在本质上是一个阶级概念和政治概念。国家发展的历史还告诉我们，作为阶级统治的需要而产生国家，在不同历史时期、不同的阶级斗争条件下有不同的类型和形式，涉及国体和政体的关系问题。国体指国家的阶级本质，体现着各阶级在国家政权中的地位，即在一个国家中哪个阶级或哪些阶级处于统治地位、掌握国家权力，哪些阶级是统治阶级的同盟者，哪些阶级处于被统治或被压迫的地位。政体指一个国家政

---

① 《马克思恩格斯文集》第4卷，人民出版社2009年版，第189页。
② 《马克思恩格斯文集》第4卷，人民出版社2009年版，第189—191页。

权的组织形式，即统治阶级采取何种形式组织自己的政权机关，体现着国家的根本政治制度。国体是内容，政体是形式，国体决定政体，政体表现国体，为国体服务。

上述关于跨国国家机器的认识，依据马克思主义的国家观点显然也是不科学的。根据当代世界经济全球化和世界资本主义发展的实际情况来看，虽然说的确出现了许多国际组织，而且随着经济全球化的加速发展和世界经济政治生活的日益复杂化，国际组织还有数量不断增多和作用不断增强的趋势，但是，能不能因此就说作为阶级统治工具的国家机器也跨国化了，乃至形成了跨国国家呢？显然也还不能这样说。这是因为，第一，国家是阶级斗争的产物，是经济上占统治地位的阶级的统治工具，如果既没有形成统一的跨国资本家阶级，也没有形成统一的跨国无产阶级，自然也是不会产生跨国国家的。第二，国家按地区划分其国民，设立公共权力及其物质附属物，目前所谓的跨国国家机器或超国家机构并不具备这样的特点，也不具备纯粹的民族国家所具有的功能。第三，目前在世界经济、政治等各方面事务中起主导作用的国际组织及其权力都在少数发达资本主义大国的控制之下，它们并没有也不可能一视同仁地为所有国家的资产阶级服务，即使像联合国这样由世界上的主权国家组成的国际组织，既没有、也无法制定出全球统一的、完全适合各国统治阶级需要的经济政治政策。第四，就目前来说，民族国家的国家主权和国家功能显然既没有丧失也不可取代；民族国家都有排他性的利益追求，围绕各自的利益，相互之间也存在着矛盾与争斗。不仅广大的发展中国家同少数发达国家之间存在着尖锐的矛盾，少数发达国家之间也存在着尖锐的矛盾。为本国的国家利益服务，依然是民族国家的重要的基本职能之一。我们可以清楚地看到，美国、日本、欧盟这样的资本主义发达国家和集团，在推广世界贸易自由化、维护世界资本主义经济体制、追逐资本主义利益的过程中，相互之间也是经常激烈争吵、并极力采用各种手段来争取和维护本国或国家集团的利益。美国在千方百计地消除别国的贸易壁垒、环境壁垒的同时，却常常以国家利益为由坚持自设贸易壁垒、环境壁垒等，就是一个鲜明的例证。这些都说明，当今人类社会的发展还远没有达到消除民族国家界限、建立世界国家的程度，颠覆马克思主义关于阶级和国家的理论的历史条件并不具备。

不过，笔者虽然不认为跨国阶级和跨国国家的理论及其观点是成熟和科学的，不赞成当今世界已经形成了跨国阶级和跨国国家的理论及其观点，但认为应该肯定，在经济全球化加速发展的过程中确实出现了垄断跨国化、阶级关系跨国化的现象，确实存在着阶级矛盾的跨国化现象或劳资利益冲突的跨国化现象。它们的确属于当代资本主义发展新变化的重要体现，也的确是需要高度关注和认真研究的；上述国内外学者关于这些现象的研究，不论他们出于什么目的或意图，也不论他们的研究成果中是否含有真理性的颗粒，他们在观察和思考问题的过程中显示出来的宽阔眼界，以及在分析和研究问题过程中体现出来的探索与创新精神，都是值得赞赏的，而且也都是具有极大的启发意义的。他们敏锐地看到了经济全球化趋势对阶级关系和民族国家构成的某些冲击，看到了当代资本主义生产方式及制度发生的某些新变化，看到了当今时代国际社会行为主体的多样性，并尝试着对一些现象和问题作出了探索性的回答。在我们所处的经济全球化趋势加速发展的这个时代，在人类社会发生急剧变革的这个时代，在资本主义发生许多新变化并继续变化的这个时代，在社会主义理论与实践需要与时俱进的这个时代，开阔观察视野，拓宽研究思路，创新理论思维，的确是十分重要和必要的。联想到马克思主义的世界历史理论、马克思主义创始人关于资本主义全球扩张的分析、关于"工人没有祖国"和"全世界无产者，联合起来"的思想，那么，当代资本主义垄断的跨国化、阶级关系的跨国化的现象，的确需要认真观察和深入思考。

三、经济全球化与资本主义矛盾的跨国化

我们知道，生产社会化同生产资料私人占有之间的矛盾是资本主义生产方式的基本矛盾。资本主义经济制度只要不发生根本改变，这一基本矛盾就会始终存在下去，并伴随着资本主义经济的发展而发展。在经济全球化趋势加速发展的时代，如果说垄断资本跨国化了，阶级关系也跨国化了，那么，资本主义基本矛盾跨国化就是不言而喻的事情了。资本主义基本矛盾跨国化就是指资本主义国家生产社会化同生产资料私人占有之间的矛盾已经超出了民族国家的界限扩展到了资本主义世界范围，而且形成了各国之间相互影响、相互作用的情形。同垄断资本跨国化、阶级关系跨国化并不是今天才有的现象一样，资本主义基本矛盾跨国化也不是今天才有的现象；同样的是，在当今经济全球化趋势加速发展的条件下，它们前所未有地凸显和更为普遍化了，对世界经济发展也构成了前所未有的影响。这也就是我们应该特别重视它们的原因。关于资本主义矛盾的跨国化，我们可以从以下几个方面来探讨。

（一）生产社会化同生产资料私人占有之间的矛盾在资本主义世界范围内蔓延

在自由资本主义时期，由于资本主义世界体系尚未形成，资本主义生产主要是以民族国家为基本单位，资本主义各国之间经济上的关系还不具备当今意义上的相互联系和相互依赖的关系，因此，马克思、恩格斯揭示的生产社会化同生产资料私人占有之间的矛盾，作为资本主义生产方式的基本矛盾，主要表现为一国范围之内个别企业内部生产的有组织性和整个社会生产的无政府状态之间的矛盾。在生产过程中，每个企业生产什么、生产多少、如何生产，都是由资本家自己决定的。亚当·斯密的自由经济思想因而被奉为圭臬，市场是绝对权威，"看不见的手"操纵一切。在激烈的竞争之中，虽然每个企业的生产有条不紊，但整个社会的生产却处于

无政府的状态。19世纪，先进的资本主义国家差不多每10年爆发一次周期性的经济危机，就是资本主义生产方式基本矛盾的必然结果。

　　大约到了19世纪中叶，个别企业内部生产的有组织性和整个社会生产的无政府状态之间的矛盾，在先进的资本主义国家里就已经开始向国外蔓延了，也就是说，资本主义个别企业生产的有组织性与资本主义整个国家生产的无政府状态，开始超出民族国家的疆界了。马克思、恩格斯在《共产党宣言》中所指出的"资产阶级奔走于全球各地"，"必须到处落户，到处创业，到处建立联系"，就是资本主义生产不断扩张、不断社会化的情形，这种情形也从一定角度反映了资本主义生产方式基本矛盾向国外的蔓延。19世纪末20世纪初，自由资本主义过渡到垄断资本主义以后，资本主义世界经济体系也已经建立，资本主义生产由各国之间的相对独立走向了各国之间的相互联系与相互依赖，资本主义先进国家生产社会化同生产资料私人占有之间的矛盾则迅速向世界蔓延。经济危机的不断发生，迫使资本主义国家政府作为总资本家介入和干预经济生活，尤其是20世纪20年代末30年代初的资本主义世界性经济大危机发生以后，凯恩斯主义开始盛行，"看得见的手"被派上了用场。先进资本主义国家政府采取各种计划性的手段和措施加强了对资本主义生产的调控，资本主义经济运行秩序紊乱、社会总需求与总供给的失衡状况得到了大大的改善，国家内部的社会生产的无政府状态逐渐得到了缓解。然而，整个资本主义世界生产却是无政府状态的。第二次世界大战以后，特别是20世纪80、90年代，经济全球化加速发展、跨国公司加速在世界范围内普及和覆盖，资本主义各国之间的相互依赖、相互依存达到了前所未有的程度，资本主义生产社会化同生产资料私人占有之间的矛盾已经在资本主义世界范围内普遍化，其基本表现就是资本主义跨国公司内部生产的有组织性与资本主义全球经济的无政府状态，资本主义生产无限扩大，而世界市场相对有限，并呈现着深化的趋势。

我们可以看到，随着经济全球化和垄断资本的跨国化发展，资本主义生产的社会化冲出国界，成为世界性的社会化大生产。跨国公司已经成为世界性的社会化大生产的组织者，成为商品、资本和技术在世界范围内流动的主要载体。跨国公司利用高度发达的信息技术和交通网路，不仅可以在全球范围内实现资金、技术、原材料、劳动力等生产要素的最优组合，而且一般都有完善的组织机构、良好的制度机制、周密的运行策划，也就是说具有高度的计划性和组织性。资金周转、生产加工、商品销售、货物运输等等，都是有条不紊、秩序井然的，从而保持着发达的生产力和强大的竞争力。但同时我们也可以看到，由于跨国公司是各自为政的，整个资本主义经济体系是处于无政府状态的，既没有也不可能形成类似跨国公司内部具有的那种计划性和组织性。由于跨国公司均以追求全球范围内最高利润为最终目的，以处于无政府状态的世界市场为基本活动舞台，它们越是拼命追逐高额垄断利润，越是极力扩大生产规模和生产能力，也就越发在世界范围内导致着生产发展的盲目性，从而经常引发大规模的经济动荡和危机。对这种情形，著名的巴西经济学家多斯桑托斯在《帝国主义与依附》这部名著中做过分析，他指出："资本主义必须发展生产力，而生产力的发展必然形成一种国际经济体系，但这种体系所依靠的私人企业和各民族国家基地同生产力发展的世界性趋势是矛盾的"，这种矛盾状况"必将导致产生一种世界范围内的新的无政府状态"[1]。所以，世纪之交以来，就全球资本主义经济整体来看，车轮运转并不平稳，链条时紧时松，还经常掉链子。1997年泰国金融危机及引发的亚洲金融风暴，2007年美国金融危机及引发的世界经济动荡等，就是生产社会化同生产资料私人占有之间的矛盾在资本主义世界范围内蔓延的

---

① [巴西]多斯桑托斯：《帝国主义与依附》，杨衍永等译，社会科学文献出版社1999年版，第149页。

体现和结果。

（二）主要国家的经济危机和动荡往往会导致世界或地区性的经济危机和动荡

在经济全球化加速发展的时代，资本主义各国的经济关系愈益紧密，形成了牵一发而动全身的状态。一国的经济危机和动荡所带来的消极影响，大大超出国家的界限，消极后果也更加严重，很容易形成"多米诺骨牌效应"，引发区域性乃至世界性的经济危机和动荡。1997 年泰国金融危机引发了亚洲金融风暴，2007 年美国金融危机演变为全球金融危机，就是两个十分鲜明的例证。

从 1984 年 6 月开始，泰国实行钉住"一篮子货币"的汇率制度，篮子中的货币与权重分别为：美元 80%—82%；日元 11%—13%；西德马克 6%—8%。泰国中央银行每天公布中心汇率，浮动区间为中心汇率的 ±0.02%。在此制度安排下，泰铢对美元汇率长期维持在 25∶1 的水平上，成为实际上的钉住美元制度。[①]

1984—1995 年，美元对主要货币持续走弱，泰铢随之贬值，提高了泰国的出口竞争力。在此期间，泰国经济以每年 8% 左右的速度增长，令世界瞩目。1995 年，国际外汇市场出现逆转，美元对主要货币的汇率由贬转升，泰铢跟随美元大幅升值，对出口产生了严重的负面影响。1991—1995 年，泰国出口平均年增长率为 18.17%。1996 年，急剧下降为 0.1%。出口下降导致泰国经常项目逆差迅速扩大。20 世纪 90 年代初，泰国就出现了经常项目赤字，1995 年达到 162 亿美元，占 GDP 的 8.3%。[②]

为了弥补经常项目的巨额逆差，泰国政府一方面迅速开放资本市场，引入大量国外资本；另一方面大举借入外债。1992 年泰国外

[①] 参见王宇：《钉住制度如何酿成了泰国金融危机——亚洲金融危机 10 周年回望》，《中国发展观察》2007 年第 9 期。

[②] 参见王宇：《钉住制度如何酿成了泰国金融危机——亚洲金融危机 10 周年回望》，《中国发展观察》2007 年第 9 期。

债为 396 亿美元，1996 年增加到 930 亿美元，相当于 GDP 的 50%，平均每一个泰国人负担外债 1560 美元。[①] 大量外资流入房地产市场和股票市场。1996 年，泰国近 30% 的国外贷款和 80% 的外国直接投资投放到房地产和股票市场上。同时，泰国金融机构还通过国际借贷投资房地产市场和股票市场。1997 年前后，泰国各类金融机构对房地产市场的放贷占其放贷总额的 50% 左右，金融类股票占到泰国股票市场的 1/3。1993—1996 年，泰国住房贷款总额从 4700 亿泰铢增加到 7900 亿泰铢，房地产价格上涨了近 400%。[②] 1997 年年初，房地产市场和股票市场泡沫开始破灭。2 月，曼谷商业区的房屋价格开始下跌，跌幅达到 22%。受此影响，泰国股市 SET 指数也由 1996 年年初的 1300 点跌至 1997 年 6 月的 500 点，跌幅超过 60%。[③] 房地产市场和股票市场泡沫破灭的直接后果是商业银行不良资产急剧增加。1997 年 8 月，国际债信评价机构认为，泰国金融贷款中有 25% 无法付息，大量企业和银行无法清偿债务，尤其是外债。泰国商业银行不良资产急剧增加，摧毁了人们对泰国金融体系的信心，增加了市场对泰铢贬值的预期、加速了资本外逃。面对泰铢贬值的空前压力和国际投机者炒作的严重冲击，泰国政府于 1997 年年初展开了"泰铢保卫战"，泰国中央银行先后两次动用了 70 亿美元的外汇储备进行干预。虽然一度将泰铢对美元的汇率维持在 25∶1 的水平上，但到 6 月下旬，"泰铢保卫战"失败，泰铢对美元汇率猛跌至 28∶1，泰国股市也从年初的 1200 点下跌至 461 点。7 月 2 日，泰国中央银行不得不宣布放弃已经坚持 14 年之久的泰铢钉住美元的汇率制度，实行有管理的浮动汇率制度，当天

---

① 参见王宇：《钉住制度如何酿成了泰国金融危机——亚洲金融危机 10 周年回望》，《中国发展观察》2007 年第 9 期。

② 参见王宇：《钉住制度如何酿成了泰国金融危机——亚洲金融危机 10 周年回望》，《中国发展观察》2007 年第 9 期。

③ 参见王宇：《钉住制度如何酿成了泰国金融危机——亚洲金融危机 10 周年回望》，《中国发展观察》2007 年第 9 期。

泰铢对美元的汇率最低曾达到32.6∶1，贬值幅度高达30%以上。[1]

泰国金融危机不仅给泰国经济带来了巨大灾难，而且迅速蔓延到菲律宾、马来西亚、新加坡、韩国和印度尼西亚等整个东南亚地区，最终形成了震惊世界的亚洲金融危机，甚至波及到了欧洲、北美的一些国家。1997年7月至1998年1月，东南亚地区的货币贬值幅度达30%—50%，股市跌幅达30%—60%。据国际货币基金组织统计，亚洲金融危机爆发后的1998年，印度尼西亚经济增长率跌至 –13.7%、马来西亚跌至 –6.7%、韩国跌至 –5.8%、泰国跌至 –9.4%。仅在1997年，亚洲金融危机就给世界投资者造成了直接经济损失7000亿美元，为第一次世界大战经济损失的两倍多。[2]

在东亚地区，从第二次世界大战后的50、60年代开始，以日本和亚洲"四小龙"（韩国、新加坡、中国香港、中国台湾）为代表，经济增长迅速，相继进入了中高水平收入国家和地区的行列，人民生活改善明显，社会的教育、医疗、卫生等进步突出。东亚地区战后长时间的经济快速增长，曾经被举世公认为"东亚奇迹"。然而在这场突如其来的亚洲金融危机的冲击下，不仅经济的快速增长被中断了，而且也使得一些国家因经济萧条而出现了政局的混乱和动荡。

2007年，美国发生了由次贷危机引发的金融危机。由于美国是全球第一大经济体，美国和世界其他经济体在金融业及实体经济方面都存在着十分密切的联系，美国经济对世界经济自然有着举足轻重的影响作用。所以，发端于美国的金融危机如同"流感"一样四处蔓延，很快演变为席卷全球的金融危机和经济危机。它不仅使美国的金融业和实体经济遭受了20世纪20年代末30年代初的"大

---

① 参见王宇：《钉住制度如何酿成了泰国金融危机——亚洲金融危机10周年回望》，《中国发展观察》2007年第9期。

② 参见王宇：《钉住制度如何酿成了泰国金融危机——亚洲金融危机10周年回望》，《中国发展观察》2007年第9期。

萧条"以来最为严重的冲击,也使世界经济发展遭受了严重的挫折,逆转了世纪之交世界经济增长的强劲势头。

首先,美国金融危机在世界主要金融市场和金融系统内传播蔓延,引发了全球性金融动荡和信贷萎缩。从 2002 年到 2006 年,美国住房市场持续火暴,放贷机构在借出"次贷"后,将其"卖给"房利美和房地美这样的机构,后者再将购买来的"次贷"打包成一种证券化的投资产品,卖给全世界的投资者,致使"有毒资产"在全球金融系统内扩散和泛滥。当美国住房市场泡沫破裂后,不仅美国金融机构陷入困境,所有购买这类投资产品的外国金融机构均遭到重创。英国、瑞士、德国、冰岛、荷兰、比利时均有重量级银行在危机中蒙受巨大损失。汇丰银行控股集团、瑞银集团、瑞士信贷银行集团、德意志银行、苏格兰皇家银行、富通银行……一大批欧洲金融机构均因所持美国"次贷支持证券"价值严重缩水而出现巨额亏损甚至破产。一些金融机构为避免出现更大损失,纷纷提高放贷标准,这又引发了信贷危机,导致信贷萎缩。"诺贝尔经济学奖得主、美国经济学家约瑟夫·施蒂格利茨撰文指出,由于全球化的发展,华尔街可以把自己的有毒资产出售到世界各地。他还说,在美国'次贷支持证券'中,大约一半为外国投资者所持有,而这恰恰是美国次贷危机演变成一场全球性危机的重要原因。"[①]

其次,美国金融危机在世界主要经济体的实体经济中蔓延,使全球实体经济遭受破坏和衰退。美国经济在世界经济中举足轻重的影响力突出表现在贸易和投资方面。就贸易方面看,2007 年美国年经济总量约为 13.75 万亿美元,出口总额约为 1.3 万亿美元,进口总额约为 2.1 万亿美元。从 2007 年第三季度到 2008 年第四季度,受金融危机影响,美国进口连续 5 个季度按年率计算出现下降,其中 2008 年第四季度降幅达到 16.0%。[②] 美国需求急剧下降,进口大

---

① 明金维:《美国金融危机缘何殃及全球》,《半月谈》2009 年第 3 期。
② 参见明金维:《美国金融危机缘何殃及全球》,《半月谈》2009 年第 3 期。

幅度减少，直接对中国、日本、韩国、加拿大、墨西哥等主要贸易伙伴的出口造成冲击。日本经济尤其陷入严重衰退。就投资方面看，来自美国、欧盟和日本的投资长期以来是推动不少新兴和发展中经济体经济增长的重要因素。由于金融危机爆发后，美国金融机构以及其他主要金融机构纷纷从国外抽回资金以应对国内的困局，结果造成不少发展中经济体股市和本地货币汇率双双大幅下挫。据估计，2008年从新兴经济体外流的资金达到483亿美元，其中一半是从亚洲新兴经济体流出的。[①] 美国等发达经济体的需求和投资全面下降，必然使新兴和发展中经济体因资金外流的巨大压力而衰退。金融危机爆发后，从北欧小国冰岛到俄罗斯，再到亚洲的韩国，不少国家股市暴跌，本国货币汇率大幅下挫。

1997年泰国金融危机引发的亚洲金融危机和2007年美国金融危机演变的全球金融危机和经济危机，究其根源，毫无疑问是资本主义生产方式基本矛盾所致。而经济全球化趋势和垄断资本跨国化趋势的加速发展，导致资本主义生产方式基本矛盾的日益跨国化，也增加了资本主义在更大范围乃至全球范围发生危机的可能性。

（三）当代资本主义世界经济体系发展迅速、日趋完备但也是矛盾重重的体系

一般认为，资本主义世界体系形成于19世纪末20世纪初期，不过那时世界上的绝大多数国家是少数资本主义列强的殖民地和半殖民地，资本主义世界体系主要体现为一个世界殖民体系，广大殖民地半殖民地的经济虽然被卷入世界经济中，或者说具有一定的世界性，但基本上属于附属经济的性质，仍然外在于资本主义生产方式。第二次世界大战后，殖民主义体系瓦解，广大发展中国家的经济以新的身份加入到世界经济之中。发达资本主义国家经济的全球扩张，产业大规模跨国运营，资本国际循环全面展开，资本

---

① 参见明金维：《美国金融危机缘何殃及全球》，《半月谈》2009年第3期。

主义生产方式的世界性开始真正体现，当代资本主义世界经济体系开始形成。

当代资本主义世界经济体系是伴随着国际分工、国际贸易、世界货币、世界市场的深化和深入发展而迅速发展的。经济全球化趋势的加速发展则进一步推动了当代资本主义世界经济体系的发展。

就国际分工来看，第二次世界大战以后，发展中国家迅速崛起，其社会生产成为了世界生产的组成部分；第三次科技革命突飞猛进不仅提高了产品生产能力，而且使产品生产工艺更加复杂化、产品技术和质量要求更加严格；跨国公司迅速发展不仅增加了世界经济的行为主体，而且促进了世界范围内资源的优化配置，并把不同国家企业的生产经营活动纳入其内部管理活动中。这一切使国际分工大大地得到了深化：自19世纪以来形成的以工业部门和原材料部门分工为特征的部门间国际分工，转向了以各个产业部门内部分工为特征的新的国际分工，即由于产品及其零部件生产的专业化，导致了同一产业部门内部在国际范围内的专业化分工协作；在跨国公司的作用下，国际间的经济联系空前加强，出现了垂直分工、水平分工和混合分工等分工形态的并存发展。当代国际分工体系已经是一个包含不同部门之间、不同产业之间、不同产品之间以及不同工序之间分工的多层次的国际分工体系。

就国际贸易来看，第二次世界大战后以来的发展具有许多新的特点和趋势：发展迅速、规模空前。主要体现为国际贸易额的增长速度始终超过世界生产总量的增长速度，世界出口额占世界国民生产总值的比重越来越大；商品结构发生明显变化。工业制成品的比重超过了初级产品的比重，而且继续增大；技术密集型商品贸易快速增长。劳动密集型和资本密集型商品的比重下降，技术密集型特别是尖端技术产品的比重增长最快；技术贸易凸显。由于科学技术在经济和社会发展中的作用是决定性的，因此技术贸易的发展格外迅速；商品品种越来越多样化。新材料、新技术不仅使商品种类不断增多，而且趋于高级化、优质化和综合化、整体化；出现了新的贸易方式。如租赁贸易，其特点是出租人根据合同购买承租人所需要的商品，出租给承租人使用并吸取租金。出租的物品包括飞机、船舶、车辆、计算机、机电设备乃至机场、港口设施和工厂成套设备等。国际贸易格局发生变化。技术密集型产品贸易比重迅速上升、发达国家之间的贸易成为世界贸易的主要部分、产业内贸易迅速发展，同一产业内既有出口又有进口的现象大量发生、跨国公司内部贸易成为主要工业国贸易总量的主要组成部分。

就世界货币来看，世界货币作为价值尺度、国际支付手段、国际购买手段和财富的国际转移手段，随着第二次世界大战后国际贸易的迅速增长也发生了新的变化，国际货币体系发展变化尤其明显。1945 年 12 月，在美国主导下召开了布雷顿森林国际金融会议，通过了《布雷顿森林协定》，建立了以美元为中心的国际货币体系，并正式成立了国际货币基金组织和世界银行，从此，国际货币体系开始了新的发展时期。布雷顿森林体系以黄金为基础，以美元作为最主要的国际储备货币，美元直接与黄金挂钩，各国货币则与美元挂钩，美元与黄金可按 35 美元一盎司的官价自由兑换。美元可以兑换黄金、各国货币与美元之间实行固定汇率，是这一货币体系的两大支柱，国际货币基金组织是维持这一体系正常运转的中心机构，负责监督国际汇率、提供国际信贷、协调国际货币。布雷顿森林体系促进了资本主义国家战后经济和世界贸易以及国际金融的恢复和发展。20 世纪 60 年代末 70 年代初，随着主要资本主义国家以及苏联国民经济的恢复和迅速发展，美国经济走向相对衰落，一些主要国家的货币地位在世界经济中逐渐上升，并相继发挥作用，对美元构成了一定的挑战。经过 1971 年、1973 年美元两度贬值以后，各国货币对美元的固定汇率制被浮动汇率制取代，布雷顿森林体系崩溃。国际货币基金组织（IMF）理事会于 1972 年 7 月成立"国际货币制度临时委员会"，酝酿和研究国际货币制度的改革问题。这一专门委员会于 1974 年 6 月提交了"国际货币体系改革纲要",对黄金、汇率、储备资产、国际收支调节等问题提出了一些原则性的建议,奠定了国际货币制度改革的基础。1976 年 1 月,"国际货币制度临时委员会"在牙买加首都金斯敦举行国际货币会议,讨论了国际货币基金协定的条款,通过了"牙买加协议"。同年 4 月,国际货币基金组织理事会通过了《IMF 协定第二修正案》,从而诞生了新的国际货币体系——牙买加体系。牙买加体系也并非是理想的国际货币制度,仍存在着一些缺陷,有待于进一步改革和完善,但牙买加体系对于维持国际经济秩序运转、推动世界经济发展发挥了积极的作用。

就世界市场来看,作为世界各国进行商品和劳务交换的场所、通过国际分工联系起来的各国市场以及各国之间市场的总和,世界市场的内涵是国际商品经济关系和商品交换背后的生产者之间的关系。世界市场的形成是以各国国内市场的形成为前提的,只有各国国内市场发展到一定程度,商品交换突破民族国家界限而扩大到世界范围,世界市场才能真正形成。世界市场是以民族国家为媒介并超越民族国家界限而形成的商品交换关系的反映。世界市场的萌芽大约在 15 世纪就出现了,但只是到了 18 世纪中叶以后才有了迅速的发展,那时英国等欧洲资本主义先进国家先后进行了产业革命——以蒸汽动力为基本标志的第一次科技革命,建立起了机器大工业,商品生产能力迅速增强、商品数量急剧增多,国际贸易成为经济活动中不可缺少的组成部分,要求海外市场急剧扩张。19 世纪末 20 世纪初,主要资本主义国家发生了以电力为基本标志的第二次科技革命。这次科技革命,一方面促进了工农业生产迅速增长和交通运输业发生了革命性的变革,尤其是交通运输业的革命,成为世界经济和世界市场发展的主要推动力,大大改变了欧洲经济和世界经济的面貌;另一方面推动了资本主义生产关系由自由竞争向垄断阶段的过渡,资本输出急剧扩大并与商品输出相结合,世界范围的生产能力和商品流通得到进一步加强，世界各国从经济上普遍地互相联结起来，一个统一的世界市场在世界历史上第一次得以实现。从第二次世界大战以后的 20 世纪 50 年代开始，主要资本主义国家发生了以原子能技术、航天技术以及微电子技术应用为基本标志的第三次科技革命。这次科技革命伴随着 20 世纪末经济全球化趋势的加速发展，使生产社会化和国际化达到了前所未有的程度，越来越多的国家和地区被纳入到国际贸易活动和世界市场之中。

国际分工、国际贸易、世界货币、世界市场在形成过程中，相互促进、相互作用，共同推动了资本主义世界经济体系的形成。当代资本主义世界经济体系使各国各地区的经济联结成为一个纵横交错、密如蛛网的大网络，覆盖和笼罩着地球的各个角落。而且，国际货币基金组织、世界银行、关税及贸易总协定（1995 年后为"世界贸易组织"），以及发达国家主导的欧洲联盟、北美自由贸易区、亚太经济合作组织等区域性经济组织或国家集团，在当代资本主义世界经济体系的运行中发挥着重要的约束和协调作用。无疑，适应当代资本主义经济发展的需要，当代资本主义世界经济体系的发展不仅是十分迅速的，而且也是一个日趋完备的体系。

然而，不能不指出，当代资本主义世界经济体系却也是一个充满矛盾的体系，"其中交织着各种矛盾：发达国家与发展中国家的矛盾，发达国家之间的矛盾，发展中国家之间的矛盾，各国家集团之间的矛盾，各跨国公司之间的矛盾，世界生产的扩大与世界市场有限的矛盾，跨国公司内部、各国内部生产的有组织、有计划与世界生产少组织、无计划之间的矛盾"①。关于当代资本主义世界经济体系中的矛盾，我们在前面已经对跨国公司内部、各国内部生产的有组织、有计划与世界生产少组织、无计划之间的矛盾做了简要的分析，指出这一矛盾是马克思主义揭示的资本主义生产方式的基本

① 严书翰、胡振良：《当代资本主义研究》，中共中央党校出版社 2004 年版，第244 页。

171

矛盾——生产社会化同生产资料私人占有之间的矛盾——在当代世界资本主义经济中的体现是在资本主义世界范围内的蔓延，并认为它依然是资本主义一切矛盾的总根源。我们看到，这一矛盾的作用和影响也依然是十分突出的。此外，我们要指出，发达国家与发展中国家的矛盾，发达国家之间的矛盾，发展中国家之间的矛盾，各国家集团之间的矛盾，各跨国公司之间的矛盾，都是比较明显的，有的还十分尖锐。

例如，在资本主义体系内部，少数发达国家与广大发展中国家之间的利益冲突和对立就十分尖锐，也就是我们通常说的南北矛盾，在世界范围内十分严重。其直接的表现就是南北发展差距和贫富差距巨大，而且存在着继续扩大的趋势。这是有目共睹的事实。而其背后的根源是，少数发达国家千方百计地企图保留过去的那种在殖民地的特权，继续通过商品输出、资本输出从发展中国家攫取高额利润，同时也将自己面临的危机和困难转嫁给发展中国家。而且，为了达到目的，还广泛地采用新殖民主义的各种手法，包括大肆进行政治上的渗透，极力兜售自己的经济政治主张和价值观念。第二次世界大战结束以来的世界资本主义经济发展的历史表明，在少数发达国家为主导的世界经济体系内，广大发展中国家的发展是十分艰难的，是付出了巨大代价的，也是很难实现实质性的发展的。只要世界资本主义体系不改变，马克思主义揭示的资本运动必然带来财富在一极积累，而贫困在另一极积累的规律，就会在现实世界中继续显示出来，南北矛盾就不可能得到真正解决。

再如，在资本主义体系内部，发达国家之间的矛盾不仅依然存在，而且有时也十分尖锐。从表面上来看，第二次世界大战以后，发达国家之间的矛盾不仅大大缓和了，而且还加强了合作和联合，通过西方七国首脑会议这样的机构经常协商对策、化解分歧。但它们为了争夺世界市场和资源，相互之间的明争暗斗也始终存在。从第二次世界大战后的20世纪50年代中末期开始，美国同日本之间、美国同欧洲强国之间的经济矛盾就始终没有停止过。20世纪60—80年代，美国日本之间的激烈的贸易战，世纪之交以来美国、欧盟之间严重的贸易摩擦等，始终此起彼伏。这说明，尽管经济全球化趋势增大了发达国家之间的相互依存度，增加了相互之间的共同利益，但它们各自的民族国家利益和本国垄断资本的利益仍然高于它们的共同利益。只要世界资本主义体系不改变，只要发达资本主义国家的性质不改变，马克思主义所揭示的资本主义经济政治发展不平衡规律，就会继续发挥作用，他们之间的关系就依然是矛盾和利益同在的关系，斗争与协调并存的关系。

又如，从当代资本主义世界经济体系来看，虽然随着经济全球化趋势加速发展，世界市场把所有国家都卷进了世界经济体系，但就这个体系的结构来说，依然呈现着"中心——外围"的层级结构。在这个层级结构中，处于中心位置的仅是20多个发达国家，处于边缘或半边缘的，都是欠发达或不发达国家。具有强大实力的发达资本主义国家是体系的核心力量，处于支配地位，主导着世界经济"游戏规则"的制定和国际经济秩序的确立，而实力弱小的发展中国家则处于"依附"或"附属"的地位，受人家的支配和摆布；就这个体系的特点来说，依然是利益关系不平等的体系。由于发达国家占有世界经济总量的4/5，占有世界贸易总额的3/4，占有资本输出的绝大部分，劳动生产率水平和经济实力占绝对优势，因此攫取了经济全球化的最大"红利"。发达国家凭借在资本、技术、信息等方面的垄断优势，通过国际间产品、技术、资金、劳动力、信息的不平等交换及剩余价值的转移，获取巨额利润，发展中国家成为发达国家资本积累的对象。发达国家向发展中国家出口电子产品、机器设备、精密仪器、民用飞机、汽车以及高级耐用消费品，是具有高附加值的产品，发展中国家向发达国家输出的主要是原油、农矿原料以及其他初级产品，是低附加值的产品。高附加值产品与低附加值产品之间的价格"剪刀差"一直在扩大，发展中家的贸易条件也因此在不断恶化；发达国家利用发展中国家资金短缺的困难进行的重利贷款和债务盘剥，使发展中国家背上了债务危机的沉重包袱；发达国家还利用科学技术上的绝对优势和发展中国家对其技术上的依赖、利用技术、信息垄断等手段从发展中国家攫取了巨额财富。世界经济体系的这种结构和特点，也是南北差距扩大、矛盾加剧的重要原因。

总之，在经济全球化趋势加速发展的条件下，"跨国化"的确是当代资本主义经济新变化中的突出特点，或者说"跨国化"构成了当代资本主义经济发展的一个显著特征。资本主义垄断的跨国化，是资本主义生产力发展的客观要求，或者说适应了资本主义生产力发展的需要，表明当代资本主义生产方式还没有到达其发展历史的尽头，还能在制度范围内进行自我调节，也还能继续容纳生产力的扩张。但是，资本主义垄断的跨国化，没有改变资本主义生产方式的本质，阶级关系的跨国化和资本主义矛盾的跨国化却使资本主义生产方式的矛盾在更大范围内发展和体现了出来。资本主义生产方式的各种矛盾在更大范围的存在和相互交织，不仅决定了当代资本主义经济依然处于飘忽不定之中，难以实现良性循环和可持续发展，而且也在更大范围内呼唤着新的更高级的生产方式——能够实现良性循环和可持续发展的世界社会主义的生产方式——的诞生。

第五章
社会主义仍是人类社会历史发展的大趋势

以 1848 年马克思和恩格斯发表《共产党宣言》为主要标志，科学社会主义理论在人类思想史上诞生，迄今已有一百六十多年的历史了；以 1917 年俄国十月革命成功、建立世界上第一个社会主义国家苏维埃俄国为标志，社会主义社会和制度在人类社会发展史上诞生，迄今也有九十余年的历史了。自科学社会主义理论与实践诞生以来，在以科学技术进步为基础的人类生产力发展的推动下，人类社会的全球化趋势达到了前所未有的程度，人类社会生活的各个方面发生了前所未有的变化。这期间，世界社会主义理论与实践经历了重大的考验和严重挫折，也取得了巨大的成就和新的发展。

社会主义理论从作为一个在欧洲游荡的"幽灵"开始，就遭到资产者阶级以及一切反动势力的诽谤；社会主义运动从巴黎工人阶级尝试建立无产阶级政权开始，就遭到资产者阶级武装的血腥镇压；社会主义制度从第一个社会主义国家苏维埃俄国诞生开始，就遭到帝国主义列强的绞杀与遏制。20 世纪末期以来，以东欧剧变、苏联解体为标志，世界社会主义遭遇了重大的挫折和危机，社会主义的"历史合法性"又一次遭到来自四面八方的诋毁和质疑。在反社会主义力量的营垒中，"历史终结"论[①]一时甚嚣尘上，

---

① 日裔美国学者弗朗西斯·福山（Francis Fukuyama）于 1989 年夏在美国《国家利益》杂志上发表了《历史的终结？》一文，认为西方国家实行的自由民主制度也许是"人类意识形态发展的终结点"和"人类最后一种统治形式"，并因此构成了"历史的终结"。他认为，社会主义是人类社会进程中处于资本主义之前的阶段，苏联解体意味着社会主义历史的终结和资本主义获得了全面的胜利。1992 年，他又出版了《历史

在社会主义力量的营垒中，悲观失望的情绪也一时广为弥漫。因此，社会主义理论与实践的发展现状、前途命运在世界范围内广为关注。

与反社会主义力量营垒中的"历史终结"者们及其看法不同，与社会主义力量营垒中的"悲观失望"者们及其情绪不同，坚定的马克思主义者冷静地对待了苏联东欧发生的这场历史剧变，始终不渝地坚信着世界历史发展的社会主义必然性，并与时俱进地推进着社会主义的理论与实践。之所以如此，既不是因为他们的社会主义"头脑"顽固不化，也不是因为他们的社会主义"感情"难以割舍，而是因为人类社会发展的现实表明：世界社会主义仍然代表着人类社会历史发展的大趋势；充满矛盾的资本主义的根本出路仍然是社会主义；新社会的因素在当代资本主义社会中已经大量存在；全球性问题的涌现及其解决日益呼唤着世界社会主义；继续发展的现实社会主义显示了无限的生机与活力。

一、充满矛盾的资本主义的根本出路仍然是社会主义

我们知道，科学社会主义学说是作为"关于无产阶级解放的条件的学说"[①] 而问世的，以在人类社会铲除阶级剥削和阶级对立为根本追求；科学社会主义（共产主义）社会方案是作为理想的社会方案问世的，以替代资本主义社会为根本目的。

这里讲的是科学社会主义。在社会主义思想史上，始终存在各种社会主义思想流派，而且在科学社会主义思想产生之前很久，就产生了空想社会主义思想。因此，强调科学社会主义思想与各种社会主义思想流派的区别，特别是强调科学社会主义思想与空想社会

的终结和最后的人》一书，宣称自由与民主的理念已经无可匹敌，人类社会历史的演进过程已经走向完成。目前的世界形势不只是冷战的结束，也是意识形态进化的重点。西方的自由与民主是人类政治的最佳选择，也是最后的形式。

①《马克思恩格斯文集》第1卷，人民出版社 2009 年版，第 676 页。

主义思想的区别，是非常重要的。

在科学社会主义思想产生之前，虽然社会主义思想早在 16 世纪就已经出现了，但那时的社会主义思想属于空想社会主义思想形态和范畴。由于直到 19 世纪初期，代表先进生产力的大工业仍处于刚刚兴起阶段，资本主义生产方式以及随之而来的资产阶级和无产阶级之间的对立和斗争还很不发展，空想社会主义理论还是不成熟的理论。这种"不成熟的理论，是同不成熟的资本主义生产状况、不成熟的阶级状况相适应的。解决社会问题的办法还隐藏在不发达的经济关系中，所以只有从头脑中产生出来。社会所表现出来的只是弊病，消除这些弊病是思维着的理性的任务。于是，就需要发明一套新的更完善的社会制度，并且通过宣传，可能时通过典型示范，从外面强加于社会。这种新的社会制度是一开始就注定要成为空想的，它越是制定得详尽周密，就越是要陷入纯粹的幻想"[①]。

相反，科学社会主义思想同空想社会主义思想则有着根本的区别。科学社会主义思想不是脱离现实社会的主观臆造，而是深深地植根于现实社会的科学理论。大约在 19 世纪中叶，大工业有了比较迅速的发展，数千人规模的资本主义企业已经出现；资本主义生产方式已经相对成熟，其内在矛盾的根源与发展趋势已经开始显露；无产阶级已从自在的阶级发展成自为的阶级。"欧洲三大工人运动"[②]标志着无产阶级与资产阶级的对立和斗争达到了新的水平；作为科学社会主义思想创始人的马克思和恩格斯完成了从唯心主义向辩证唯物主义和历史唯物主义、从革命民主主义向科学共产主义世界观的转变。由于科学社会主义思想产生的历史条件已经基本具备，所以，马克思和恩格斯不再像空想社会主义者那样在头脑中构想解决社会问题的办法，不是"教条式地预料未来"的社会，而是

177

---

① 《马克思恩格斯文集》第 3 卷，人民出版社 2009 年版，第 528—529 页。
② 即 1831 年和 1834 年的法国里昂工人起义、1836 年开始的英国宪章运动和 1844 年德意志西里西亚纺织工人起义。

"在批判旧世界中发现新世界"①。

马克思和恩格斯于1848年在《共产党宣言》中就明确地申明："共产党人的理论原理，决不是以这个或那个世界改革家所发明或发现的思想、原则为根据的。""这些原理不过是现存的阶级斗争、我们眼前的历史运动的真实关系的一般表述。"②恩格斯后来在写于1879年12月—1880年4月底的《社会主义从空想到科学的发展》中也明确地指出："现代社会主义，就其内容来说，首先是对现代社会中普遍存在的有财产者和无财产者之间、资本家和雇佣工人之间的阶级对立以及生产中普遍存在的无政府状态这两个方面进行考察的结果。"③这就告诉我们，科学社会主义的产生是直接源于资本主义社会中的阶级对立和生产无政府状态这两大弊端的。"社会主义现在已经不再被看做某个天才头脑的偶然发现，而被看做两个历史地产生的阶级即无产阶级和资产阶级之间斗争的必然产物。它的任务不再是构想出一个尽可能完善的社会制度，而是研究必然产生这两个阶级及其相互斗争的那种历史的经济的过程；并在由此造成的经济状况中找出解决冲突的手段。"④

马克思和恩格斯是如何在批判旧世界中发现新世界的呢？是怎样考察资本主义社会中的阶级对立以及社会生产的无政府状态的呢？是怎样研究资本主义的经济过程并找出解决冲突的手段的呢？

马克思和恩格斯是在透彻地分析了资本主义生产方式后，发现了蕴涵其中的问题并揭示其内在运行规律的。他们指出，资产阶级借助于蒸汽和新的工具机建立了现代大工业以后，社会生产力以前所未有的速度向前发展，但同时却与生产资料的资本家私人占有形式之间形成了矛盾："大工业得到比较充分的发展时就同资本主义

① 《马克思恩格斯全集》第1卷，人民出版社1956年版，第416页。
② 《马克思恩格斯文集》第2卷，人民出版社2009年版，第44—45页。
③ 《马克思恩格斯文集》第3卷，人民出版社2009年版，第523页。
④ 《马克思恩格斯文集》第3卷，人民出版社2009年版，第545页。

生产方式对它的种种限制发生冲突了。新的生产力已经超过了这种生产力的资产阶级利用形式；生产力和生产方式之间的这种冲突，并不是像人的原罪和神的正义的冲突那样产生于人的头脑中，而是存在于事实中，客观地、在我们之外、甚至不依赖于引起这种冲突的那些人的意志或行动而存在着。现代社会主义不过是这种实际冲突在思想上的反映，是它在头脑中，首先是在那个直接吃到它的苦头的阶级即工人阶级的头脑中的观念上的反映。"[1] 随着生产规模的扩大和社会分工的发展，生产从而愈益社会化，然而生产的产品已经不归那些真正使用生产资料和真正生产生产品的人占有，而是归资本家占有。结果，愈益社会化的生产与生产力的资产阶级利用形式的冲突也就愈益明显和尖锐。而且，"新的生产方式越是在一切有决定意义的生产部门和一切在经济上起决定作用的国家里占统治地位，并从而把个体生产排挤到无足轻重的残余地位，**社会化生产和资本主义占有的不相容性，也必然越加鲜明地表现出来**"[2]。具体来说，一方面，"**社会化生产和资本主义占有之间的矛盾表现为无产阶级和资产阶级的对立**"，另一方面，表现为"**个别工厂中生产的组织性和整个社会中生产的无政府状态之间的对立**"[3]。这就是资本主义生产方式的基本矛盾及其表现形式，而且它们是与资本主义生产方式与生俱来的。资本主义生产方式就在它生而具有的矛盾的这两种表现形式中运动着。由于愈益社会化的生产与生产力的资产阶级利用形式之间的冲突，"在把资本主义生产方式本身炸毁以前不能使矛盾得到解决，所以它就成为周期性的了"，资本主义危机也就成为了一种"恶性循环"[4] 不可避免地一再发生。"在危机中，社会化生产和资本主义占有之间的矛盾剧烈地爆发出来。商品流通

---

①《马克思恩格斯文集》第 3 卷，人民出版社 2009 年版，第 548 页。
②《马克思恩格斯文集》第 3 卷，人民出版社 2009 年版，第 551 页。
③《马克思恩格斯文集》第 3 卷，人民出版社 2009 年版，第 551、554 页。
④《马克思恩格斯文集》第 3 卷，人民出版社 2009 年版，第 556 页。

暂时停顿下来；流通手段即货币成为流通的障碍；商品生产和商品流通的一切规律都颠倒过来了。经济的冲突达到了顶点：**生产方式起来反对交换方式**。"①

他们指出："工厂内部的生产的社会化组织，已经发展到同存在于它之旁并凌驾于它之上的社会中的生产无政府状态不能相容的地步"，"因此，一方面，资本主义生产方式暴露出它没有能力继续驾驭这种生产力。另一方面，这种生产力本身以日益增长的威力要求消除这种矛盾，要求摆脱它作为资本的那种属性，要求**在事实上承认它作为社会生产力的那种性质**。"而由于生产力随着科学技术的进步和生产规模的扩大不断发展，对它的资本属性的这种反作用力就猛烈地增长，要求承认生产力的社会本性的这种压力也日益增长，也就"迫使资本家阶级本身在资本关系内部可能的限度内，越来越把生产力当做社会生产力看待"②。于是，资本家阶级对生产资料不得不采取某种社会化的形式，如若干资本组建"股份公司"，尤其是同一工业部门的大生产者联合为"托拉斯"。由于托拉斯是以调节生产为目的的联盟，自由竞争转变为垄断，生产力的社会化程度也提高了，在托拉斯中就出现了"资本主义社会的无计划生产向行将到来的社会主义社会的计划生产投降"③的趋向。随着生产力要求承认其社会本性的这种压力的日益增长，以至于"资本主义社会的正式代表——国家终究不得④承担起对生产的管理"⑤。他们认为，生产力的社会本性不可阻挡地要求被承认，生产关系必须适应生产力发展的需要，这就是资本主义生产发展的历史必然性。"正像以往小生产由于自身的发展而必然造成消灭自身，即剥夺小

①《马克思恩格斯文集》第 3 卷，人民出版社 2009 年版，第 556—557 页。
②《马克思恩格斯文集》第 3 卷，人民出版社 2009 年版，第 557 页。
③《马克思恩格斯文集》第 3 卷，人民出版社 2009 年版，第 558 页。
④《马克思恩格斯文集》第 3 卷，人民出版社 2009 年版，第 558 页。恩格斯此处做一注释，解释了"不得不"，见原文。
⑤《马克思恩格斯文集》第 3 卷，人民出版社 2009 年版，第 558 页。

私有者的条件一样，现在资产阶级生产方式也自己造成使自己必然走向灭亡的物质条件。"①

也就是说，生产力不仅不断地扩大而且愈益社会化的同时，也愈益要求承认其社会本性，这是一种客观的必然要求，迫使资本家阶级在不改变资本主义生产关系的前提下不得不采取一定的生产资料社会化的占有方式，并设法实行生产的有计划以克服生产无计划的弊端。换句话说，社会的生产和资本主义占有的不相容性，也即资本主义生产方式的基本矛盾导致资本主义生产方式不可避免地最终要让位于社会主义生产方式。由社会占有生产资料、实行有计划的生产，即在生产力发展的推动下，生产方式向社会主义生产方式发展，是资本主义生产方式的内在必然性，是一种不以人的意志为转移的发展趋势。

他们指出：资本主义生产方式的内在冲突与发展趋势已经"包含着解决冲突的形式上的手段，解决冲突的线索"②，这"只能是在事实上承认现代生产力的社会本性，因而也就是使生产、占有和交换的方式同生产资料的社会性质相适应。而要实现这一点，只有由社会公开地和直接地占有已经发展到除了适于社会管理之外不适于任何其他管理的生产力"。"而随着社会占有生产力，这种社会性质就将为生产者完全自觉地运用"③，而不再是生产者被迫地、不得不把生产力当做社会生产力来看待。或者说，到了生产者自觉认识到了生产力的本性的时候，生产力自身的强大力量就会服从生产者的意志和目的，而不再"起着盲目的、强制的和破坏的作用"。④"当人们按照今天的生产力终于被认识了本性来对待这种生产力的时候，社会的生产无政府状态就让位于按照社会总体和每个

291

----

① 《马克思恩格斯文集》第9卷，人民出版社2009年版，第141页。
② 《马克思恩格斯文集》第3卷，人民出版社2009年版，第560页。
③ 《马克思恩格斯文集》第3卷，人民出版社2009年版，第560页。
④ 《马克思恩格斯文集》第3卷，人民出版社2009年版，第560页。

成员的需要对生产进行的社会的有计划的调节。那时，资本主义的占有方式，即产品起初奴役生产者而后又奴役占有者的占有方式，就让位于那种以现代生产资料的本性为基础的产品占有方式：一方面由社会直接占有，作为维持和扩大生产的资料，另一方面由个人直接占有，作为生活资料和享受资料。"①在《共产主义原理》中，恩格斯曾指出："大工业使建立一个全新的社会组织成为绝对必要的，在这个全新的社会组织里，工业生产将不是由相互竞争的单个的厂主来领导，而是由整个社会按照确定的计划和所有人的需要来领导。"②他还说，大工业使建立新的社会制度成为可能，"这种新的社会制度首先必须剥夺相互竞争的个人对工业和一切生产部门的经营权，而代之以所有这些生产部门由整个社会来经营，就是说，为了共同的利益、按照共同的计划、在社会全体成员的参加下来经营。……因此私有制也必须废除，而代之以共同使用全部生产工具和按照共同的协议来分配全部产品，即所谓财产公有"③。

他们指出，"生产资料的扩张力撑破了资本主义生产方式所加给它的桎梏"不仅迟早将会发生，而且变生产资料由资本家阶级私人占有为由社会占有是一个伟大的社会变革。因为"把生产资料从这种桎梏下解放出来，是生产力不断地加速发展的唯一先决条件，因而也是生产本身实际上无限增长的唯一先决条件。但是还不止于此。生产资料的社会占有，不仅会消除生产的现存的人为障碍，而且还会消除生产力和产品的有形的浪费和破坏，这种浪费和破坏在目前是生产的无法摆脱的伴侣，并且在危机时期达到顶点。此外，这种占有还由于消除了现在的统治阶级及其政治代表的穷奢极欲的挥霍而为全社会节省出大量的生产资料和产品。通过社会化生产，不仅可能保证一切社会成员有富足的和一天比一天充裕的物质生

---

① 《马克思恩格斯文集》第3卷，人民出版社2009年版，第560—561页。
② 《马克思恩格斯文集》第1卷，人民出版社2009年版，第682—683页。
③ 《马克思恩格斯文集》第1卷，人民出版社2009年版，第683页。

活，而且还可能保证他们的体力和智力获得充分的自由的发展和运用，这种可能性现在第一次出现了"①。经过这一伟大的社会变革，人类社会将获得新的前所未有的强大的发展动力，人类社会将进入一个全新的无比美好的社会："一旦社会占有了生产资料，商品生产就将被消除，而产品对生产者的统治也将随之消除。社会生产内部的无政府状态将为有计划的自觉的组织所代替。个体生存斗争停止了。于是，人在一定意义上才最终地脱离了动物界，从动物的生存条件进入真正人的生存条件。人们周围的、至今统治着人们的生活条件，现在受人们的支配和控制，人们第一次成为自然界的自觉的和真正的主人，因为他们已经成为自身的社会结合的主人了。人们自己的社会行动的规律，这些一直作为异己的、支配着人们的自然规律而同人们相对立的规律，那时就将被人们熟练地运用，因而将听从人们的支配。人们自身的社会结合一直是作为自然界和历史强加于他们的东西而同他们相对立的，现在则变成他们自己的自由行动了。至今一直统治着历史的客观的异己的力量，现在处于人们自己的控制之下了。只是从这时起，人们才完全自觉地自己创造自己的历史；只是从这时起，由人们使之起作用的社会原因才大部分并且越来越多地达到他们所预期的结果。这是人类从必然王国进入自由王国的飞跃。"②

正因为由社会占有生产资料是资本主义生产方式发展的历史必然，正因为由社会占有生产资料可以打破束缚生产力发展的桎梏、还原生产力的社会本性，正因为由社会占有生产资料可以实现社会生产有计划地进行，消除资本主义竞争、危机和浪费及其给人带来的苦难，正因为由社会占有生产资料可以使劳动变成人类自身全面发展的手段，消除私有制下的劳动异化现象，正因为由社会占有生产资料可以使人类真正成为社会的主人，使人类能自觉地认识和利

---

①《马克思恩格斯文集》第3卷，人民出版社2009年版，第563—564页。
②《马克思恩格斯文集》第3卷，人民出版社2009年版，第564—565页。

用社会与自然发展规律，正因为由社会占有生产资料是人类实现从必然王国进入自由王国的飞跃的社会历史条件，所以，科学社会主义视实行生产资料公有制为解决资本主义生产方式基本矛盾的根本出路，视生产资料公有制为社会主义新社会同资本主义旧社会相区别的重要特征，视生产资料公有制为未来新社会生产关系的核心和本质体现。也正因为如此，科学社会主义创始人特别看重生产资料所有制问题。马克思和恩格斯在通过《共产党宣言》第一次向全世界公开说明共产党人"自己的观点、自己的目的、自己的意图"①的时候，就用十分简明的话语宣告："共产党人可以把自己的理论概括为一句话：消灭私有制。"②1895年，晚年的恩格斯在《卡·马克思〈1848年至1850年的法兰西阶级斗争〉一书导言》中，还在特别强调"生产资料归社会所有"的主张，他说："使本书具有特别重大意义的是，在这里第一次提出了世界各国工人政党都一致用以扼要表述自己的经济改造要求的公式，即：生产资料归社会所有"③。1894年，晚年的恩格斯在《〈人民国家报〉国际问题论文集（1871—1875）》序言中还特别强调说，"我根本不把自己称做社会民主主义者，而称做共产主义者。这是因为当时在各个国家里那些自称是社会民主主义者的人根本不把全部生产资料转归社会所有这一口号写在自己旗帜上。"④

由上述可见，马克思和恩格斯是"运用最彻底、最完整、最周密、内容最丰富的发展论去考察现代资本主义"，"考察资本主义的即将到来的崩溃和未来共产主义的未来的发展"⑤的。他们指出的生产资料的资本主义私有制被社会主义公有制代替，资本主义旧社会被社会主义（共产主义）新社会代替，"资产阶级的灭亡和无

①《马克思恩格斯文集》第2卷，人民出版社2009年版，第30页。
②《马克思恩格斯文集》第2卷，人民出版社2009年版，第45页。
③《马克思恩格斯文集》第4卷，人民出版社2009年版，第536页。
④《马克思恩格斯文集》第4卷，人民出版社2009年版，第448页。
⑤《列宁专题文集〈论社会主义〉》，人民出版社2009年版，第25页。

产阶级的胜利"的"同样不可避免"①，是资本主义生产方式发展的
必然性，是资本主义社会历史的自然过程。科学社会主义思想是对
资本主义历史发展趋势的科学预测，而不是乌托邦式的幻想。

　　建立一个新社会，实现由全社会占有生产资料，打破社会生产
力发展的桎梏，消灭阶级剥削和阶级压迫，消除社会生产的无政府
状态，避免社会生产力的浪费，实现人类的解放和全面发展，推动
人类社会从必然王国走向自由王国……，为这一切创造和准备条
件，就是社会主义价值的根本体现，就是包括社会主义理论和社会
主义实践的价值的根本体现。在马克思、恩格斯的时代，毫无疑
问，主要还是依据当时的历史状况为这一伟大的历史变革做理论或
思想上的准备。

　　科学社会主义创始人当时就曾认为，促进人类社会从人类历史
上最后一个剥削社会进入到社会主义（共产主义）社会——"每个
人的自由发展是一切人的自由发展的条件"的联合体②，是伟大的
社会变革，是解放世界的事业。实现这一伟大的社会变革，"完成
这一解放世界的事业，是现代无产阶级的历史使命。深入考察这一
事业的历史条件以及这一事业的性质本身，从而使负有使命完成这
一事业的今天受压迫的阶级认识到自己的行动的条件和性质，这就
是无产阶级运动的理论表现即科学社会主义的任务"③。

　　《共产党宣言》发表以来，至今一百六十多年过去了。如前所
述，人类社会发生了巨大的变化，资本主义无疑也发生了重大的变
化。发达资本主义发生的变化更为明显，尤其是生产力和生产关系
的变化十分突出。就生产力方面来看，比如，发达资本主义国家借
助原子能、电子计算机、合成材料、生物工程等领域的科学技术革
命，推动劳动生产率和社会生产力取得了长足的进步。工农业生产

---

①《马克思恩格斯文集》第2卷，人民出版社2009年版，第43页。
② 参见《马克思恩格斯文集》第2卷，人民出版社2009年版，第53页。
③《马克思恩格斯文集》第3卷，人民出版社2009年版，第566—567页。

获得了史无前例的大发展，生产规模不断扩大并更加广泛地向海外扩张；产业结构发生了前所未有的新变化，第一产业即农业和第二产业即制造业在国内经济总产值中所占的比重大幅度下降，第三产业即服务业在国内经济总产值中所占的比重则迅速提高。一般认为美国的第三产业在国内经济总产值中所占的比重已经超过 70%；此外，由于新科技革命的推动，在国家产业结构更加高级化的同时，国内分工和国际分工更加广泛和细腻，生产社会化程度达到了前所未有的高度。就生产关系方面来看，比如，适应生产力规模的不断扩大特别是海外扩张的需要，国家垄断不仅进一步加强，而且向跨国垄断迅速发展。跨国化是当前垄断资本主义运行的最基本的特征，或者说，垄断资本主义进入了跨国垄断资本主义发展阶段。当代资本主义生产主要是以跨国公司为载体运行的，跨国公司成为了当代资本主义经济中最活跃、最具主导作用的因素；在世界范围内，各种世界性的经济组织和区域经济一体化组织以及国家集团被建立，国际货币基金组织、世界银行和世界贸易组织等世界性经济组织，欧洲联盟、北美自由贸易区和亚太经济合作组织等区域经济一体化组织，G8 和 G20 等国家集团，都成为协调国际生产、贸易、金融等方面关系的重要国际经济机构。在资本主义国家内部，生产关系也发生了不少新的变化。比如：资本主义国家加强了对经济的干预。财政调节、货币信用调节、收入调节、宏观计划调节等，已成为发达资本主义国家干预经济的基本手段；资本的占有形式出现了多样化。国有经济、合作经济、职工股份所有制经济和法人所有制经济等形式，在发达资本主义国家已经普遍存在。

不承认或者漠视当代资本主义的新发展、新变化，不符合马克思主义的辩证唯物主义和历史唯物主义的世界观，不是马克思主义的实事求是的科学精神和科学态度，无法正确地认识当代资本主义的现实与发展趋势，也无法正确地认识科学社会主义在当代的价值。另一方面，随意夸大当代资本主义的发展变化，或者认为当代资本主义出现了本质的变化，同样不符合马克思主义的辩证唯物主义和历史唯物主义的世界观，不是马克思主义实事求是的科学精神和科学态度，无法正确地认识当代资本主义的现实与发展趋势，也无法正确地认识科学社会主义在当代的价值。

在实事求是地承认当代资本主义发展和变化的同时，我们也必须承认，当代资本主义并没有发生本质的变化。无论就每个国家的资本主义经济发展来说，还是就世界资本主义经济发展的整体来说，资本主义生产方式所固有的基本矛盾——生产力的社会性与资本主义的占有方式的不相容——依然存在，有时甚至还很尖锐。这一基本矛盾具体的两种表现形式——"**无产阶级和资产阶级的对立**"和"**个别工厂生产的组织性和整个社会中生产的无政府状态之间的对立**"——不仅在国家范围内无法消除，而且如前所述，随着经济全球化趋势的加速发展，已经在世界范围内大大扩展，体现为单个国家生产的一定程度的有组织性与全球生产的无政府状态之间的对立，体现为跨国公司内部一定程度的有序性与世界经济的无序性之间的对立，体现为发达国家之间、发达国家与发展中国家之间的对立，体现为阶级关系的跨国化或世界范围内的资本家阶级与雇佣劳动阶级之间的对立。也就说，资本主义生产方式还是在它的与生俱来的矛盾及其两种表现形式中运动着，资本主义生产方式也依然继续面对着由生产规模的不断扩大和生产社会化程度的不断提高而不断增大的要求承认生产力的社会本性的压力。当代资本主义经济发展的现实表明，科学社会主义创始人当年所考察的"资本主义生产方式暴露出自己无能继续驾驭这种生产能力"，"这种生产力本身以日益增长的威力要求消除这种矛盾，要求摆脱它作为资本的那种属性，要求**在事实上承认它作为社会生产力的那种性质**"的趋向，生产力对自身的资本属性不断增大的反作用力以及日益增长的要求承认自身的社会本性的压力，"迫使资本家阶级本身在资本关系内部可能的限度内，越来越把生产力当做社会生产力看待"的趋向，在资本主义垄断组织中出现的"资本主义社会的无计划生产向行将到来的社会主义社会的计划生产投降"的趋向，迫使"资本主义社会的正式代表——国家终究不得不承担起对生产的领导"的趋向，在当代的历史条件下带着某些新的特点依然存在着；科学社会主义创始人当年所揭示的资本主义生产方式走向灭亡的历史必然性——"正像以往小生产由于自身的发展而必然造成消灭自身，即剥夺小生产者的条件一样，现在资产阶级生产方式也自己造成使自己必然走向灭亡的物质条件"，虽然带着某些新的表象也依然没有改变。完全可以认为，资本主义由自由资本主义发展到一般垄断资本主义，由一般垄断资本主义发展到国家垄断资本主义，由国家垄断资本主义发展到今天的跨国垄断资本主义，就是资本家阶级迫于生产力社会本性被承认的巨大压力，在资本主义生产关系范围内不得不采用某种社会形式把生产力当做社会生产力来看待的过程，就是资本主义生产方式产生、发展和走向灭亡的过程。

毫无疑问，资本主义生产方式是过渡性质的。"生产资料的扩张力撑破了资本主义生产方式所加给它的桎梏"、"资本主义社会的无计划生产向行将到来的社会主义社会的计划生产投降"的那一天，终究是会到来的。社会主义生产方式仍然是消除资本主义生产方式基本矛盾及其弊病的正确出路，社会主义仍然是实现人类解放、实现人类社会从必然王国进入自由王国这一伟大飞跃的正确道路。

二、成长之中的新社会因素在资本主义社会中已经存在

依据科学社会主义创始人马克思和恩格斯的思想，社会主义终将替代资本主义，不仅是资本主义生产方式发展的一种必然趋势，而且随着资本主义的发展，在资本主义社会内部产生着社会主义必然实现的物质条件或物质准备，即在资本主义社会内部不可避免地产生着新社会的因素。在他们看来，人类社会从低级走向高级，旧社会终究要被新社会取代，不仅是因为高级社会比低级社会更先

进、更优越，而且还因为更为先进的、具有优越性的新社会的因素在旧社会的胎胞中已经被孕育了，实现新社会的物质条件在旧社会内部已经被准备了。当旧社会成熟和发展到一定程度时，新社会的因素就开始被孕育了，实现新社会的物质条件就开始被准备了。

笔者认为，新社会的因素在资本主义社会内部不可避免地产生和发展，为社会主义社会的诞生准备物质条件，这不仅预示着社会主义的先进性、优越性，而且也是社会主义价值的一种重要体现。

马克思在分析封建社会必然向资本主义社会过渡时就曾指出："资本主义社会的经济结构是从封建社会的经济结构中产生的。后者的解体使前者的要素得到解放。"[①]马克思这里虽然讲的是资本主义社会与封建社会之间的关系，是资本主义社会与封建社会之间更替的规律，但显然这是辩证唯物主义和历史唯物主义的普遍规律，适用于所有新旧社会之间的关系和更替的情况，也适用于社会主义社会与资本主义社会之间的关系和社会主义社会替代资本主义社会的过程，就是说，相对于社会主义新社会来说，在资本主义旧社会内部是可以孕育着未来的新社会的某些因素的，是可以产生实现新社会的某些物质条件的。如果我们仔细研读马克思主义经典著作就可以发现，马克思和恩格斯曾多次反复思考过这个问题，也多次明确地阐述过这个思想。例如：

在 1848 年发表的标志科学社会主义诞生的《共产党宣言》中，马克思、恩格斯可能是最早谈到在旧社会内部孕育着新社会因素的思想的。他们指出："人们的观念、观点和概念，一句话，人们的意识，随着人们的生活条件、人们的社会关系、人们的社会存在的改变而改变"，"当人们谈到使整个社会革命化的思想时，他们只是表明了一个事实：在旧社会内部已经形成了新社会的因素，旧思想的瓦解是同旧生活条件的瓦解步调一致的"[②]。他们这里谈到的

①《马克思恩格斯文集》第 5 卷，人民出版社 2009 年版，第 822 页。
②《马克思恩格斯文集》第 2 卷，人民出版社 2009 年版，第 50—51 页。

"旧社会"指的是资本主义社会，或者说包括着资本主义社会，"新社会"指的是社会主义（共产主义）社会，或者说包括着社会主义（共产主义）社会，我们这样的理解应该是没有问题的；"在旧社会内部已经形成了新社会的因素"，可以被理解为在资本主义社会内部已经形成了社会主义（共产主义）社会的因素，这也应该是没有问题的。

在《1857—1858 年经济学手稿》中，马克思谈到了在资产阶级社会内部存在着无阶级社会实现的物质准备问题。他说："在以交换价值为基础的资产阶级社会内部，产生出一些交往关系和生产关系，它们同时又是炸毁这个社会的地雷。""如果我们在现在这样的社会中没有发现隐蔽地存在着无阶级社会所必需的物质生产条件和与之相适应的交往关系，那么一切炸毁的尝试都是唐·吉诃德的荒唐行为。"[①] 显然，在资产阶级旧社会内部存在着实现未来无阶级的新社会所必需的物质条件和相应的交往关系，这是无产阶级进行革命、推翻旧社会建立新社会不可缺少的物质准备和客观依据。

在 1859 年发表的《〈政治经济学批判〉序言》中，马克思谈到了未来新的生产关系的物质存在条件需要在旧社会中产生和成熟。他说："无论哪一个社会形态，在它所能容纳的全部生产力发挥出来以前，是决不会灭亡的；而新的更高的生产关系，在它的物质存在条件在旧社会的胎胞里成熟以前，是决不会出现的。所以人类始终只提出自己能够解决的任务，因为只要仔细考察就可以发现，任务本身，只有在解决它的物质条件已经存在或者至少是在生成过程中的时候，才会产生。"[②]

在 1867 年出版的《资本论》第 1 卷中，马克思讲出了那句著名的话，他说："暴力是每一个孕育着新社会的旧社会的助产婆。"[③]

---

①《马克思恩格斯全集》第 46 卷（上），人民出版社 1979 年版，第 106 页。
②《马克思恩格斯文集》第 2 卷，人民出版社 2009 年版，第 592 页
③《马克思恩格斯文集》第 5 卷，人民出版社 2009 年版，第 861 页。

这说得很明确，旧社会孕育着新社会。这无疑适用于包括资本主义社会形态在内的一切社会形态向更高级的社会形态的转化过程。

在写于 1863—1865 年、经恩格斯整理出版于 1894 年的《资本论》第 3 卷中，马克思谈到了资本主义生产可以创造出"更高级的新形态的各种要素"的思想。他说："资本的文明面之一是，它榨取这种剩余劳动的方式和条件，同以前的奴隶制、农奴制等形式相比，都更有利于生产力的发展，有利于社会关系的发展，有利于更高级的新形态的各种要素的创造。"[①] 值得注意的是，马克思还提到了"更高级的新形态的各种要素"的具体形式——"股份制"和"合作工厂"。马克思指出，在股份公司中，资本"直接取得了社会资本（即那些直接联合起来的个人的资本）的形式，而与私人资本相对立"，它"是作为私人财产的资本在资本主义生产方式本身范围内的扬弃"[②]。马克思还指出，资本主义的股份制企业，"应当被看做是由资本主义生产方式转化为联合的生产方式的过渡形式"，它"表现为通向一种新的生产形式的单纯的过渡点"[③]。关于"合作工厂"，马克思指出，"工人自己合作工厂，是在旧形式内对旧形式打开的第一个缺口，虽然它在自己的实际组织中，当然到处都再生产出并且必然会再生产出现存制度的一切缺点。但是，资本和劳动之间的对立在这种工厂内已经被扬弃……。这种工厂表明，在物质生产力和与之相适应的社会生产形式的一定的发展阶段上，一种新的生产方式怎样会自然而然地从一种生产方式中发展并形成起来"。马克思还指出，"股份制"和"合作工厂"作为资本主义生产方式转变为联合生产方式的过渡形式，前者是"消极地扬弃的"，后者是"积极地扬弃的"[④]。恩格斯后来也对股份公司给予了积极的

---

① 《马克思恩格斯文集》第 7 卷，人民出版社 2009 年版，第 927—928 页。
② 《马克思恩格斯文集》第 7 卷，人民出版社 2009 年版，第 495 页。
③ 《马克思恩格斯文集》第 7 卷，人民出版社 2009 年版，第 499、497 页。
④ 《马克思恩格斯文集》第 7 卷，人民出版社 2009 年版，第 499 页。

评价："由**股份公司**经营的资本主义生产，已经不再是**私人生产**，而是由许多人联合负责的生产。如果我们从**股份公司**进而来看那支配着和垄断着整个工业部门的托拉斯，那么，那里不仅没有了**私人生产**，而且也没有了**无计划性**。"①

在 1871 年发表的总结巴黎公社经验的《法兰西内战》这部小册子中，马克思说："工人阶级不是要实现什么理想，而只是要解放那些由旧的正在崩溃的资产阶级社会本身孕育着的新社会因素。"②这是说，工人阶级革命行动的依据，并不是事先在头脑中构建的"理想"社会方案，而是在资产阶级社会中已经孕育着的新社会因素，工人阶级采取革命行动的目的就是把资产阶级社会中已经孕育的新社会因素解放出来。

在写于 1875 年、由恩格斯于 1891 年发表的《哥达纲领批判》中，马克思论及了共产主义社会与资本主义社会的承接关系，他说，共产主义社会（第一阶段）"不是在它自身基础上已经**发展了的**，恰好相反，是刚刚从资本主义社会中**产生出来的**"。这明确地说共产主义社会不是凭空产生的，是脱胎于资本主义社会的，而且正由于刚刚从旧社会中产生出来，"因此它在各方面，在经济、道德和精神方面都还带着它脱胎出来的那个旧社会的痕迹"③。

在 1877 年《给"祖国纪事"杂志编辑部的信》中，马克思说："资本主义生产本身由于自然变化的必然性，造成了对自身的否定"，"它本身已经创造出了新的经济制度的要素，它同时给社会劳动生产力和一切生产者个人的全面发展以极大的推动；实际上已经以一种集体生产方式为基础的资本主义所有制只能转变为社会所有制"④。可见，马克思不仅认为在资本主义生产中可以创造出"新

---

① 《马克思恩格斯文集》第 4 卷，人民出版社 2009 年版，第 410 页。
② 《马克思恩格斯文集》第 3 卷，人民出版社 2009 年版，第 159 页。
③ 《马克思恩格斯文集》第 3 卷，人民出版社 2009 年版，第 434 页。
④ 《马克思恩格斯文集》第 3 卷，人民出版社 2009 年版，第 465 页。

的经济制度的因素"，而且认为"已经"创造出了"新的经济制度的因素"。

从以上引证的这些论述中，我们可以十分清楚地看到，科学社会主义创始人马克思和恩格斯明确地认为，在资本主义旧社会中"孕育"着"新社会的因素"、"新的经济制度的要素"、"更高级的新形态的各种要素"，"创造"着新的更高的生产关系的"物质存在条件"、实现新社会"所必需的物质生产条件和与之相适应的交往关系"，而且提到了"股份制"和"合作工厂"是"更高级的新形态的各种要素"的体现，是由资本主义生产方式转变为联合的生产方式的"过渡形式"，是对资本主义生产方式的"扬弃"。

值得指出，列宁作为马克思、恩格斯之后伟大的社会主义理论家和实践家，也认为在资本主义社会内部可以产生和存在着"新社会的因素"。列宁在 1905 年写的《〈火星报〉策略的最新发明：滑稽的选举是推动起义的新因素》一文中，明确地谈到了资本主义社会内部的"新社会的因素"。他指出，"辩证发展过程在资本主义范围内确实就包含着新社会的因素，包含着它的物质因素和精神因素"[①]。列宁在 1917 年十月革命前夕写的《大难临头，出路何在？》一文中还认为，国家垄断资本主义为社会主义准备了物质基础。他说，"国家垄断资本主义是社会主义的最充分的**物质**准备，是社会主义的**前阶**，是历史阶梯上的一级"[②]。比如，国家垄断资本主义制度下的"银行、辛迪加、邮局、消费合作社和职员联合会等这样一些计算**机构**"，都是"我们实现社会主义**所必需**的'国家机构'，我们可以把它**当做现成的机构**从资本主义那里**拿过来**"，掌握在自己手中，它就会变成"**社会主义**机构"了[③]。他还指出，垄断资本

---

① 《列宁全集》第 11 卷，人民出版社 1987 年版，第 371 页。
② 《列宁专题文集〈论资本主义〉》，人民出版社 2009 年版，第 235 页。
③ 《列宁专题文集〈论社会主义〉》，人民出版社 2009 年版，第 44—45 页。

主义"紧紧接近最全面的生产社会化，它不顾资本家的愿望与意识，可以说是把他们拖进一种从完全的竞争自由向完全的社会化过渡的新的社会秩序"①。"战争异常地加速了垄断资本主义向国家垄断资本主义的转变，从而使人类异常迅速地接近了社会主义"，"社会主义现在已经在现代资本主义的一切窗口中出现，在这个最新资本主义的基础上前进一步的每项重大措施中，社会主义已经直接地、实际地显现出来了"②。

正是由于在旧社会中孕育了"新社会的因素"，准备了实现新社会所必需的"物质存在条件"，也就是说，旧社会的发展为新社会的必然实现提供了必需的物质准备，所以，旧社会过渡到新社会才是不可避免的历史发展过程，社会主义（共产主义）社会才会终将取代资本主义社会。

在现实的资本主义社会中，我们确实也能发现某些"新社会的因素"，虽然究竟哪些属于"新社会的因素"，是可以有不同看法的，这在我国学者中间也确实分歧不小，下面将会论及。如社会福利措施、计划调节手段、民主法律制度、现代科技文明等等，它们的确是对资本主义生产关系的某种否定或扬弃，是向未来新社会过渡的一定形式，也给未来新社会提供一定的物质准备。否认它们肯定是不正确的。试想一下，马克思、恩格斯、列宁既然承认他们在世时的资本主义旧社会内部"已经形成了新社会的因素"，并具体谈到了新社会因素的某些具体形式，那么，我们所处的更为发展了的当代资本主义社会内部怎么能不存在"新社会的因素"呢？在当代资本主义社会内部，不仅存在着"新社会的因素"，而且肯定还要更多一些。因为毫无疑问，当代资本主义社会要比一百多年以前的资本主义社会更加先进、更加成熟。按照列宁的思想，"新社会的因素"不仅包含着"物质因素"，而且也包含着"精神因素"，

---

①《列宁专题文集〈论资本主义〉》，人民出版社 2009 年版，第 116 页。
②《列宁专题文集〈论资本主义〉》，人民出版社 2009 年版，第 235 页。

它们为新社会的实现创造着物质条件和精神条件，进行着物质准备和精神准备。

"新社会的因素"即社会主义社会的因素，在资本主义社会内部产生、发展、壮大，说明它们是先进的、蓬勃向上的、充满前途的。可以认为，这既是社会主义实现的必然性的一种潜存，也是社会主义优越性的一种潜存。而它们作为从资本主义旧社会过渡到社会主义新社会的不可缺少的过程和条件，确实也是社会主义价值的重要体现。

20世纪末21世纪初，国内外学术界掀起了"当代资本主义新变化"研究的热潮，在这一研究热潮中，科学社会主义创始人当年关于旧社会孕育着新社会因素的思想阐述，以及当代资本主义社会中的新社会因素问题，成为我国学术界关注的热点之一。学者们提出了一些新的视角，较深入地思考和分析了一些问题，也出现了不少很有影响的研究成果，当然认识上的差异或分歧也是不小的。考察和梳理一下这一问题的研究情况，对于我们正在探讨的社会主义价值问题是很有益的。

许多学者都认为，科学社会主义创始人关于"在旧社会内部已经形成了新社会的因素"的思想是十分明确的，而且是一贯的思想，但过去却长期遭到了忽视。如赵家祥在《〈共产党宣言〉中一个值得关注的思想》一文中就认为，这一十分重要的思想过去长期被忽视了，并指出这一思想遭到忽视是受苏联理论界和我国理论界不正确的认识影响的结果。主要是因为"前苏联理论界和中国改革开放以前的理论界，把资本主义社会内部不能自发地孕育和形成社会主义因素的观点，笼统地说成是马克思主义的观点"[①]。他认为，这种认识是列宁提出来的，但"列宁在十月革命胜利以后之所以提出这个思想，与俄国特殊的国情有关。因为俄国经

① 赵家祥：《〈共产党宣言〉中一个值得关注的思想》，《学习时报》2008年5月12日。

195

济文化落后，各种资本主义关系很不发达，俄国资本主义社会制度内部尚未孕育新的社会主义因素，至少是社会主义因素尚未明显表现出来"。但是"列宁在离开俄国特殊的国情，一般地论述资本主义和社会主义的关系时，他也认为资本主义社会内部可以孕育和形成社会主义因素。"列宁在1905年写的《〈火星报〉策略的最新发明：滑稽的选举是推动起义的新因素》一文中，虽然不赞成通过组织工人的消费合作社实现社会主义的机会主义观点和策略，但同时他也认为"消费合作社是社会主义的一部分。辩证发展过程在资本主义范围内确实就包含着新社会的因素，包含着它的物质因素和精神因素"①。许多学者也都认为，在当代资本主义社会中确实存在着"新社会的因素"，应该正视并回答这一问题。

目前，在关于旧社会内部的"新社会的因素"的认识上，以及在关于当代资本主义社会中存在着"新社会的因素"的认识上，我国学者存在的分歧大概主要围绕着以下三个问题。

第一，"新社会的因素"是否就是"社会主义因素"？

有的学者明确认为"新社会的因素"毫无疑问就是"社会主义因素"。如赵家祥明确认为，马克思和恩格斯在《共产党宣言》中提出的"在旧社会内部已经形成了新社会的因素"，就是说在资本主义社会内部已经形成了社会主义社会的因素。这里的"旧社会"主要指资本主义社会；这里的"新社会"主要指社会主义社会；这里的"新社会的因素"，不仅指建立社会主义社会的物质技术条件，而且包括社会主义的经济关系。这里在原则上明确肯定了在资本主义社会内部可以形成社会主义因素。②对于马克思在1871年写的总结巴黎公社经验的《法兰西内战》一书讲到的"工人阶级不是要

---

① 赵家祥：《〈共产党宣言〉中一个值得关注的思想》，《学习时报》2008年5月12日。

② 参见赵家祥：《〈共产党宣言〉中一个值得关注的思想》，《学习时报》2008年5月12日。

实现什么理想，而只是要解放那些由旧的正在崩溃的资产阶级社会本身孕育着的新社会因素"，他认为，这里的"新社会因素"，即社会主义社会的因素。① 对于马克思在 1877 年《给"祖国纪事"杂志编辑部的信》中讲到的资本主义生产"本身已经创造出一种新的经济制度的因素"，他认为，这里的"新的经济制度的因素"指的就是社会主义经济制度的因素。② 对于马克思在《资本论》第 3 卷中讲到的"资本的文明面之一是，它榨取这种剩余劳动的方式和条件，同以前的奴隶制、农奴制等形式相比，都更有利于生产力的发展，有利于社会关系的发展，有利于更高级的新形态的各种要素的创造"，他认为这里的"更高级的新形态的各种要素"就是指资本主义社会内部创造出来的未来社会主义社会的因素。③ 他还明确地提出，"既然在资本主义社会内部可以自发地孕育和形成社会主义因素，由此就必然得出结论：一个国家资本主义发展的水平越高，它内部所孕育和形成的社会主义因素也就越多，它离科学社会主义理论意义上的社会主义社会也就越近。因此，我们应该把二战以后资本主义的发展看做是人类历史的进步，看做是为社会主义社会的实现准备条件，看做是向社会主义社会的趋近"④。

有的学者认为，不能将"新社会的因素"认为就是"社会主义因素"。如徐崇温认为，"发达资本主义国家推行了《共产党宣言》所列举和社会主义国家所采取的措施中的许多种，如劳动法、最低工资法、福利救济、公共卫生体制、遗产税、累进所得税等等。然而，所有这一切又都不意味着当代发达资本主义国家实行了社会主

---

① 参见赵家祥：《〈共产党宣言〉中一个值得关注的思想》，《学习时报》2008 年 5 月 12 日。

② 参见赵家祥：《〈共产党宣言〉中一个值得关注的思想》，《学习时报》2008 年 5 月 12 日。

③ 参见赵家祥：《〈共产党宣言〉中一个值得关注的思想》，《学习时报》2008 年 5 月 12 日。

④ 参见赵家祥：《〈共产党宣言〉中一个值得关注的思想》，《学习时报》2008 年 5 月 12 日。

义的措施。这首先是因为发达资本主义国家是为了维护资本主义制度的生存和发展，而不是为了改变资本主义制度的根本性质"。"其次，也是因为发达资本主义国家是在资本主义经济、政治、文化、社会的基本框架内借鉴这些做法、采取这些措施的，这样，这些措施和做法就既可以调节、缓解生产资料资产阶级私有制对生产力发展的羁绊和制约，可以使资本主义继续容纳和发展生产力，可以使资本主义统治下的阶级矛盾和社会矛盾得到相当程度的缓和，而又不触动资本主义统治的根基，不改变资本主义制度的根本性质。因此，把它们当做资本主义社会中的社会主义因素，也是没有根据的。"①

第二，"新社会的因素"的生长可否导致"和平长入社会主义"？

庞卓恒认为，马克思在世时已经看到了资本主义的自我扬弃，"一百多年以后的今天，我们看到资本主义的自我扬弃过程比马克思在世的时代已经推进得更加深远了"，"西方社会正在沿着马克思说的资本主义的'自我扬弃'的道路进一步推进。""这个趋势继续不断地发展下去，西方社会是否有可能'和平演变'到社会主义、共产主义呢？早在100多年前恩格斯就曾指出：在法国、美国和英国那样民主制度发展比较充分的国家，'旧社会有可能和平长入新社会'。②我认为现在更不能排除这种可能性。"③

也有的学者强调，必须正确认识当代资本主义社会中的"新社会因素"。徐崇温不同意"新社会因素"的生长可以导致"和平长入社会主义"的认识。指出："把当代资本主义社会中的雇员持股、雇员参与企业治理、社会福利制度、资本主义计划化等等社会化举

---

① 徐崇温：《如何理解资本主义社会中"新社会的因素"？》《红旗文稿》2005年第20期。

②《马克思恩格斯文集》第4卷，人民出版社2009年版，第414页。

③ 庞卓恒：《西方资本主义社会正在发生自我扬弃》，《中国党政干部论坛》2002年第5期。

措以及资本主义国家借鉴社会主义国家的一些作法，统统说成是社会主义因素，认为只要经过这些因素的不断积累，资本主义社会就会通过不断的部分质变而自行长入社会主义。这些见解不符合马克思主义基本理论，也有悖于客观事实。"①

罗文东认为，"我们肯定战后资本主义的新发展为社会主义准备着越来越多的新社会因素，决不意味着资本主义可以通过这些社会因素'和平长入'社会主义。一般说来，资本主义社会虽然会为社会主义准备一些'新社会因素'，而且这些因素今后还可能逐渐积累和增加，但受资本主义制度的制约，这些条件和因素不能得到充分的发展。西方国家中即使合作社、福利保障、职工参与管理等带有社会主义性质的新因素，也不能不与包围着它们的资本主义相联系，时时受到压制和破坏。因此，不能指望通过这些因素的积累和发展，使资本主义自动地、和平地长入社会主义。"②

第三，当代资本主义社会中哪些因素是"社会主义因素"？

许多学者都谈到了当代发达资本主义社会中已经存在着大量的社会主义因素，认为这已经是不争的事实，而且大都认为随着资本主义发展水平的提高和社会主义因素的增加，资本主义离社会主义也就越近。他们所谈到的社会主义因素的内容比较相近，或者说出入不是太大。

胡连生、杨玲认为，"以国有经济、合作经济、职工股份所有制经济与私人经济同时并存的'混合经济'模式取代了单一的私人占有制的传统模式；以共同决定制度、集体谈判与集体合同制度、利润分享制度代替了将工人当奴隶的雇佣奴隶制度；以政府对社会生产的计划调节与宏观调控代替了社会生产的无政府状态；以社会福利和社会保障制度，兼顾公平的分配制度代替了不管工人死活的

① 徐崇温：《如何理解资本主义社会中"新社会的因素"？》《红旗文稿》2005年第20期。
② 罗文东：《论当代资本主义内部的"新社会因素"》，《理论前沿》2004年第14期。

野蛮剥削制度"等,都是社会主义因素。而且认为,"社会主义因素的出现,实际上是社会主义必然性的预示","显现了历史的巨轮向着社会主义方向迈进的轨迹"[①]。

罗文东认为,"半个世纪以来,当代资本主义社会发生的重大变化之一,就是在资本主义母体内,出现了越来越显著、越来越充分的社会主义因素。"这些因素可以归纳、概括为"合作经济"、"社会保障制度"、"职工参与企业管理的制度"、"三大差别的逐渐消失"、"社会主义思想道德的孕育和发展"[②]等。

吕艳认为,当代资本主义社会中的社会主义因素主要表现有:"1.资本的社会化和国际化。主要表现在国家资本所有制的出现、股份制、合作制经济的发展以及跨国公司的发展上。""2.经济发展出现了一定程度的计划化。对国民经济的计划调节和宏观调控已贯穿于当代资本主义社会再生产的全过程。""3.企业管理出现了管理民主化的趋势。"在发达资本主义国家中,"工人有权通过'工人委员会'参与企业决策、监督和管理。""4.收入分配制度社会化。20世纪50年代以来,当代资本主义各国相继实施社会福利制度。社会福利已从单纯的'济贫'变成了具有社会规模的公民应享的权利。""5.在世界范围内培养了资产阶级的异己力量。""国际垄断资产阶级在实行资本剥削全球化的同时,也培养了它的异己力量——发达资本主义国家的雇佣劳动者阶级及发展中国家的广大人民。""6.三大差别的消失。随着生产力的发展及其发达资本主义国家的政策调整,这些国家的工农差别、城乡差别、脑力劳动与体力劳动的差别大大缩小,甚至消失。"[③]

史妍嵋认为,当代资本主义社会中的社会主义因素集中表现在

---

① 胡连生、杨玲:《当代资本主义双重发展趋向研究》,人民出版社2008年版,第210页。

② 罗文东:《论当代资本主义内部的"新社会因素"》,《理论前沿》2004年第14期。

③ 吕艳:《对资本主义社会内部社会主义因素的再思考》,《科学社会主义》2002年第4期。

"合作经济的发展"、"职工股份所有制的出现"、"职工民主管理的强化"、"对国民经济计划调节的推行"、"社会福利制度的广泛推行"、"三大差别的缩小和消失"、"社区服务机构的发展"等七个方面。①

也有的学者不赞成将资本主义社会的种种社会化举措以及资本主义国家借鉴社会主义的一些作法说成是社会主义因素。前面提到，徐崇温不同意"一个国家资本主义的发展水平越高，它离科学社会主义意义上的社会主义也就越近"的看法，并指出，"把当代资本主义社会中的雇员持股、雇员参与企业治理、社会福利制度、资本主义计划化等等社会化举措以及资本主义国家借鉴社会主义国家的一些作法，统统说成是社会主义因素，认为只要经过这些因素的不断积累，资本主义社会就会通过不断的部分质变而自行长入社会主义"等等，"这些见解不符合马克思主义基本理论，也有悖于客观事实。"②

徐崇温明确地认为："资本主义社会的种种社会化举措并不等同于社会主义"。③ 他具体分析说："股票职工化或雇员持股"从表面上看"似乎表明在资本主义社会，生产资料所有权正在扩大到工人阶级。然而在实际上，实行雇员持股却丝毫也不意味着使广大持股职工和大老板一样成为资本主义企业的主人，因为持股的个人在企业中的地位、发言权都取决于其拥有股份的数量。""资产阶级把小额股票卖给雇员，只会帮助资本家融资，而并没有赋予雇员以什么发言权、乃至控制企业的决策权"，"而从股票的收益来看，占有几张小额股票的雇员，他们每年从股票所得的收入也微乎其微，

---

① 参见史妍嵋：《经济全球化与当代资本主义的新变化》，广东人民出版社 2004 年版，第 181—185 页
② 徐崇温：《如何理解资本主义社会中"新社会的因素"？》《红旗文稿》2005 年第 20 期。
③ 徐崇温：《如何理解资本主义社会中"新社会的因素"？》《红旗文稿》2005 年第 20 期。

同大资本家每年所得股票红利不可同日而语。这些持股雇员从股票中所得的收入更不能改变他们被资本家雇佣去出卖劳动力的阶级地位"。因此，雇员持股"在性质上同社会主义毫无关系"。

"雇员参与企业的治理和决策"是西方资本主义国家"在坚持生产资料的资产阶级私有制的前提下实行这种企业治理制度的，因而就没有、也不可能改变工人阶级在资本主义工厂企业中被剥削和奴役的雇佣地位，也不可能'赋予劳资权利平等'，使工人成为资产阶级治理企业中的平等伙伴，使劳资对立变为劳资合作，而只是让工人以被雇佣者的身份去参与雇主及其专家代理人剥削工人的决策和治理。因而只是资产阶级在资本主义制度范围内实行的一种具有鲜明时代特色的改良"，这"在性质上和社会主义无关"。

"实行社会福利制度，在一定程度上缩小了资本主义社会中不断扩大的贫富差距，但又并不像资产阶级辩护士所说的那样是什么消灭剥削和贫困、导致社会普遍福利和阶级同化的'收入革命'，也不是一种把富人的收入转移给穷人的'收入均等化'"。

"资本主义的计划化"虽然在一些发达资本主义国家得到比较普遍地推行，被作为干预和调节国民经济的一些综合形式。但"资本主义的计划化究竟是建立在生产资料资产阶级私有制的基础上的，因而资本主义国家的计划调节就只是其市场调节的补充"，"并不是从整个社会着眼的最优选择而是从资产阶级狭隘私利着眼的"。"尽管资本主义计划化可以在一定程度上抑制生产的无政府状态和市场机制的自发性、盲目性，却不可能解决资本主义社会的基本矛盾，不可能使资本主义成为'有计划的资本主义'"。①

毫无疑问，学者们的这些探讨尽管存在较大分歧，但对于正确理解马克思主义关于旧社会内部孕育着"新社会的因素"、对于正确认识当代资本主义社会中的"新社会的因素"、对于正确认识当

---

① 徐崇温：《如何理解资本主义社会中'新社会的因素'?》《红旗文稿》2005 年第 20 期。

代资本主义的新变化及其发展的历史趋势都是十分有益的，而且也促进着这一问题的进一步深入探讨。不过，笔者觉得有两点值得特别指出：

其一是，马克思、恩格斯、列宁谈到的资本主义旧社会中的"新社会的因素"应该理解为是"社会主义因素"，但又不能等同于"现实的社会主义因素"。他们所说的"新社会"显然是指取代资本主义社会的"社会主义社会"（当然，也可以说是"共产主义社会"，因为他们当时将未来的新社会称为"共产主义社会"，将新社会区分为"共产主义社会第一阶段"和"共产主义社会高级阶段"，并没有区分为"社会主义社会"和"共产主义社会"）。既然"新社会"指的是"社会主义社会"，那么，"新社会的因素"无疑指的就是"社会主义因素"。而且，无论是"股份制"、"合作工厂"还是"消费合作社"，它们的确是对资本主义生产关系的"扬弃"，其中就包含着对资本主义生产方式的一定否定。所以，可以说它们是"社会主义因素"。如果不这样理解"新社会的因素"，否认"新社会的因素"是"社会主义因素"，显然是说不通的。但是，在承认"新社会的因素"是"社会主义因素"的同时，我们又必须承认，这里的"新社会的因素"还不是"直接的社会主义因素"，或者说还不是"现实的社会主义因素"，因为毕竟这些社会因素还处于"资本主义旧社会"之中。

我们可以看到，马克思主义经典作家讨论"新社会的因素"时，并没有直接使用"社会主义因素"的概念。马克思认为"新社会的因素"对旧社会的"扬弃"还是在"资本主义生产方式本身范围内的扬弃"，将"新社会的因素"视为资本主义生产方式向社会主义生产方式的"过渡形式"。前面提到，马克思在《资本论》第3卷中讨论资本主义经济中出现的"股份制度"时指出，"股份制度"是"在资本主义体系本身的基础上对资本主义的私人产业的扬弃"，应把它和工人自己的合作工厂一起"看做是由资本主义生

203

产方式转化为联合的生产方式的过渡形式"①。同时指出，这种扬弃"是资本主义生产方式在资本主义生产方式本身范围内的扬弃"②。马克思也指出过，资本主义的发展并不是自觉地为更高级的生产形式创造物质条件。他说："发展社会劳动的生产力，是资本的历史任务和存在理由。资本正是以此不自觉地创造着一种更高级的生产形式的物质条件。"③此外，恩格斯也曾指出，在资本主义制度下，在资本关系的限度内，生产机构和生产力"无论向股份公司和托拉斯的转变，还是向国家财产的转变，都没有消除生产力的资本属性。在股份公司和托拉斯的场合，这一点是十分明显的。而现代国家也只是资产阶级社会为了维护资本主义生产方式的一般外部条件使之不受工人和个别资本家的侵犯而建立的组织。现代国家，不管它的形式如何，本质上都是资本主义的机器，资本家的国家，理想的总资本家。"④他因此还说，"生产力归国家所有不是冲突的解决"，它只是"包含着解决冲突的形式上的手段，解决冲突的线索"⑤。

所以，我们应该既承认"新社会的因素"是社会主义的因素，但又不要忘了，还不是"直接的"或"现实的"的社会主义因素，只有在国家政权属于无产阶级和劳动人民、社会制度变为社会主义制度的条件下，"新社会的因素"才会是"直接的"或"现实的"社会主义因素。"新社会的因素"既然是"过渡形式"，就既带有社会主义的属性，又不完全是社会主义的因素。这样的认识，也应该完全适用于认识当代资本主义国家中的"社会主义因素"。

其二是，我们应该科学准确地理解恩格斯关于"旧社会可能和平地长入新社会"的观点。一方面，恩格斯讲的是无产阶级革命的方式问题，认为不排除无产阶级在一定的历史条件下通过和平的方

---

① 《马克思恩格斯文集》第 7 卷，人民出版社 2009 年版，第 497、499 页。
② 《马克思恩格斯文集》第 7 卷，人民出版社 2009 年版，第 497 页。
③ 《马克思恩格斯文集》第 7 卷，人民出版社 2009 年版，第 288 页。
④ 《马克思恩格斯文集》第 3 卷，人民出版社 2009 年版，第 559 页。
⑤ 《马克思恩格斯文集》第 3 卷，人民出版社 2009 年版，第 560 页。

式取得国家政权进而实现社会变革的可能，而不是讲新社会能够通过在旧社会中的新社会因素的不断增长而自然得到实现的问题。另一方面，恩格斯晚年并没有因为设想无产阶级革命在一定条件下有以和平斗争方式实现的可能而放弃无产阶级革命的暴力斗争方式。

恩格斯关于"旧社会可能和平地长入新社会"这一观点是在《1891 年社会民主党纲领草案批判》这一著作中讲的。他说，"可以设想，在人民代议机关把一切权力集中在自己手里、只要取得大多数人民的支持就能够按照宪法随意办事的国家里，旧社会有可能和平长入新社会"①。一些人大都引用这段话，并根据这段话认为恩格斯晚年放弃了无产阶级革命的主张，甚至成为了"和平长入社会主义"论者。这是不正确的。如果我们将恩格斯这段话前面和后面的话连贯起来、全面地看一下，就会发现这种理解是一种断章取义的误解。恩格斯是这样讲的："现在有人因为害怕恢复反社会党人法，因为回想起在这项法律统治下发表的一些草率的言论，就忽然认为，德国目前的法律状况就足以使党通过和平方式实现自己的一切要求。他们力图使自己和党相信，'现代的社会正在长入社会主义'，而不去考虑，与此同时这个社会是否还要像虾挣破自己的旧壳那样必须从它的旧社会制度中破壳而出，并且必须用暴力来炸毁这个旧壳，是否除此之外，这个社会在德国就无须再炸毁那还是半专制制度的、而且是混乱得不可言状的政治制度的桎梏。可以设想，在人民代议机关把一切权力集中在自己手里、只要取得大多数人民的支持就能够按照宪法随意办事的国家里，旧社会有可能和平长入新社会，比如在法国和美国那样的民主共和国，在英国那样的君主国。英国报纸上每天都在谈论即将赎买王朝的问题，这个王朝在人民的意志面前是软弱无力的。但是在德国，政府几乎有无上的权力，帝国国会及其他一切代议机关毫无实权，因此，在德国宣布

---

① 《马克思恩格斯文集》第 4 卷，人民出版社 2009 年版，第 414 页。

要这样做，而且在没有任何必要的情况下宣布要这样做，就是揭去专制制度的遮羞布，自己去遮盖那赤裸裸的东西。"①"在德国连一个公开要求共和国的党纲都不能提出的事实，证明了以为在这个国家可以用舒舒服服和平的方法建立共和国，不仅建立共和国，而且还可以建立共产主义社会，这是多么大的幻想。"②显然，恩格斯在这里不是在讲普遍规律问题，而是就个别国家在特殊的历史条件下无产阶级取得政权和实现社会变革的可能的形式的一种设想。而且，也明确指出在当时的德国并没有这种可能性。

应该说，在无产阶级革命和实现社会变革的方式问题上，马克思和恩格斯是坚持"两点论"的，或者说是坚持"两手策略"的。马克思和恩格斯晚年的确看到和认可了德国社会民主党利用普选权为手段开展斗争活动所取得的成绩，认为"普选权赋予我们一种卓越的行动手段"③，并称普选权为"一件新的武器——最锐利的武器中的一件武器"④，是"无产阶级的一种崭新的斗争方式"⑤。恩格斯虽然肯定了普选权在工人阶级政党斗争中的作用，但却指出工人阶级政党决不能把希望完全寄托在选举上，不能因为有了普选权可以利用就放弃革命权。他说，"不言而喻，我们的外国同志们没有放弃自己的革命权。须知革命权是唯一的**真正**'历史权利'，——是所有现代国家无一例外都以它为基础建立起来的唯一权利"⑥。

实际上，在无产阶级革命和实现社会变革的方式问题上，马克思和恩格斯的"两点论"或"两手策略"的思想，在1891年之前很早就有了。例如，马克思在《1844年经济学哲学手稿》中指出："要扬弃私有财产的**思想**，有思想上的共产主义就完全够了。而要

---

① 《马克思恩格斯文集》第4卷，人民出版社2009年版，第413—414页。
② 《马克思恩格斯文集》第4卷，人民出版社2009年版，第415页。
③ 《马克思恩格斯文集》第3卷，人民出版社2009年版，第92页。
④ 《马克思恩格斯文集》第4卷，人民出版社2009年版，第544页。
⑤ 《马克思恩格斯文集》第4卷，人民出版社2009年版，第545页。
⑥ 《马克思恩格斯文集》第4卷，人民出版社2009年版，第550—551页。

扬弃现实的私有财产，则必须有**现实的**共产主义行动。"① 再如，恩格斯在写于 1847 年的《共产主义原理》中回答 "**能不能用和平的办法废除私有制**？"时说："但愿如此，共产主义者当然是最不反对这种办法的人。"② 又如，1845 年 2 月 15 日，年轻的恩格斯在爱北斐特的一次集会上发表演讲，他说："社会革命是穷人反对富人的公开的战争"，它"将以共产主义原则的实现而告终"；同时又说，要达到"避免使用暴力和流血"这个目的，"只有一种办法，就是和平实现共产主义，或者至少是和平准备共产主义。所以，如果我们不愿意用流血的办法解决社会问题，如果我们不愿意使我们的无产者的智力水平和生活状况之间的日益加深的矛盾尖锐到像我们对人性的理解所启示的那样，必须要用暴力来解决，要在绝望和强烈的复仇心中来解决，那末，诸位先生，我们就应当认真地和公正地处理社会问题，就应当尽一切努力使现代的奴隶得到与人相称的地位。"③ 还如，1871 年 9 月 22 日，马克思在国际工人协会伦敦代表会议上就德国和英国国际工人协会状况发言，他说："我们应当向各国政府声明：我们知道，你们是对付无产者的武装力量；在我们有可能用和平方式的地方，我们将用和平方式反对你们，在必须用武器的时候，则用武器。"④

笔者认为，决不能认为恩格斯晚年因为设想无产阶级革命有和平实现的可能而放弃了无产阶级革命的暴力斗争方式。而在无产阶级革命和实现社会变革的方式问题上，马克思、恩格斯的"两点论"或"两手策略"的思想，在今天也依然是正确的。

如果说通过资本主义社会内部的社会主义因素的生长，由量变到质变，自发地导致资本主义社会的灭亡，资本主义这样地"和平

---

① 《马克思恩格斯文集》第 1 卷，人民出版社 2009 年版，第 231—232 页。
② 《马克思恩格斯文集》第 1 卷，人民出版社 2009 年版，第 684 页。
③ 《马克思恩格斯全集》第 2 卷，人民出版社 1957 年版，第 624—626 页。
④ 《马克思恩格斯全集》第 17 卷，人民出版社 1963 年版，第 700 页。

长入"社会主义，笔者认为显然是不现实的。社会主义代替资本主义是伟大的社会变革过程，在这一过程中，社会革命是不可缺少的环节和前提。科学社会主义创始人强调："要扬弃现实的私有财产，则必须有**现实的共产主义行动**"①，即把资本家阶级的国家变成无产阶级的国家，变成整个社会的代表。只有国家成为无产阶级的国家，成为整个社会的代表，才能实现生产资料归全社会占有。因此，"**无产阶级将取得国家政权，并且首先把生产资料变为国家财产**"。"国家真正作为整个社会的代表所采取的第一个行动，即以社会的名义占有生产资料"②。列宁在论证国家垄断资本主义是"社会主义的前阶"时也强调，这只是表示社会主义制度代替资本主义制度已具备了客观基础。在国家垄断资本主义下，资本家阶级"尽管他们有计划地调节生产，我们还是处在**资本主义**下，虽然是在它的新阶段，但无疑还是处在资本主义下。在无产阶级的真正代表看来，**这种**资本主义之'接近'社会主义，只是证明社会主义革命已经接近，已经不难实现，已经可以实现，已经刻不容缓，而决不是证明可以容忍一切改良主义者否认社会主义革命和粉饰资本主义"。③ 他还指出："资本主义本身造就了自己的掘墓人，本身创造了新制度的因素，而同时，如果没有'飞跃'，这些单个的因素便丝毫不能改变总的局面，不能触动资本的统治。"④ 总之，社会主义代替资本主义的伟大社会变革，须有国家政权和社会制度的根本变更的环节和前提，这是必须经过社会革命的，虽然这个社会革命可以是暴力斗争方式的，也可以是和平斗争方式的，或者也可以是暴力斗争方式与和平斗争方式兼而有之方式的。

通过以上分析和探讨，考虑到在一个资本主义社会中可以孕育

---

① 《马克思恩格斯文集》第 1 卷，人民出版社 2009 年版，第 232 页。
② 《马克思恩格斯文集》第 3 卷，人民出版社 2009 年版，第 561、562 页。
③ 《列宁专题文集〈论马克思主义〉》人民出版社 2009 年版，第 239—240 页。
④ 《列宁专题文集〈论资本主义〉》，人民出版社 2009 年版，第 67 页。

和生长社会主义因素，那么，笔者觉得，在一个经济全球化趋势加速发展、人类相互依存程度日益提高、物质文明和精神文明不断进步的人类世界中，不仅更可以孕育和生长社会主义因素，而且也会更多。

三、继续发展的现实社会主义显示着蓬勃的生机与活力

20 世纪末期，苏联和东欧社会主义国家发生剧变，不仅使世界社会主义运动受到了严重挫折，而且使世界社会主义发展遭遇了极大困境，这是不可否认的事实。然而，同样不可否认的事实是，现实社会主义不仅继续发展着，而且充满着希望，尤其是在我国这个人口占世界人口 1/5 的国家里，已经和正在体现出来。以 1978 年 12 月召开的中国共产党十一届三中全会为标志，我国发展进入了改革开放的历史新时期，从此开辟并逐步走出了一条具有中国特色的社会主义道路。中国特色社会主义道路形成和发展的一个重要的时代背景是，经济全球化趋势的加速发展。中国特色的社会主义建设不是拒绝和背离经济全球化，而是参与和融入经济全球化，中国特色社会主义道路是一条同经济全球化趋势紧密相连的社会主义道路。这条道路的初步成功及其具有的蓬勃生机与活力，不仅显示了社会主义的优越性，而且证明了社会主义的伟大价值。这一方面主要体现在中国特色社会主义建设和发展的非凡成就上，一方面主要体现在中国的国际地位和国际影响的迅速提升与扩大上。

中国特色社会主义建设和发展的成就的确是非凡的。国人喜悦，举世瞩目。中国共产党总书记、国家主席胡锦涛于 2008 年 12 月 18 日在纪念党的十一届三中全会召开 30 周年大会上的讲话中，可以说对中国特色社会主义建设和发展的非凡成就作出了最充分的肯定和最全面的总结，也是对中国特色社会主义价值的一个最有说服力的论证：

"30 年来，以邓小平同志为核心的党的第二代中央领导集体、

以江泽民同志为核心的党的第三代中央领导集体和党的十六大以来的中央领导集体，团结带领全党全国各族人民，承前启后，继往开来，竭力推进改革开放伟大事业，谱写了中华民族自强不息、顽强奋进新的壮丽史诗。我们党先后召开6次全国代表大会、45次中央全会，及时研究新情况、解决新问题、总结新经验，集中全党全国各族人民智慧，形成了党的基本理论、基本路线、基本纲领、基本经验，制定和作出了指导改革开放和社会主义现代化建设的一整套方针政策和工作部署，成功开辟了中国特色社会主义道路。

今天，13亿中国人民大踏步赶上了时代潮流，稳定走上了奔向富裕安康的广阔道路，中国特色社会主义充满蓬勃生机，为人类文明进步作出重大贡献的中华民族以前所未有的雄姿巍然屹立在世界东方。

30年来，我们始终以改革开放为强大动力，在新中国成立以后取得成就的基础上，推动党和国家各项事业取得举世瞩目的新的伟大成就。

我们锐意推进各方面体制改革，使我国成功实现了从高度集中的计划经济体制到充满活力的社会主义市场经济体制的伟大历史转折。我们建立和完善社会主义市场经济体制，建立以家庭承包经营为基础、统分结合的农村双层经营体制，形成公有制为主体、多种所有制经济共同发展的基本经济制度，形成按劳分配为主体、多种分配方式并存的分配制度，形成在国家宏观调控下市场对资源配置发挥基础性作用的经济管理制度。在不断深化经济体制改革的同时，不断深化政治体制、文化体制、社会体制以及其他各方面体制改革，不断形成和发展符合当代中国国情、充满生机活力的新的体制机制，为我国经济繁荣发展、社会和谐稳定提供了有力制度保障。

我们不断扩大对外开放，使我国成功实现了从封闭半封闭到全方位开放的伟大历史转折。我们坚持对外开放的基本国策，打开国门搞建设，加快发展开放型经济。从建立经济特区到开放沿海、沿江、沿边、内陆地区再到加入世界贸易组织，从大规模"引进来"到大踏步"走出去"，利用国际国内两个市场、两种资源水平显著提高，国际竞争力不断增强。从1978年到2007年，我国进出口总额从206亿美元提高到21737亿美元、跃居世界第三，外汇储备跃居世界第一，对外投资大幅增长，实际使用外资额累计近10000亿美元。广泛深入的国际合作加快了我国经济发展，也为世界经济发展作出了重大贡献。

我们坚持以经济建设为中心，我国综合国力迈上新台阶。从1978年到2007年，我国国内生产总值由3645亿元增长到24.95万亿元，年均实际增长9.8%，是同期世界经济年均增长率的3倍多，我国经济总量上升为世界第四。我们依靠自己力量稳定解决了13亿人口吃饭问题。我国主要农产品和工业品产量已居世界第一，具有世界先进水平的重大科技创新成果不断涌现，高新技术产业蓬勃发展，水利、能源、交通、通信等基础设施建设取得突破性进展，生态文明建设不断推进，城乡面貌焕然一新。

我们着力保障和改善民生，人民生活总体上达到小康水平。这30年是我国城乡居民收入增长最快、得到实惠最多的时期。从1978年到2007年，全国城镇居民人均可支配收入由343元增加到13786元，实际增长6.5倍；农民人均纯收入由134元增加到4140元，实际增长6.3倍；农村贫困人口从2.5亿减少到1400多万。城市人均住宅建筑面积和农村人均住房面积成倍增加。群众家庭财产普遍增多，吃穿住行用水平明显提高。改革开放前长期困扰我们的短缺经济状况已经从根本上得到改变。

我们大力发展社会主义民主政治，人民当家作主权利得到更好保障。政治体制改革不断深化，人民代表大会制度、中国共产党领导的多党合作和政治协商制度、民族区域自治制度以及基层群众自治制度日益完善，中国特色社会主义法律体系基本形成，依法治国基本方略有效实施，社会主义法治国家建设取得重要进展，公民有序政治参与不断扩大，人权事业全面发展。爱国统一战线发展壮大，政党关系、民族关系、宗教关系、阶层关系、海内外同胞关系更加和谐。

我们大力发展社会主义先进文化，人民日益增长的精神文化需求得到更好满足。社会主义核心价值体系建设取得重大进展，马克思主义思想理论建设卓有成效，群众性精神文明创建活动、公民道德建设、青少年思想道德建设全面推进，文化事业生机盎然，文化产业空前繁荣，国家文化软实力不断增强，人们精神世界日益丰富，全民族文明素质明显提高，中华民族的凝聚力和向心力显著增强。

我们大力发展社会事业，社会和谐稳定得到巩固和发展。城乡免费九年义务教育全面实现，高等教育总规模、大中小学在校生数量位居世界第一，办学质量不断提高。就业规模持续扩大，全社会创业活力明显增强。社会保障制度建设加快推进，覆盖城乡居民的社会保障体系初步形成。公共卫生服务体系和基本医疗服务体系不断健全，新型农村合作医疗制度覆盖全国。社会管理不断改进，社会大局保持稳定。

我们坚持党对军队绝对领导，国防和军队建设取得重大成就。军队革命化、现代化、正规化建设全面加强，新时期军事战略方针扎实贯彻，中国特色军事变革加速推进，中国特色精兵之路成功开辟，裁减军队员额任务顺利完成，军队武器装备建设成效显著。军队、武警部队停止一切经商活动。军政军民团结不断巩固。人民军队履行新世纪新阶段历史使命能力全面增强，在保卫祖国、建设祖国特别是抗击各种自然灾害中发挥了重要作用。

我们成功实施"一国两制"基本方针，祖国和平统一大业迈出重大步伐。香港、澳门回归祖国，"一国两制"、"港人治港"、"澳人治澳"、高度自治的方针得到全面贯彻执行，香港特别行政区、澳门特别行政区保持繁荣稳定。祖国大陆同台湾的经济文化交流和人员往来不断加强，两岸政党交流成功开启，两岸全面直接双向"三通"迈出历史性步伐，反对"台独"分裂活动斗争取得重要成果，两岸关系和平发展呈现新的前景。

我们坚持奉行独立自主的和平外交政策，全方位外交取得重大成就。我们恪守维护世界和平、促进共同发展的外交政策宗旨，同发达国家关系全面发展，同周边国家睦邻友好不断深化，同发展中国家传统友谊更加巩固。我国积极参与多边事务，承担相应国际义务。我国国际地位和国际影响显著上升，在国际事务中发挥了重要建设性作用。

我们坚持党要管党、从严治党，党的领导水平和执政水平、拒腐防变和抵御风险能力明显提高。党的建设新的伟大工程全面推进，执政能力建设和先进性建设深入进行，思想理论建设成效显著，党内民主不断扩大，党内生活准则和制度不断健全，党的各级组织不断加强，干部队伍和人才队伍朝气蓬勃，党的作风建设全面加强，党内法规更加完善，反腐倡廉建设深入推进，党领导改革开放和社会主义现代化建设能力显著提高，党在中国特色社会主义事业中的领导核心作用不断增强。

30 年来，国际局势风云变幻，改革任务艰巨繁重，党和人民经历和战胜了前所未有的严峻考验和挑战。我们从容应对一系列关系我国主权和安全的国际突发事件，战胜在政治、经济领域和自然界出现的困难和风险。无论是面对东欧剧变、苏联解体和国内严重政治风波，还是面对西化、分化图谋和所谓的"制裁"，无论是面对历史罕见的洪涝、雨雪冰冻、地震等重大自然灾害和非典等重大疫病，还是面对亚洲金融危机和当前这场国际金融危机，党和人民始终同心同德、奋勇向前。特别是在决定党和国家前途命运的重大历史关头，我们党紧紧依靠全国各族人民，坚持党的十一届三中全会以来的路线不动摇，排除各种干扰，坚定不移地捍卫中国特色社

213

会主义伟大事业，保证了改革开放和社会主义现代化建设航船始终沿着正确方向破浪前进。今年以来，抗击南方部分地区严重低温雨雪冰冻灾害和四川汶川特大地震灾害斗争取得重大胜利，北京奥运会、残奥会圆满成功，神舟七号载人航天飞行任务顺利完成，应对国际金融危机取得积极成效，这些都生动展现了在改革开放中不断发展壮大的中国共产党和中国社会主义国家政权的伟大力量，展现了阔步前进的 13 亿中国人民的伟大力量，展现了改革开放的伟大力量，展现了中国特色社会主义的伟大力量。

经过 30 年的不懈奋斗，我们胜利实现了我们党提出的现代化建设"三步走"战略的前两步战略目标，正在向第三步战略目标阔步前进。30 年的伟大成就，为我们党、我们国家、我们人民继续前进奠定了坚实基础。实践充分证明，党的十一届三中全会以来我们党团结带领人民开辟的中国特色社会主义道路、形成的理论和路线方针政策是完全正确的。党的十一届三中全会的伟大意义和深远影响，已经、正在并将进一步在党和国家事业蓬勃发展的进程中充分显现出来。"

我国的国际地位和国际影响的提升与扩大的确是显著的。国人自豪，举世公认。中国共产党的十七大报告提出了一个重要的判断，即："当代中国与世界的关系发生了历史性变化"。[1] 这一方面是说，新时期以来，我国全面改革和对外开放，我国顺应了时代的潮流，积极参与和融入了经济全球化，我国的发展已经离不开世界；另一方面是说，新时期以来，我国的国际地位和国际影响不断提升和扩大，世界的发展也已经离不开我国。笔者认为，我国的国际地位和国际影响的提升与扩大，至少可以通过下列方面体现出来：

1. 我国是维护地区和世界和平的重要力量

邓小平同志曾明确指出："中国的发展是和平力量的发展，是

---

[1] 张静如主编:《中国共产党全国代表大会史丛书》第六册，万卷出版公司 2008 年版，第 237 页。

制约战争力量的发展。"①"中国现在是维护世界和平和稳定的力量，不是破坏力量。中国发展得越强大，世界和平越靠得住。"②我国为维护世界和平与地区稳定发挥着愈来愈大的作用。

我国不仅积极努力地为自己的发展创造和维护良好的周边环境，而且积极努力地为世界的发展创造和维护良好的世界环境。我国不仅自己决心走和平发展道路、不对外侵略扩张、永远不称霸，始终奉行防御性的国防政策，而且一贯坚持反对霸权主义、维护世界和平，主张通过和平方式解决国际争端，主张以和平共处五项原则作为指导国际关系的准则，主张构建共同繁荣发展的和谐世界。我国在国际舞台上高举和平的旗帜，同世界上爱好和平的国家一道为维护地区和世界的和平与稳定作出了重大的贡献。

2. 我国是解决国际问题不可缺少的重要因素

进入新时期以来，尤其是进入新世纪以来，我国对国际社会的关注比以往任何时候都强烈得多，我国政府及领导人对国际事务的投入比以往任何时候都专心得多，我国参与的国际合作事业比以往任何时候都广泛得多，我国政府领导人出访外国的频率比以往任何时候都高得多，我国政府和人民对国际社会作出的贡献比以往任何时候都大得多。我国领导人积极出席重要的国际会议，我国政府广泛参加重要的国际合作，我国政府和人民在维护世界和平、热点问题处理、国际环境保护等一系列领域都作出了重要贡献。我国已经逐渐摘掉了"搭便车者"的帽子，成为承担更多国际责任的国家；我国已经是联合国第九大会费交纳国；我国参与联合国维和行动已经位居安理会五个常任理事国之首；我国是二十集团的创始国之一；我国正式参加国际水域护航行动；我国是朝鲜半岛核问题六方会谈的协调和主导国；我国积极参与了应对国际金融危机的国际合作。我国因为在国际社会作出的显著贡献而受到的好评的确也不少。

①《邓小平文选》第三卷，人民出版社 1993 年版，第 128 页。
②《邓小平文选》第三卷，人民出版社 1993 年版，第 104 页。

3. 我国是推动和稳定世界经济发展的重要力量

虽然我国社会依然处于社会主义社会的初级阶段，我国的发展水平总体上依然属于发展中国家，但我国经济不仅是世界经济的重要组成部分，而且在世界经济中具有重要的地位。我国经济总量已升至世界第二。"2010 年我国 GDP 达到 58791 亿美元，超过日本跃居世界第二位，仅次于美国。"[①] 我国已是世界生产和制造大国。"主要农产品产量位居世界前列。2010 年，我国粮食产量达到 54641 万吨，比 1978 年增长 79.3%。棉花产量 597 万吨，增长 1.8 倍。油料产量 3239 万吨，增长 5.2 倍。近年来，我国谷物、肉类、籽棉、花生、茶叶、水果等农产品产量稳居世界第一位"[②]；"制造业大国地位初步确立。按照国际标准工业分类，2007 年，在 22 个制造业大类中，我国在 7 个大类中名列第一，有 15 个大类名列前三。美国经济咨询公司环球通视数据表明，2009 年我国制造业产出占世界的 18.6%，比美国稍低 1.3 个百分点，位居世界第二。到目前为止，我国钢、煤、水泥、棉布等 200 多种工业品产量居世界第一位"[③]。我国已是世界贸易大国。"2009 年，我国货物出口额超过德国居世界第一位，货物进口额居世界第二位。2010 年，我国货物进出口总额达到 29728 亿美元，创历史新高。"[④] 我国是世界上的消费大国。目前我国石油进口为世界第二，也是世界铁矿石、主要金属、水泥的主要消耗国。

我国已经被公认为是最具经济活力的大国之一，是对世界经济增长贡献率最大的国家之一，在世界经济中发挥着重要的功能。我国经济发展已成为世界经济增长的重要推动力和稳定因素，特别是在 2007—2009 年以来的世界金融危机中，我国经济迅速回稳和保

---

① 马建堂：《全面认识我国在世界经济中的地位》，《人民日报》2011 年 3 月 17 日。
② 马建堂：《全面认识我国在世界经济中的地位》，《人民日报》2011 年 3 月 17 日。
③ 马建堂：《全面认识我国在世界经济中的地位》，《人民日报》2011 年 3 月 17 日。
④ 马建堂：《全面认识我国在世界经济中的地位》，《人民日报》2011 年 3 月 17 日。

持较快增长，也为世界经济提供了强劲的增长动力，极大地增强了各国战胜危机的信心；我国与国际社会同舟共济，共同抵御金融危机带来的不利影响，为促进世界经济保持稳定，尽了自己最大的努力，发挥了负责任的作用。我国最高领导人连续 5 次出席 G20 峰会，积极同国际社会加强宏观经济政策协调，开展宏观经济政策对话，推动国际金融体系改革，并积极向国际货币基金组织和亚洲开发银行增资。我国的发展离不开世界，世界繁荣稳定也离不开我国。

4.“中国模式”已经引起国际社会日益广泛的关注

20 世纪末 21 世纪初，随着我国经济的快速发展和实力的不断增长，我国经济发展的经验、做法或道路，开始受到国际社会广泛的关注，尤其是美国高盛公司高级顾问、清华大学教授乔舒亚·库珀·雷默于 2004 年 5 月在英国著名的思想库“伦敦外交政策中心”发表《北京共识：提供新模式》一文中，将我国经济发展的成功经验或做法用“中国模式”加以概括，“中国模式”从此名声大作。从目前关于“中国模式”的讨论来看，主要指的是我国经济发展模式，也有人以“中国道路”、“北京共识”等来进行议论。2008 年以来，由于我国经济发展在美国引发的世界金融危机中一枝独秀，“中国模式”在国际上再次受到热炒。尽管“中国模式”不是我们中国人提出来的，关于“中国模式”的概念、涵义、性质、特点、意义等等的议论，存在着很大的分歧和争议，关于“中国模式”的议论也不是我们中国人都能接受的，但“中国模式”的提出和热议确实反映着国际社会对我国发展的高度关注，表明了我国发展经验的国际影响在扩大，也体现了国际社会观察我国现代化实践的一个新高度和新视角。

笔者认为，如果说“中国模式”存在的话，那么我们首先要说，它是社会主义性质的，它也就是“中国特色社会主义道路”，或者可以认为，“中国模式”的实质就是，在经济全球化加速发展

217

的国际背景下，在中国共产党的坚强和正确领导下，中国人民坚持科学社会主义原则与当代中国国情和时代条件的紧密结合，探索和走出的在经济文化相对落后条件下实现国家现代化的道路。它既是一条经济文化相对落后国家建设社会主义的道路，又是一条经济文化相对落后国家实现现代化的道路。"中国模式"作为新型的社会主义道路和新型的现代化道路，对于丰富关于人类社会发展规律的认识，对于促进人类文明多样性的发展，对于推动人类社会共同进步与繁荣的进程，的确具有非常重要的意义。

　　毫无疑问，我国国际地位和国际影响的提升与扩大是以中国特色社会主义建设和发展的成就为基础和后盾的。世纪之交以来，国际社会越来越关注我国，我国在世界媒体的报道中已成为出现频率最高的国家之一。虽然由于意识形态、社会制度、价值观等因素的影响，包括西方发达国家在内的国际社会，在评论我国时持不同的立场和态度，也存在着不同的声音，但对于我国越来越成为世界上举足轻重甚至是不可或缺的因素这一点，却普遍认为是不可否认的事实。在 2009 年 7 月 17 日至 20 日于北京召开的第十一次驻外使节会议上，中共中央总书记、国家主席、中央军委主席胡锦涛讲话强调，要"努力使我国在政治上更有影响力，经济上更有竞争力，形象上更有亲和力，道义上更有感召力"[1]。我们完全有理由相信，国际地位和国际影响日益提升与扩大的我国一定会实现这一目标，中国特色社会主义的生机与活力、中国特色社会主义的价值也必将更加充分地显现出来。

---

　　[1] 胡锦涛：《我国改革发展稳定面临新的机遇和挑战》，《人民日报》2009 年 7 月 20 日。

第六章
中国特色社会主义道路及其世界历史意义

2007 年 10 月，中国共产党召开了第十七次全国代表大会。中国共产党这次全国代表大会的重要理论贡献是，第一次明确而完整地对"中国特色社会主义道路"作出了科学的界定，并确认了"中国特色社会主义理论体系"。中国共产党的十七大报告指出："中国特色社会主义道路，就是在中国共产党领导下，立足基本国情，以经济建设为中心，坚持四项基本原则，坚持改革开放，解放和发展社会生产力，巩固和完善社会主义制度，建设社会主义市场经济、社会主义民主政治、社会主义先进文化、社会主义和谐社会，建设富强民主文明和谐的社会主义现代化国家。""中国特色社会主义理论体系，就是包括邓小平理论、'三个代表'重要思想以及科学发展观等重大战略思想在内的科学理论体系。"中国共产党的十七大报告还指出："改革开放以来我们取得的一切成绩和进步的根本原因，归结起来就是：开辟了中国特色社会主义道路，形成了中国特色社会主义理论体系"，夺取我国社会主义事业新的胜利，必须继续"高举中国特色社会主义伟大旗帜"，而"最根本的就是要坚持这条道路和这个理论体系"[1]。

笔者认为，中国共产党的十七大关于"中国特色社会主义道路"的界定以及对"中国特色社会主义理论体系"的确认，不仅标志"中国特色社会主义道路"走向了成熟，标志中国共产党人对于

---

[1] 张静如主编：《中国共产党全国代表大会史丛书》第六册，万卷出版公司 2008 年版，第 221 页。

"中国特色社会主义理论与实践"的认识提升到了一个新的高度，而且更加凸显了"中国特色社会主义道路"在经济全球化趋势加速发展的时代条件下所具有的世界历史意义。

一、中国特色社会主义道路的伟大探索

从 1921 年中国共产党诞生算起，在中国共产党的指引和领导下，以自由、解放、繁荣、幸福为期盼的中国人民进行了 28 年的英勇奋斗，经历了反帝反封建战争、抗日战争、解放战争，于 1949 年 10 月 1 日正式建立了社会主义的新中国——中华人民共和国，走上了充满光明和美好前景的社会主义道路。从新中国诞生开始，在一个人口众多、贫穷落后的世界大国中如何建设社会主义，就成为中国共产党人面对的新的重大历史使命和需要探索的新的重大历史课题。

社会主义的新中国迄今已经走过了六十余年的历史进程。以 1978 年 12 月中国共产党的十一届三中全会召开并决定改革开放为基本标志，新中国可以划分为前后两个历史时期。在新中国的第一个历史时期中，社会主义建设基本上是以科学社会主义创始人关于未来社会的设想为基本理论依据的，总体上是以第一个社会主义国家苏联的社会主义建设模式为基本实践参照的。

在以毛泽东同志为核心的中国共产党的第一代中央领导集体的领导下，新中国建立了社会主义国家政权和社会主义基本经济和政治制度，成功地完成了社会主义改造的任务，确立了以"实现四个现代化"为基本标志的发展目标，取得了社会主义建设的巨大成就，逐步建立了独立的比较完整的工业体系和国民经济体系，使我国从世界上最落后的农业国之一变成了富有潜力的新兴国家。从 1949 年至 1978 年的 30 年，我国的面貌发生了翻天覆地的巨大变化。由于社会主义制度的建立、巩固和发展，由于社会主义建设取得的巨大成就，我国的国际影响迅速扩大，我国的国际地位也稳步

提高。

在这期间，由于中国共产党缺少建设社会主义的实际经验，思想上受"左"倾教条主义的严重束缚，对于社会主义发展规律认识不够深刻，对于第二次世界大战后世界政治发展变化和世界经济全球化趋势认识不足，犯了严重的"左"倾错误，导致了"大跃进"、"文化大革命"、"闭关锁国"和"盲目排外"等严重的失误，留下了惨痛的教训。但是，通过领导社会主义改造的成功实践和"走自己的路"的初步试验，中国共产党也取得了探索社会主义建设规律的宝贵经验。

例如：在我国的社会主义改造过程中，中国共产党成功地采取了对民族资产阶级和平赎买的政策。对民族资产阶级实行和平赎买，是中国特色社会主义改造理论最具有特色的实质性内容。依据马克思、恩格斯、列宁都曾经有过的思想，即在一定条件下可以把赎买作为"剥夺剥夺者"的一种途径的设想，中国共产党考虑到中国民族资产阶级在社会主义革命时期也有两面性，他们既有剥削工人阶级取得利润的一面，又有拥护宪法、愿意接受社会主义改造的一面，因此决定在解决民族资本主义问题上采用非对抗性的办法，即采取利用、限制、改造的政策，通过一系列由低级到高级的国家资本主义过渡形式，对它们实行了赎买，从而成功地实现了既减少国家损失、减少社会震荡，又达到了消灭资本主义、消灭资产阶级的目的。对民族资产阶级采取和平赎买政策，是中国共产党从中国国情出发进行社会主义革命和建设的一个创举。

再如：对于最初几年由于没有经验照抄照搬苏联模式，毛泽东同志也发现了问题，也感到不满意，因此，1956年前后提出了"以苏联为鉴戒"走自己的路的建设思路。毛泽东同志曾明确指出："我认为最重要的教训是独立自主，调查研究，摸清本国国情，把马克思列宁主义的基本原理同我国革命和建设的具体实际结合起来，制定我们的路线、方针、政策"；强调"现在是社会主义革命

221

和建设时期，我们要进行第二次结合，找出在中国进行社会主义革命和建设的正确道路。"①毛泽东同志在《论十大关系》一文中指出："特别值得注意的是，最近苏联方面暴露了他们在建设社会主义过程中的一些缺点和错误，他们走过的弯路，你还想走？过去我们就是鉴于他们的经验教训，少走了一些弯路，现在当然更要引以为戒。"②毛泽东同志也主张走出一条"中国工业化的道路"。在《关于正确处理人民内部矛盾的问题》中，毛泽东同志明确提出了"中国工业化的道路"的概念，并认为"工业化道路的问题，主要是指重工业、轻工业和农业的发展关系问题。我国的经济建设是以重工业为中心，这一点必须肯定。但是同时必须充分注意发展农业和轻工业。"

又如，毛泽东、周恩来等同志针对我国经济文化落后的现实，提出了实现国家"现代化"的思想，并由周恩来同志代表党和政府于1964年12月21日至1965年1月4日召开的第三届全国人民代表大会第一次会议上第一次正式和完整地提出了"四个现代化"的目标和任务。周恩来同志在《政府工作报告》中宣布：调整国民经济的任务已经基本完成，整个国民经济已经全面好转。今后发展国民经济的主要任务，"就是要在不太长的历史时期内，把我国建设成为一个具有现代农业、现代工业、现代国防和现代科学技术的社会主义强国，赶上和超过世界先进水平"。

可以认为，以毛泽东同志提出的关于"十大关系"的认识及其实践为主要内容，代表了在当时历史条件下中国共产党"走自己的路"建设社会主义、探索社会主义建设规律的最初尝试和经验总结。我们党在社会主义改造中的"和平赎买"的创举、在社会主义革命和建设时期坚持马克思主义基本原理同我国实际的"第二次结合"、依据中国的实际国情提出的以"四个现代化"为基本标志的社会主义强国目标等，体现了以毛泽东同志为核心的中国共产党的

① 吴冷西：《十年论战》（上），中央文献出版社1999年版，第23、24页。
②《毛泽东文集》第七卷，人民出版社1999年版，第23页。

第一代中央领导集体继承了坚持把马克思主义基本原理同中国实际相结合、独立自主地探索适合中国国情的革命道路的光荣传统，同时，也为中国共产党后来继续坚持把马克思主义基本原理同中国实际相结合、独立自主地探索适合中国国情的建设道路提供了重要的借鉴和启发。中国共产党的十七大报告因此强调指出："改革开放伟大事业，是在以毛泽东同志为核心的中国共产党的第一代中央领导集体创立毛泽东思想，带领全党全国各族人民建立新中国、取得社会主义革命和建设伟大成就以及艰辛探索社会主义建设规律取得宝贵经验的基础上进行的。新民主主义革命的胜利，社会主义基本制度的建立，为当代中国一切发展进步奠定了根本政治前提和制度基础。"[①] 中国共产党的十七大报告的这个论断是非常正确的。

1978 年 12 月，中国共产党的十一届三中全会召开，我国社会主义建设和发展进入了新的历史时期。在新中国的第二个历史时期中，中国共产党纠正了对社会主义原则的教条式的理解和对社会主义的脱离国情、脱离时代特征的认识，促使社会主义建设彻底突破了苏联模式的束缚，走出了具有中国特色的道路，彻底抛弃了盲目排外的政策和闭关锁国的发展战略，实行了全面改革开放、参加经济全球化大潮、开放式建设的发展战略。

在以邓小平同志为核心的中国共产党的第二代中央领导集体的领导下，中国共产党作出了改革开放的决定，进行了全面的拨乱反正，在新的历史条件下开始了"走自己的路"的新探索，开创了中国特色社会主义道路，经过以江泽民同志为核心的第三代党中央领导集体和以胡锦涛同志为总书记的党中央的正确领导下，逐渐走出了一条成熟的中国特色社会主义的建设和发展道路，也谱写出了我国社会主义建设和发展的崭新篇章。

1982 年 9 月，中国共产党召开第十二次全国代表大会。邓小

---

① 张静如主编：《中国共产党全国代表大会史丛书》第六册，万卷出版公司 2008 年版，第 220 页。

平同志在党的十二大上所作的开幕词中，第一次提出"走自己的路，建设有中国特色的社会主义"①的主张。这一主张深刻总结了我国社会主义建设的正反两方面经验，明确提出了党在新时期的实践主题和理论主题，成为新时期的逻辑起点，标志了中国共产党在社会主义建设的认识上面达到了一个新的高度。中国共产党的十二大报告《全面开创社会主义现代化建设的新局面》对我国现代化建设的部署做了全面的阐述，标志着中国共产党在什么是社会主义、怎样建设社会主义的问题上开始了新的思考。

1987年10月，中国共产党召开第十三次全国代表大会。党的十三大报告《沿着有中国特色的社会主义道路前进》指出，"十一届三中全会以来，我们党在对社会主义再认识的过程中，在哲学、政治经济学和科学社会主义等方面，发挥和发展了一系列科学理论观点。包括：关于解放思想，实事求是，以实践作为检验真理的唯一标准的观点；关于建设社会主义必须根据本国国情，走自己的路的观点；关于在经济文化落后的条件下，建设社会主义必须有一个很长的初级阶段的观点；关于社会主义社会的根本任务是发展生产力，集中力量实现现代化的观点；关于社会主义经济是有计划商品经济的观点；关于改革是社会主义社会发展的重要动力，对外开放是实现社会主义现代化的必要条件的观点；关于社会主义民主政治和社会主义精神文明是社会主义重要特征的观点；关于坚持四项基本原则同坚持改革开放的总方针这两个基本点相互结合、缺一不可的观点；关于用'一个国家、两种制度'来实现国家统一的观点；关于执政党的党风关系到党的生死存亡的观点；关于按照独立自主、完全平等、互相尊重、互不干涉内部事务的原则，发展同外国共产党和其他政党的关系的观点；关于和平与发展是当代世界的主题的观点，等等。这些观点，构成了建设有中国特色的社会主义理

---

① 《邓小平文选》第三卷，人民出版社1993年版，第3页。

论的轮廓，初步回答了我国社会主义建设的阶段、任务、动力、条件、布局和国际环境等基本问题，规划了我们前进的科学轨道。"①《报告》强调："正确认识我国社会现在所处的历史阶段，是建设有中国特色的社会主义的首要问题，是我们制定和执行正确的路线和政策的根本依据。"②《报告》并首次概括了党在社会主义初级阶段建设有中国特色社会主义的基本路线，即"一个中心、两个基本点"。

1992 年 10 月，中国共产党召开第十四次全国代表大会。党的十四大报告《加快改革开放和现代化建设步伐，夺取有中国特色社会主义事业的更大胜利》明确提出了"邓小平同志建设有中国特色社会主义理论"③的概念，并从"社会主义的发展道路"、"社会主义的发展阶段"、"社会主义的根本任务"、"社会主义的发展动力"、"社会主义建设的外部条件"、"社会主义建设的政治保证"、"社会主义建设的战略步骤"、"社会主义的领导力量和依靠力量"、"祖国统一的问题"等九个方面论述了中国特色社会主义理论的主要内容。《报告》还指出，"十四年伟大实践的经验，集中到一点，就是要毫不动摇地坚持以建设有中国特色社会主义理论为指导的党的基本路线。这是我们事业能够经受风险考验，顺利达到目标的最可靠的保证。"④

1997 年 9 月，中国共产党召开第十五次全国代表大会。党的十五大报告《高举邓小平理论伟大旗帜，把建设有中国特色社会主义事业全面推向二十一世纪》明确地将建设有中国特色社会主义理论称之为"邓小平理论"。《报告》指出，"马克思列宁主义同中国

225

---

① 张静如主编:《中国共产党全国代表大会史丛书》第五册，万卷出版公司 2008 年版，第 89 页。

② 张静如主编:《中国共产党全国代表大会史丛书》第五册，万卷出版公司 2008 年版，第 79—80 页。

③ 张静如主编:《中国共产党全国代表大会史丛书》第五册，万卷出版公司 2008 年版，第 214 页。

④ 张静如主编:《中国共产党全国代表大会史丛书》第五册，万卷出版公司 2008 年版，第 217 页。

具体实际相结合有两次历史性飞跃，产生了两大理论成果。第一次飞跃的理论成果是被实践证明了的关于中国革命和建设的正确的理论原则和经验总结，它的主要创立者是毛泽东，我们党把它称为毛泽东思想。第二次飞跃的理论成果是建设有中国特色社会主义理论，它的主要创立者是邓小平，我们党把它称为邓小平理论。"①

2002 年 11 月，中国共产党召开第十六次全国代表大会。党的十六大报告《全面建设小康社会，开创中国特色社会主义事业新局面》指出，"大会的主题是：高举邓小平理论伟大旗帜，全面贯彻'三个代表'重要思想，继往开来，与时俱进，全面建设小康社会，加快推进社会主义现代化，为开创中国特色社会主义事业新局面而奋斗。"②《报告》指出，党的十三届四中全会以来的"十三年来的实践，加深了我们对什么是社会主义、怎样建设社会主义，建设什么样的党、怎样建设党的认识，积累了十分宝贵的经验。"这些经验包括："坚持以邓小平理论为指导，不断推进理论创新"、"坚持以经济建设为中心，用发展的办法解决前进中的问题"、"坚持改革开放，不断完善社会主义市场经济体制"、"坚持四项基本原则，发展社会主义民主政治"、"坚持物质文明和精神文明两手抓，实行依法治国和以德治国相结合"、"坚持稳定压倒一切的方针，正确处理改革发展稳定的关系"、"坚持党对军队的绝对领导，走中国特色的精兵之路"、"坚持团结一切可以团结的力量，不断增强中华民族的凝聚力"、"坚持独立自主的和平外交政策，维护世界和平与促进共同发展"、"坚持加强和改善党的领导，全面推进党的建设新的伟大工程"③等。《报告》指出，这些经验"归结起来就

---

① 张静如主编：《中国共产党全国代表大会史丛书》第五册，万卷出版公司 2008 年版，第 340—341 页。

② 张静如主编：《中国共产党全国代表大会史丛书》第六册，万卷出版公司 2008 年版，第 60 页。

③ 张静如主编：《中国共产党全国代表大会史丛书》第六册，万卷出版公司 2008 年版，第 62 页。

是，我们党必须始终代表中国先进生产力的发展要求，代表中国先进文化的前进方向，代表中国最广大人民的根本利益"①。中国共产党从而通过党的全国代表大会提出了"三个代表"重要思想。

2007 年 10 月，中国共产党召开第十七次全国代表大会。党的十七大报告《高举中国特色社会主义伟大旗帜，为夺取全面建设小康社会新胜利而奋斗》指出，"大会的主题是：高举中国特色社会主义伟大旗帜，以邓小平理论和'三个代表'重要思想为指导，深入贯彻落实科学发展观，继续解放思想，坚持改革开放，推动科学发展，促进社会和谐，为夺取全面建设小康社会新胜利而奋斗"②。《报告》第一次明确而完整地对"中国特色社会主义道路"作出了科学的界定，并确认了"中国特色社会主义理论体系"。《报告》指出："中国特色社会主义道路，就是在中国共产党领导下，立足基本国情，以经济建设为中心，坚持四项基本原则，坚持改革开放，解放和发展社会生产力，巩固和完善社会主义制度，建设社会主义市场经济、社会主义民主政治、社会主义先进文化、社会主义和谐社会，建设富强民主文明和谐的社会主义现代化国家。""中国特色社会主义理论体系，就是包括邓小平理论、'三个代表'重要思想以及科学发展观等重大战略思想在内的科学理论体系。"③《报告》指出："改革开放以来我们取得的一切成绩和进步的根本原因，归结起来就是：开辟了中国特色社会主义道路，形成了中国特色社会主义理论体系。高举中国特色社会主义伟大旗帜，最根本的就是要坚持这条道路和这个理论体系。"④党的十七大是在我国改革发展

① 张静如主编：《中国共产党全国代表大会史丛书》第六册，万卷出版公司 2008 年版，第 62 页。

② 张静如主编：《中国共产党全国代表大会史丛书》第六册，万卷出版公司 2008 年版，第 217 页。

③ 张静如主编：《中国共产党全国代表大会史丛书》第六册，万卷出版公司 2008 年版，第 221—222 页。

④ 张静如主编：《中国共产党全国代表大会史丛书》第六册，万卷出版公司 2008 年版，第 221 页。

关键阶段召开的。郑重而鲜明地提出高举中国特色社会主义伟大旗帜，强调这面伟大旗帜是当代中国发展进步的旗帜，是全党全国各族人民团结奋斗的旗帜，是夺取全面建设小康社会新胜利、开创中国特色社会主义新局面的根本，是党的十七大作出的一项历史性的重大决策，也是党的十七大的一项历史性的重大贡献。

由以上可见，自中国共产党的十二大提出"走自己的路，建设有中国特色的社会主义"以后，中国特色社会主义就是新时期以来中国共产党历次全国代表大会的主题或者核心，从党的十二大一直到十七大，不仅中国特色社会主义是一以贯之的主题或者核心，而且每一次党的全国代表大会都有新的认识、新的观点和新的阐述，体现着党在实践的基础上对中国特色社会主义的探索不断地在深化。正是经过这种不断深化的过程，才使党的十七大得以作出关于"中国特色社会主义道路"的界定，得以作出关于"中国特色社会主义理论体系"的确认，得以提出"高举中国特色社会主义伟大旗帜，最根本的就是要坚持这条道路和这个理论体系"的结论。中国特色社会主义理论体系是马克思主义中国化的最新成果。中国共产党就是在对中国特色社会主义的探索不断深化的过程中不断地推进马克思主义中国化的。正如党的十七大报告指出的："我们党坚持马克思主义的思想路线，不断探索和回答什么是社会主义、怎样建设社会主义，建设什么样的党、怎样建设党，实现什么样的发展、怎样发展等重大理论和实际问题，不断推进马克思主义中国化。"①

二、中国特色社会主义道路的科学内涵

中国共产党十七大报告对中国特色社会主义道路的科学界定是："中国特色社会主义道路，就是在中国共产党领导下，立足基本国情，以经济建设为中心，坚持四项基本原则，坚持改革开放，

---

① 张静如主编：《中国共产党全国代表大会史丛书》第六册，万卷出版公司 2008 年版，第 221 页。

解放和发展社会生产力，巩固和完善社会主义制度，建设社会主义市场经济、社会主义民主政治、社会主义先进文化、社会主义和谐社会，建设富强民主文明和谐的社会主义现代化国家。"可以认为，作为中国共产党探索和创造的建设中国初级阶段社会主义的正确途径的"中国特色社会主义道路"，其科学内涵就是回答在当代我国"什么是中国特色社会主义和怎样建设中国特色社会主义"的一系列基本问题。这一科学内涵集中地或突出地体现在当代我国社会主义建设的基本原则和发展目标上面。

当代我国社会主义建设的基本原则是什么呢？依据党的十七大报告对中国特色社会主义道路的科学界定，主要包括：以共产党为社会主义事业的领导核心，以初级阶段的国情实际为基本出发点，以"一个中心、两个基本点"为基本路线，以解放和发展社会生产力为根本任务，以巩固和完善社会主义制度为基本要求。

第一，以共产党为社会主义事业的领导核心。

以共产党为社会主义事业的领导核心，这是中国特色社会主义的突出标志，也是建设中国特色社会主义的首要的基本原则。

坚持中国共产党的领导，首先是因为中国革命和建设的历史形成了中国共产党的领导核心地位。在中国近现代的历史中，谋求社会变革的政治力量为数不少，尝试救亡图存的运动也多次发生，但是包括民族资产阶级在内的所有政治力量都没有真正找到民族解放和国家振兴的道路，包括孙中山领导的辛亥革命，也没有改变中国社会的半殖民地半封建性质。只有中国共产党真正找到了民族解放和国家振兴的正确道路，唤醒和凝聚了民众，只有中国共产党领导的新民主主义革命结束了中国社会的半殖民地半封建性质，建立了代表中国人民利益的中华人民共和国；在新中国的建设和发展中，中国共产党领导全国各族人民顺利地实现了从新民主主义到社会主义的过渡，建立了社会主义制度，全面地探索和开展了大规模的社会主义建设。1978年党的十一届三中全会以后，中国共产党在深刻总结社会主义建设的经验教训之后，又成功地开辟了中国特色社会主义道路和我国历史发展的新阶段。我国革命和建设的发展历史证明，中国共产党的领导是社会主义事业取得胜利的根本保证。

坚持中国共产党的领导，其次是因为中国共产党的性质和纲领决定了中国共产党的领导核心地位。中国共产党是中国工人阶级的先锋队，同时是中国人民和中华民族的先锋队，代表中国先进生产力的发展要求，代表中国先进文化的前进方向，代表中国最广大人民的根本利益。中国共产党的纲领是经过社会主义阶段的建设和发展最终实现共产主义社会。只有社会主义能够发展当代中国，而只有中国共产党是以实现社会主义和共产主义作为宗旨和奋斗目标的政党，在当前以建设中国特色社会主义强国、造福于中国各族人民为自己的使命。因此，在我国建设社会主义的伟大事业，唯有中国共产党堪当领导核心。

坚持中国共产党的领导，再次是因为我国的社会现实表明，在当代我国没有其他政治力量和组织能够代替中国共产党的领导作用和领导核心地位。中国共产党拥有八千多万党员，集合了我国工人阶级中优秀分子和社会其他阶层中的优秀分子，在中国各族人民中间拥有极高的威信和威望，也拥有庞大的后备力量。中国共产党坚持不懈地加强自身建设，努力完善民主制度和监督制度，不断地深化对共产党执政规律、社会主义建设规律和人类社会发展规律的认识，提高党员特别是党员领导干部的素质，增强执政意识和执政能力，不断地吐故纳新，坚决反对和制止腐败，坚持执政为民、执政为公，等等，都是旨在保持党的先进性和先锋模范作用，巩固自己执政党的地位、完成历史赋予的光荣使命。

第二，以初级阶段的国情实际为基本出发点。

一切从实际出发，是马克思主义政党指导自己行动的一条基本原则，也是使自己的行动取得成功达到目的的基本条件。马克思主义政党在领导革命的过程中必须从国情实际出发，在领导建设的过程中也必须从国情实际出发，这也是中国共产党在领导我国革命和建设的实践中，通过总结成功的经验和失败的教训而得出的科学结论。

在经过了我国和其他社会主义国家曾经一度脱离国情实际、急于建成社会主义的弯路和教训之后，中国共产党在十一届三中全会以后，逐渐恢复了解放思想、实事求是的思想路线，也恢复了从实际出发的基本原则。正是由于恢复了解放思想、实事求是的思想路线，恢复了从实际出发的基本原则，中国共产党重新审视了我国的基本国情，确认我国社会目前处于并将长期处于社会主义初级发展阶段，从而依据社会主义初级阶段的国情实际回答了什么是社会主义、怎样建设社会主义的一系列问题，并创造性地提出了建设中国特色社会主义的方针、政策、路线、战略部署和发展目标，实现了马克思主义基本原理与中国实际的又一次伟大结合。正是因为中国特色社会主义的方针、政策、路线、战略部署和发展目标都是以初级阶段的国情实际为基本出发点的，因而，它们是正确的，有强大生命力的，有现实指导作用的。党的十七大报告指出："新时期最显著的成就是快速发展。"[①]我国快速发展成就的取得决不是偶然的，一个重要因素就在于新时期以来我们党坚持了一切从实际出发的基本原则，我国建设和发展的方针、政策、路线、战略部署和发展目标的制定都是以我国的国情为基本依据的。

也正是因为中国特色社会主义是从中国国情实际出发的，而不是从科学社会主义基本原则出发的，所以，不仅在理论上回答了前人没有回答的许多新问题，而且在实践上作出了前人没有做过的许多新尝试，中国特色社会主义也才具有突出的时代特征和鲜明的民族特色，既不同于科学社会主义创始人关于未来社会的设想，又有别于社会主义发展历史上曾经存在过的"苏联模式"。近年来，在

---

① 张静如主编：《中国共产党全国代表大会史丛书》第六册，万卷出版公司2008年版，第221页。

分析我国新时期以来快速发展的经验时，国内外许多学者都使用了"中国模式"的概念和提法。用这一概念和提法概括新时期以来我国快速发展的经验不一定是完全合适或者准确的，对于"中国模式"的解释也存在着许多分歧。但是，这一概念和提法显然将新时期以来我国建设和发展中的做法或者路径既同科学社会主义创始人关于未来社会的设想区别了开来，又同社会主义发展历史上曾经存在过的"苏联模式"区别了开来，在客观上肯定了我国的做法或者路径是我国自己独特的，是我国国情的产物，而且是相当成功的。站在社会主义的视角，我们可以认为，无论是国外其他国家社会主义建设的经验教训，还是我国自己的社会主义建设的经验教训，都给了我们相同的启示：从国情实际出发建设社会主义是社会主义建设必须遵循的基本原则。

第三，以"一个中心、两个基本点"为基本路线。

由于我国是在经济文化相对落后的历史条件下建设社会主义的，我国社会将长期处于社会主义初级发展阶段，我国也将长期处于发展中国家的发展水平，这就决定了我国的社会主义建设必须坚持"以经济建设为中心"，把经济建设作为政治、文化等各个方面建设的基础；马克思主义的历史唯物主义基本原理揭示的人类社会历史发展的科学规律告诉我们，社会生产力是人类社会历史发展的最终决定力量；科学社会主义基本原理也告诉我们，社会主义的根本任务是发展生产力，创造更高的劳动生产率也是社会主义制度优越性的重要体现。因此，"以经济建设为中心"也符合马克思主义的历史唯物主义基本原理和科学社会主义基本原理；世界社会主义运动的历史经验，特别是苏联和我国社会主义建设的历史经验充分地表明，社会主义建设一定要把发展生产力作为根本任务来抓，而在经济文化相对落后条件下建设社会主义尤其必须以经济建设为中心，离开了发展生产力这个根本任务，离开了经济建设这个中心，社会主义就失去了生存和发展的基础。中国特色社会主义将发展生产力作为根本任务，将"以经济建设为中心"作为兴国之要，无疑是完全正确的。

由于社会主义社会是比资本主义社会更高级的社会，社会主义社会的建设和发展就必须充分吸收和借鉴人类历史中的一切优秀文明成果，而不能离开人类文明发展的大道，在经济文化相对落后条件下建设社会主义尤其更加需要充分地吸收和借鉴人类历史中的一切优秀文明成果，否则就不可能真正建成社会主义社会。这就决定了中国特色社会主义的建设必须坚持"对外开放"，必须顺应经济全球化的潮流，通过全面对外开放、参加经济全球化，充分地吸收和借鉴人类历史中的优秀文明成果，而决不能关起门来搞建设。在世界社会主义发展的历史上，我国和其他社会主义国家都曾经在不同程度上奉行过闭关锁国的政策，同时也在不同程度上遭到过西方强国的遏制与封锁，社会主义各国发展因此受到的严重损害。经验表明，关起门来搞社会主义建设是不能成功的；另一方面，社会主义制度同任何事物的发展一样，不可能是一蹴而就的，有一个不断完善的过程。社会主义制度尤其需要根据客观条件的变化不断地被更新，需要随着时代环境的发展不断地被调整，否则就失去了生机与活力，就无法适应社会发展的需要。这就决定了在社会主义建设过程中必须坚持改革，也就是不断地进行社会主义制度的自我完善，而既不能墨守成规、千篇一律，也不能一成不变、固步自封。恩格斯当年就曾经说过："所谓'社会主义社会'不是一种一成不变的东西，而应当和任何其他社会制度一样，把它看成是经常变化和改革的社会。"① 所以，中国特色社会主义将"改革开放"视为一条强国之路，主张对外开放，反对自我封闭，坚持把社会主义建设同外部条件紧密地联系起来；主张经常改革，反对僵化保守，坚持对不适应社会主义发展需要的体制和政策进行调整。

---

① 《马克思恩格斯文集》第 10 卷，人民出版社 2009 年版，第 588 页。

由于社会主义建设是在复杂的国际国内环境之中进行的，必须坚持正确的发展道路和方向，才能确保实现社会的全面进步、确保实现全国各族人民的根本利益、确保实现现代化强国的目标。尤其是在世界社会主义同世界资本主义力量对比处于劣势的国际环境中、在经济文化相对落后和在社会主义初级阶段的历史条件下建设社会主义，更需要坚持正确的发展道路和方向，否则也不可能真正建成社会主义社会。这就决定了中国特色社会主义建设必须坚持"四项基本原则"，即必须坚持社会主义道路，必须坚持人民民主专政，必须坚持共产党的领导，必须坚持马列主义、毛泽东思想，以这"四项基本原则"来保证社会主义建设的正确发展道路和方向。所以，中国特色社会主义将"坚持四项基本原则"视为"立国之本"。这方面，20世纪末苏联、东欧国家发生剧变，留下了惨痛的教训，也值得深刻汲取。

1978年开始的我国新时期的发展实践及其取得的成就充分证明，中国共产党将"一个中心、两个基本点"确立为党在社会主义初级阶段的基本路线是完全正确的，"党的基本路线是党和国家的生命线，是实现科学发展的政治保证"①，在我国社会主义初级阶段的任何时候都必须坚持下去，而决不能动摇。

第四，以解放和发展社会生产力为根本任务。

从整个人类社会历史进程看，生产力始终是促进人类社会向前发展的最终决定性因素。人类社会各个不同的社会形态由低级向高级的更替和发展，每一新的社会形态由初步形成到进一步完善和发展，以至最后走向灭亡或消亡的过程，归根到底都是由生产力的发展所决定的。马克思主义不仅注重生产力的发展，而且认为社会主义的根本任务就是解放和发展生产力，强调无产阶级夺取政权以后，要集中力量最大限度地发展社会生产力。这一方面是因为，解

---

① 张静如主编：《中国共产党全国代表大会史丛书》第六册，万卷出版公司2008年版，第224页。

放和发展生产力是社会主义本质的内在要求。只有不断地解放和发展生产力，社会主义社会才能全面进步和发展，社会主义社会才能获得强大的推动力，并为最终实现共产主义创造物质基础；另一方面是因为，解放和发展生产力是社会主义优越性的根本体现。只有不断地解放和发展生产力，社会主义才能创造出比资本主义更高的劳动生产率，社会主义制度才能得到巩固和完善，并最终战胜和超越资本主义。

中国特色社会主义特别重视解放和发展生产力，以解放和发展社会生产力为根本任务，不仅是因为解放和发展生产力是社会主义本质的要求，不仅是因为解放和发展生产力是社会主义优越性的根本体现，而且是因为解放和发展生产力是解决我国社会主义初级阶段社会主要矛盾的根本手段。社会主义社会的主要矛盾是人民日益增长的物质文化需要同相对落后的社会生产之间的矛盾。而在目前我国所处的社会主义初级阶段中，由于我国还是一个经济社会处于发展中水平的国家，同世界上的发达国家相比存在巨大的发展差距，人民日益增长的物质文化需要同落后的社会生产之间的矛盾因此表现得格外突出。而且，作为我国社会发展的主要矛盾，贯穿于整个社会主义初级阶段中，体现在社会生活的各个方面。在这一社会发展的主要矛盾中，矛盾的主要方面是我国社会生产的相对落后和绝对落后，还不能充分满足广大人民群众日益增长的物质文化需要，还不能充分实现全体人民的共同富裕。只有不断地解放和发展生产力，才能逐步改变我国社会生产相对落后和绝对落后的状况，才能实现我国社会的全面发展和进步，更大地满足广大人民日益增长的物质文化需要，更充分地实现全体人民的共同富裕。所以，把解放和发展生产力作为根本任务，把集中力量发展社会生产力摆在首要位置，是中国特色社会主义建设的必然要求，是我国现实社会发展的迫切需要。正因为如此，邓小平同志一再强调："社会主义阶段的最根本任务就是发展生产力"①，"社会主义的首要任务是发展生产力，逐步提高人民的物质和文化生活水平"②，要把"努力发展社会生产力，作为压倒一切的中心任务"③。

第五，以巩固和完善社会主义制度为基本要求。

新中国成立后，大约到1956年社会主义改造基本完成，以公有制为基础的社会主义基本经济制度和工人阶级领导的、以工农联盟为基础的人民民主专政的社会主义基本政治制度的确立，标志着我国的社会主义基本制度的正式确立。经济上，生产资料公有制表现为全民所有和集体所有两种形式，分配方式实行按劳分配原则；政治上，与人民民主专政这种国体相适应的政权组织形式是人民代表大会制度，与人民民主专政这种国体相适应的政党制度是中国共产党领导的多党合作和政治协商制度，民族关系则实行民族区域自治制度。社会主义基本制度是社会主义社会的重要标志，也为社会主义社会建设和发展提供着制度上的保证。

我国的社会主义基本制度符合国情和现实历史条件，代表了中国各族人民的根本利益，无疑是个好制度。但是，社会主义基本制度又需要不断地巩固和完善。首先，由于旧中国是一个经济文化相对落后的国家，经济机制不成熟，政治民主基础薄弱，封建传统根深蒂固，旧社会的残余较多，都对新生的社会主义制度形成十分严重的影响，甚至形成极大的腐蚀作用。新生的社会主义制度因此在相当长的时期内都需要巩固。其次，一种新的社会制度的建立也不可能一蹴而就，不可能建立起来就十分完善。社会主义制度是建立在生产资料公有制基础之上的，是人类历史上的崭新的社会制度，其建设尤其需要一个不断完善的过程。最后，同所有社会制度都要伴随该社会自身的发展需要而不断发展一样，我国的社会主义制度

①《邓小平文选》第三卷，人民出版社1993年版，第63页。
②《邓小平文选》第三卷，人民出版社1993年版，第116页。
③《邓小平文选》第三卷，人民出版社1993年版，第237页。

也要伴随着我国社会的发展和变迁而不断地发展，如果停止发展了，就会僵化呆板，就会落后于生活和时代，就会失去其应有的作用和价值。社会主义制度是现实生活的需要和反映，永远不会也不应该凝固下来，需要不断地巩固，需要不断地完善，也需要不断地与时俱进。

我国社会主义社会处于初级发展阶段，社会主义初级发展阶段本身的不成熟性决定了初级阶段的社会主义制度的不成熟性。因此，我国的社会主义初级阶段的社会制度，尤其特别需要不断地巩固和完善。所以，中国特色社会主义特别重视和强调巩固和完善社会主义制度的问题。新时期以来，在中国共产党领导下，我国实行改革开放的重大战略举措，努力使生产关系更加适应生产力的发展、上层建筑更加适应经济基础的发展，在一定意义上，也就是巩固社会主义制度，实现社会主义制度的自我完善和发展。社会主义制度的巩固、完善和发展，极大地促进了我国社会生产力的发展和社会的全面进步，也反映了新时期以来我国社会主义社会历史的巨大变迁和进化。

当代我国社会主义建设的发展目标是什么呢？依据党的十七大报告对中国特色社会主义道路的科学界定，主要包括：建设社会主义市场经济，建设社会主义民主政治，建设社会主义先进文化，建设社会主义和谐社会，通过社会主义市场经济、社会主义民主政治、社会主义先进文化和社会主义和谐社会这四个具体目标的建设，最终实现把国家建设成为富强民主文明和谐的社会主义现代化国家这个四位一体的发展总目标。

第一，建设社会主义市场经济。

社会主义市场经济是当代我国经济建设的基本目标，其价值取向是最大限度地实现效率与公平的统一。把社会主义制度与市场经济结合起来，是中国共产党和中国人民的伟大发明。社会主义市场经济体制反映了以公有制为主体、多种所有制经济共同发展的基本经济制度和以按劳分配为主体、多种分配方式并存的分配制度，体现了市场在资源配置中的基础性作用和宏观调控作用的统一，既能从根本上保证社会公平，又能保证发展效率；社会主义市场经济体制使经济和社会发展充分显示了科学性与价值性的统一，自发性与自觉性的统一，既能克服资本主义市场经济的盲目性，又能克服传统的社会主义计划经济的人为性和主观片面性。

我国确立社会主义市场经济体制、发展社会主义市场经济的实践已经初步证明，社会主义市场经济体制是效益与公平兼顾的最佳的经济体制，社会主义市场经济是充满生机活力和实现经济快速增长的经济模式。由于社会主义制度与市场经济的结合在我国还是初步的，结合的具体形式、运行的具体方式还有待进一步探索，社会主义市场经济体制也还有许多不成熟的地方，社会主义市场经济的优越性——最大化的效益和最大限度的公平——还没有充分体现出来。所以，中国共产党和政府在推进我国经济发展的过程中，特别重视加强建设社会主义市场经济，努力不断完善社会主义市场经济体制，以便社会主义市场经济的优越性更加充分地体现出来。

第二，建设社会主义民主政治。

没有民主就没有社会主义。社会主义民主政治制度是无产阶级掌握国家政权、管理国家的政治制度，其本质和核心是人民当家做主，国家的一切权力属于人民。社会主义民主政治是对封建政治的否定，是对资本主义民主政治的超越。建立劳动人民的国家政权，建立人民当家做主的社会主义民主政治制度，是中国共产党领导新民主主义革命的目标。新中国成立以后，中国共产党和政府始终把社会主义民主政治的实现作为我国政治发展的方向和追求，通过人民代表大会制度等社会主义民主政治制度为人民当家做主提供制度上的保证，我国人民群众也通过人民代表大会制度等社会主义民主政治制度有效地掌握国家政权、管理社会生活、行使民主权利。

我国社会主义社会六十多年的生活实践已经证明，社会主义民主政治的确是社会政治建设的好方向、好目标，人民代表大会制度等社会主义民主政治制度的确是好制度，在我国的经济、政治、文化和社会的全面建设和发展中发挥了巨大的促进作用。但是，不可否认，由于我国社会主义初级阶段经济社会发展水平的制约、广大人民群众民主政治意识和文化素质等因素的制约、我国历史上封建专制政治传统遗毒的影响，以及社会主义民主政治建设的历史还比较短暂、经验也不充足，我国的民主政治及其具体实现形式在许多方面又是不成熟、不健全、不充分的，是需要不断地发展和完善的。所以，中国特色社会主义高度重视社会主义民主政治的建设，强调人民民主是社会主义的生命。中国共产党提出，要坚定不移地发展社会主义民主政治，在社会主义民主政治建设中一定"要坚持中国特色社会主义政治发展道路，坚持党的领导、人民当家做主、依法治国有机统一"①，认为党的领导是保证、人民当家做主是核心、依法治国是方略，只有处理好党的领导、人民当家做主和依法治国三者的关系，才能建成具有高度社会主义民主的现代化国家。可以说，这是新中国成立以来我国民主政治建设经验的科学总结，也是实现我国社会主义民主政治的重要条件。中国共产党也明确地提出了现阶段我国民主政治建设的基本任务，这就是：坚持和完善人民代表大会制度、中国共产党领导的多党合作和政治协商制度、民族区域自治制度以及基层群众自治制度，不断地推进社会主义政治制度自我完善和发展。

第三，建设社会主义先进文化。

社会主义先进文化建设对于社会主义建设具有十分重要的意义。社会主义先进文化是中国共产党在思想上精神上的一面旗帜，是我国的灵魂和精神支柱，是我国综合国力的重要组成部分，也是中华民族凝聚力和创造力的重要源泉。因此，中国共产党和政府在

---

① 张静如主编：《中国共产党全国代表大会史丛书》第六册，万卷出版公司2008年版，第229页。

建设中国特色社会主义的过程中特别重视社会主义先进文化的建设，将社会主义先进文化视为中国特色社会主义建设的重要内容和目标之一，视为中国特色社会主义实现的重要条件之一。

对于当代我国的社会主义先进文化及其建设，中国特色社会主义理论作出的集中而明确的概括是："在当代中国，发展先进文化，就是发展有中国特色社会主义的文化，就是建设社会主义精神文明。"[①]"有中国特色社会主义的文化，就是以马克思主义为指导，以培育有理想、有道德、有文化、有纪律的公民为目标，发展面向现代化、面向世界、面向未来的，民族的科学的大众的社会主义文化。"[②]依据这一阐述，社会主义先进文化的指导思想是马克思主义；社会主义先进文化建设的目标是培育有理想、有道德、有文化、有纪律的"四有"新人；社会主义先进文化的根本特征是"民族的科学的大众的"；社会主义先进文化的时代品格是"面向现代化、面向世界、面向未来"。

就当前我国社会主义文化发展的现状以及社会主义建设对先进文化的要求来说，建设社会主义核心价值体系，增强社会主义意识形态的吸引力和凝聚力，建设和谐文化，培育文明风尚，弘扬中华文化，建设中华民族共有精神家园，推进文化创新，增强文化发展活力等，是建设社会主义先进文化的突出任务。

第四，建设社会主义和谐社会。

和谐社会是社会主义社会的题中应有之义。社会和谐是社会主义社会形态的必然要求，也是社会主义社会形态的本质体现。毫无疑问，社会和谐也是中国特色社会主义的本质属性和我国社会主义社会发展的必然要求和重要目标之一。

对于社会主义和谐社会的科学内涵和基本特征，中国特色社会主义理论作出了明确的阐述：社会主义和谐社会应该是"民主法

---

① 江泽民：《论"三个代表"》，中央文献出版社 2001 年版，第 158 页。
②《江泽民文选》第二卷，人民出版社 2006 年版，第 17—18 页。

治、公平正义、诚信友爱、充满活力、安定有序、人与自然和谐相处"的社会。[①] 民主法治，是指社会主义民主得到充分的体现，依法治国基本方略得到切实的贯彻，一切积极因素得到充分的调动；公平正义，是指各种社会利益关系得到妥善的协调，各种社会矛盾得到正确的处理，社会公平和正义得到切实的维护；诚信友爱，是指各民族融洽相处，社会团体互信互助，全体人民平等友爱；充满活力，是指改革进取精神得到崇尚，发明创造才能得到尊重，创新劳动成果得到肯定，整个社会充满朝气、蓬勃向上；安定有序，是指社会机制健全，社会管理良好，社会秩序安定，人民安居乐业；人与自然和谐相处，是指社会经济良性循环，生态环境良好整洁，人民生活富裕充实。当然，这些基本内容和特征是相互作用、相互联系的，在社会主义和谐社会的建设过程中需要全面地加以把握和推进。

三、中国特色社会主义道路鲜明的中国特色

中国共产党的十七大报告指出："中国特色社会主义道路之所以完全正确、之所以能够引领中国发展进步，关键在于我们既坚持了科学社会主义的基本原则，又根据我国实际和时代特征赋予其鲜明的中国特色。"[②] 那么，什么是中国特色社会主义道路的中国特色呢？中国特色社会主义道路的中国特色体现在哪些方面呢？

一般认为，事物的特色就是事物所表现出来的独特的色彩、风格、形式、特点等。事物的特色是由事物所赖以产生和发展的特定的具体的环境因素所决定的；事物的特色是其所属事物所独有的，一事物同其他事物之所以相区别，就在于该事物拥有自己的特色，

---

① 参见张静如主编：《中国共产党全国代表大会史丛书》第六册，万卷出版公司2008年版，第224页。

② 张静如主编：《中国共产党全国代表大会史丛书》第六册，万卷出版公司2008年版，第221—222页。

即拥有不同于其他事物的色彩、风格、形式或特点等。

中国特色社会主义道路的中国特色，就是中国特色社会主义道路所独有的、不同于其他国家社会主义道路的风格、形式和特点，它们是与中国的历史、中国的国情、中国的现实或中国的环境紧密相连的，也是与中国人对社会主义的认知紧密相连的，或者说它们是中国的历史、中国的国情、中国的现实或中国的环境的反映，是中国人对社会主义的认知的体现。如果离开了中国的历史、中国的国情、中国的现实、中国的环境，中国人的认知，是难以说明中国特色的。

中国特色社会主义道路的中国特色可以是同科学社会主义创始人关于未来社会的设想相比较而存在的，可以是同社会主义历史上存在过的苏联社会主义模式相比较而存在的，也可以是同当代其他社会主义国家的发展道路相比较而存在的。

中国特色社会主义道路的中国特色可以从多个视角来观察和分析，或者说可以在多个方面体现出来。

中国特色社会主义产生和发展于 20 世纪末期，具有鲜明的时代背景和时代特征。它顺应了和平与发展的时代潮流，顺应了经济全球化发展的历史趋势，是在世界社会主义改革潮流中"探索走自己的路"的突出成果，是在苏东剧变后世界社会主义走出低谷的重要体现。作为科学社会主义原则在当代中国的具体运用，作为中国初级阶段社会主义建设的理论与实践，它在一系列方面体现出了鲜明的特色与创新。

1. 中国特色社会主义是从国情实际出发的社会主义

科学社会主义创始人创立了科学社会主义，对未来社会作出了一些科学设想，提出了社会主义的基本原则，为世界社会主义运动提供了指南，指出了发展方向。然而，一个马克思主义政党在取得国家政权之后，如何认识本国的社会主义、如何建设本国的社会主义？是从科学社会主义原则出发呢？还是从本国国情实际出发呢？

社会主义国家的共产党人，包括曾经取得过国家政权并领导过社会主义建设的共产党人，大都曾经没有完全搞明白，大都曾经从科学社会主义原则出发，而忽略了本国国情实际，没有做到很好地将科学社会主义基本原则同本国国情实际结合起来，也因此大都有过惨痛的教训。笔者认为，当年的列宁可以说是一个例外，但列宁的社会主义实践实在是太短暂了。

中国特色社会主义道路是中国共产党人经历了惨痛的教训、总结了历史经验之后找到的中国社会主义建设的新路子。中国特色社会主义的理论与实践是从中国的国情实际出发的，而不是从马克思主义的书本或科学社会主义基本原则出发的，是中国共产党人将科学社会主义基本原则与当代中国的国情和社会发展实际密切相结合的产物。中国特色社会主义的理论，包括社会主义建设的指导思想、发展理念、战略目标等，既遵循了科学社会主义基本原则，又不是把科学社会主义基本原则当做教条；中国特色社会主义的实践，包括实现方式、方针政策、措施手段等，既坚持了社会主义的方向，又符合中国的国情。所以，中国特色社会主义道路不同于科学社会主义创始人关于未来社会的设想，而是从中国国情实际出发在理论上回答了前人没有回答的许多新问题，在实践上作出了前人没有作出的许多新尝试。

2. 中国特色社会主义是以经济建设为中心的社会主义

社会主义建设的内容是十分丰富的，涉及经济、政治、文化、社会等各个领域；社会主义发展的任务也十分广泛，包括物质文明、精神文明、社会文明的各个方面。由于世界各国在历史前提、发展水平、发展阶段等方面不可能完全相同，甚至存在极大的差异，因此，各国的社会主义建设以什么为中心？社会主义发展以什么为基础？阶段性发展目标和任务如何确定？等等，显然是不能完全相同的，也是不应该完全一样的。

中国共产党在领导中国特色社会主义建设的过程中，认为经济发展是政治、文化、社会等方面发展的基础，把经济建设确立为社会主义建设的中心任务，而且特别强调要坚实地打好经济这个发展基础，要牢牢地抓住经济这个中心任务，长期坚持下去不能动摇。这主要是从新中国的历史基础和目前国家的发展现状出发的。从新中国的历史基础来看，旧中国长期处于封建社会的历史发展形态和封闭落后的社会生产方式中，又曾经遭受外国帝国主义的侵略、剥削和压迫，持续了一百多年的半封建半殖民地阶段，中国人民被迫进行了反对帝国主义、反对殖民主义的战争和反对国民党独裁统治的人民解放战争。这一切导致了中国在世界工业化和现代化的潮流中大大落伍，科技文化的发展滞后，经济社会的发展相对缓慢。也就是说，新中国社会主义建设的经济文化基础十分薄弱，社会发展将长期处于社会主义初级阶段，国家发展也将长期属于发展中国家水平。因此，中国共产党正确地确认，中国特色社会主义建设必须"以经济建设为中心"。"以经济建设为中心"是中国的"兴国之要"，在中国共产党制定的党在社会主义初级阶段的基本路线的内容中，也因此占有十分重要的地位。

3. 中国特色社会主义是坚持独立自主原则的社会主义

独立自主原则就是主张马克思主义政党在革命和建设的过程中，坚持一切从本国的实际情况出发，根据自己的判断来决定如何进行本国的革命和建设，自己确立本国革命和建设的路线、方针、政策、战略目标及其步骤等等，而不受别人的指挥、干涉和干扰。这是马克思主义的一条基本原则。因为本国的革命也好，建设也好，只有从本国的实际情况出发才能确定正确的路线、方针、政策、战略目标及其步骤等等，也只有本国的领导力量才有资格、有条件、有能力确定正确的路线、方针、政策、战略目标及其步骤等等。

中国共产党强调坚持独立自主原则，就是要坚持一切从中国的实际情况出发，根据自己的判断来决定如何解决中国革命和建设中的问题，根据自己的认识来决定如何处理我国同外部世界的关系以及对待国际事务的态度和做法，也就是自己的事情自己做，把基点放在依靠自己的力量上面。坚持独立自主是中国共产党人的突出品格，也是中国共产党人取得成功的基本经验。在领导中国新民主主义革命的过程中，中国共产党人是这样做的；在领导中国社会主义建设的过程中，中国共产党人同样坚持了这样做。尤其是我国进入改革开放新时期以来，在领导中国特色社会主义建设的过程中，中国共产党更是强调和坚持独立自主原则。中国特色社会主义道路的选择，中国特色社会主义建设的路线、方针和政策的制定，中国特色社会主义发展战略步骤和目标的确立，中国特色社会主义经济、政治、文化、外交、军事等各方面实践的探索，都是中国共产党坚持一切从中国实际出发，完全根据自己的判断作出决策的。因此，中国特色社会主义道路是坚持独立自主原则的社会主义道路，既不同于社会主义发展历史上的"苏联模式"，又有别于当代其他社会主义国家的社会主义道路。

4. 中国特色社会主义是走和平发展道路的社会主义

邓小平同志在 20 世纪 80 年代末就曾经说过："我们搞的是有中国特色的社会主义，是不断发展社会生产力的社会主义，是主张和平的社会主义。"[1] 中国共产党十七大则明确提出："中国将始终不渝走和平发展道路。"[2] 社会主义在本质上就是和平的，社会主义发展道路理所当然地就是和平发展道路。然而，中国特色社会主义突出强调和平发展还另有原因和意义。中国是在经济文化落后条件下建设社会主义的，中国在相当长的时期内是发展中国家，中国建设社会主义的目标是实现社会主义的现代化，是把国家建设成为一个社会主义强国。鉴于历史上的强国、大国的现代化强国之路大都是

---

① 《邓小平文选》第三卷，人民出版社 1993 年版，第 328 页。

② 张静如主编：《中国共产党全国代表大会史丛书》第六册，万卷出版公司 2008 年版，第 237 页。

战争强国、军事强国之路，大都与殖民、侵略、扩张有关，而这是被人类所唾弃的一条旧路，是被历史所抛弃的一条死路，所以，中国要走出一条新路，要走出一条社会主义的现代化强国之路，即中国不走战争、侵略、殖民、扩张的道路，而是通过和平的方式或途径来实现社会主义现代化的强国目标，实现中华民族的伟大复兴；而鉴于世纪之交以来国际社会中存在着视中国的崛起为威胁的不当看法、流传着"中国威胁论"的不和谐之音，中国共产党和中国政府更有必要申明中国社会主义发展的和平道路。

中国不争霸，永远不称霸，既通过争取和平的国际环境发展自己，又通过自身发展维护世界和平，努力实现和平的发展、开放的发展、和谐的发展，是中国将始终不渝走和平发展道路的核心思想。走和平发展道路，就是要积极参与到经济全球化中去，充分吸收人类一切优秀文明成果；走和平发展道路，就是通过公平竞争和交换，和平地获得中国实现现代化所需要的资金、技术和资源；走和平发展道路，就是要把中国发展的基点放在依靠自身力量的基础上，主要依靠自己的力量来解决发展中的难题；走和平发展道路，就是在努力发展自己的同时，也努力促进世界各国的共同发展，不给别的国家发展制造障碍，为人类的进步和繁荣作出贡献；走和平发展道路，就是在和平共处五项原则的基础上同所有国家发展友好合作关系，坚持用和平方式而不是战争手段解决国际争端，不推行霸权主义，不威胁别的国家。

中国的和平发展道路，作为社会主义现代化强国之路，体现了社会主义的本质属性，顺应了当今时代的潮流和趋势，符合中国的国情和中国人民的根本利益。它完全不同于历史上的大国、强国的现代化强国之路，是中国开辟出的一条崭新的现代化强国之路。中国走和平发展的现代化强国道路，不仅有利于中国自身的和平稳定、繁荣发展，也有利于世界的和平稳定、繁荣发展。和平发展道路是中国特色社会主义现代化强国实现的必由之路。走和平发展的现代化强国道路，是中国人民和中国政府的郑重选择。中国共产党十七大明确提出"中国将始终不渝走和平发展道路"，就是中国共产党代表中国政府和人民向国际社会作出的庄严政策宣示，是向世界人民作出的郑重承诺，体现了中国走和平发展道路的坚定决心和信心，也诠释了中国特色社会主义的和平性质。中国一定走和平发展道路，中国的发展决不是威胁，中国在不久的将来一定会以维护世界和平与稳定、推动人类繁荣发展的社会主义现代化强国的形象出现于世界的东方。

5. 中国特色社会主义是追求世界和谐与共同发展的社会主义

世界和谐与共同发展是中国作为社会主义国家诞生以来的一贯主张和追求，这一追求也是社会主义本质属性的体现。进入 21 世纪以来，中国共产党和中国政府将和谐世界与共同发展作为中国特色社会主义自身发展和促进世界繁荣发展的重要理念，也更加重视推动和谐世界的构建和共同发展的实现。"和谐世界"的理念于 2005 年 4 月 22 日在雅加达亚非峰会上由胡锦涛主席代表中国政府第一次提出，在 2005 年 7 月 1 日中俄两国签署的《中俄关于 21 世纪国际秩序的联合声明》中第一次被确认为国与国之间的共识，在 2005 年 9 月 15 日纪念联合国成立 60 年的首脑会议上，胡锦涛主席在发言中全面地阐述了其内涵。此后，这一充满美好愿望和丰富智慧的理念开始频频出现于国际场合，得到越来越多国家的理解和赞同。

2007 年 10 月 15 日，中国共产党在十七大报告中提出："共同分享发展机遇，共同应对各种挑战，推进人类和平与发展的崇高事业，事关各国人民的根本利益，也是各国人民的共同心愿。我们主张，各国人民携手努力，推动建设持久和平、共同繁荣的和谐世界"。[①] 将"和谐世界"的理念写进党的全国代表大会报告，彰显了

① 张静如主编：《中国共产党全国代表大会史丛书》第六册，万卷出版公司 2008 年版，第 237 页。

其对中国特色社会主义理论与实践所具有的重大意义，同"和平发展道路"的理念诠释了中国特色社会主义的和平性质一样，"和谐世界"的理念进一步诠释了中国特色社会主义的和平性质。

"和谐世界"理念的基本含义是"持久和平、共同繁荣"。党的十七大报告从政治、经济、文化、安全、环保五个方面阐述了和谐世界的基本要素。即"政治上相互尊重、平等协商，共同推进国际关系民主化；经济上相互合作、优势互补，共同推进经济全球化朝着均衡、普惠、共赢方向发展；文化上相互借鉴、求同存异，尊重世界多样性，共同促进人类文明繁荣进步；安全上相互信任、加强合作，坚持用和平方式而不是战争手段解决国际争端，共同维护世界和平稳定；环保上相互帮助、协力推进，共同呵护人类赖以生存的地球家园"[①]。党的十七大报告还提出，构建和谐世界，"应该遵循联合国宪章宗旨和原则，恪守国际法和公认的国际关系准则"，要"在国际关系中弘扬民主、和睦、协作、共赢精神"，要"在实现本国发展的同时兼顾对方特别是对发展中国家的正当关切"，要"始终不渝奉行互利共赢的开放战略"[②]，等等。这都十分鲜明地体现了中国特色社会主义是追求世界和谐与共同发展的社会主义。构建和谐世界、实现共同发展，符合中国人民的根本利益和共同愿望，也符合世界各国人民的根本利益和共同愿望。因此，追求世界和谐与共同发展的中国特色社会主义必将在世界上产生更大的影响。

6. 中国特色社会主义是社会主义制度与市场经济相结合的社会主义

把社会主义制度与市场经济结合起来，是中国共产党和中国人

---

① 张静如主编：《中国共产党全国代表大会史丛书》第六册，万卷出版公司2008年版，第237页。

② 张静如主编：《中国共产党全国代表大会史丛书》第六册，万卷出版公司2008年版，第237页。

民的伟大发明。中国共产党十七大报告把我国改革开放的宝贵经验概括为"十个结合",其中之一是把坚持社会主义基本制度同发展市场经济结合起来。把社会主义与市场经济结合起来,创立和形成崭新的社会主义市场经济体制,是中国特色社会主义最鲜明的特征之一。

科学社会主义创始人认为,商品经济是同私有制相关联的,在生产力和生产关系高度发展的共产主义社会是不存在商品经济的。"一旦社会占有了生产资料,商品生产就将被消除,而产品对生产者的统治也将随之消除。社会生产内部的无政府状态将为有计划的自觉的组织所代替。"[①]世界上第一个社会主义国家建立以后,列宁根据苏维埃俄国处在经济文化相对落后的历史条件,提出了通过"新经济政策"过渡到社会主义的思想,其中包括利用商业、发展同资本主义的商业关系,还提出过共产党人要学会经商等等;斯大林后来提出在社会主义社会一定时期内存在商品生产和商品经济,价值规律也会在一定范围内发挥作用。他认为,全民所有制经济内部不存在商品交换,但在全民与集体两种公有制之间、集体所有制经济内部存在商品交换仍然是必要的;生产资料不是商品,但消费资料必须是商品;价值规律不能在生产领域起调节作用,但在消费领域必然起调节作用。列宁和斯大林虽仍然把商品经济限制在狭隘的范围内,但在一定程度上承认了商品经济同社会主义具有一定的相容性。中国共产党在十一届三中全会以后,逐渐提出了"计划经济为主,市场调节为辅"、"计划经济与市场调节相结合"、"有计划的商品经济"等认识;邓小平同志也多次谈话指出,计划和市场都是方法,只要对发展生产力有好处,资本主义可以利用,社会主义也可以利用。1992年年初在南方谈话中,他更加明确地提出:"计划多一点还是市场多一点,不是社会主义与资本主义的本质区别。

249

---

① 《马克思恩格斯文集》第3卷,人民出版社2009年版,第564页。

计划经济不等于社会主义，资本主义也有计划；市场经济不等于资本主义，社会主义也有市场。计划和市场都是经济手段。"①到党的十四大，中国共产党正式提出了"社会主义市场经济"的概念，并把建立社会主义市场经济体制确立为我国经济体制改革的目标。社会主义同商品经济不相容的传统观点终于被彻底突破。

社会主义市场经济受社会主义制度的本质特征所决定，同社会主义基本经济制度紧密联系在一起，同资本主义市场经济有本质区别。第一，社会主义市场经济是建立在社会主义公有制经济为经济主体的基础之上的。第二，社会主义市场经济坚持按劳分配为主体、多种分配方式并存的分配制度。第三，社会主义市场经济的运行机制，是国家的宏观调控和市场调节相结合，计划经济和市场经济相结合。

社会主义市场经济从根本上说是体现社会主义本质、为社会主义本质服务的。社会主义市场经济体制反映了以公有制为主体、多种所有制经济共同发展的基本经济制度和以按劳分配为主体、多种分配方式并存的分配制度，体现了发挥市场在资源配置中的基础性作用和完善宏观调控的统一，从根本上既保证了社会公平，又保证了发展效率；社会主义市场经济体制使经济和社会发展充分显示了科学性与价值性的统一，自发性与自觉性的统一，既克服了资本主义市场经济的盲目性，又克服了传统的社会主义计划经济的人为性和主观片面性。实践已经初步证明，社会主义市场经济体制是效益与公平兼顾的最佳的一种经济体制。完全有理由相信，通过不断地完善社会主义市场经济体制，社会主义经济制度的优越性——最大化的效益和最大限度的公平一定会得到充分的体现。

7.中国特色社会主义是实行全面对外开放的社会主义

社会主义是比资本主义更高级的社会，应该是人类历史上一切

---

① 《邓小平文选》第三卷，人民出版社 1993 年版，第 373 页。

优秀文明成果的结晶。社会主义建设和发展因此不仅不能背离人类文明发展的大道，而且必须沿着人类文明发展的大道前进。只有充分地吸收和借鉴人类文明发展的一切优秀成果，社会主义才能真正建成，社会主义社会也才能真正超过人类历史上的一切社会发展水平，成为一个更高级的社会。所以，社会主义国家一建立，就立即面临如何处理自身发展同外部世界的关系问题、如何吸收和借鉴人类文明优秀成果的问题。在人类历史进入 20 世纪 90 年代以后，随着经济全球化趋势的加速发展，以及由此导致的世界各国家、各地区之间的相互依存、人类社会生活各个方面的更加紧密的联系，给社会主义国家的建设和发展提供了一个新的国际形势和环境。在新的形势和环境下，社会主义国家把自身发展同外部世界联系起来、充分地吸收与借鉴人类社会历史上创造的和人类社会当代创造的一切优秀文明成果，就更加成为迫切的问题。

在解放思想、实事求是思想路线指导下，中国共产党认真分析和研究了新的国际形势和环境，深刻总结了我国闭关锁国、盲目排外导致的国家建设发展缓慢的教训，作出了全面对外开放的重要决策。中国共产党逐渐深刻地认识到，当代的世界是开放的世界，经济全球化是不能回避的世界经济潮流；我国的发展离不开世界，必须实行全面对外开放政策。这主要是，第一，我国全面对外开放是吸收和借鉴人类一切优秀文明成果的需要。尤其是发达国家创造的先进科学技术、先进经营方式和管理方法，是人类文明发展的重要成果，我们应该很好地吸收和借鉴过来，为我国的社会主义现代化建设服务。这样做，就会极大地有利于我国更多地掌握先进的科学技术和经营管理方法，大大地缩短探索现代化道路和实现现代化的时间，从而更快地赶超世界先进水平。第二，我国全面对外开放是利用外资的需要。作为发展中国家，处于社会主义初级阶段，我们国家底子比较薄，现代化建设资金严重不足。我国经济对外开放，大力吸引发达国家的资金，就会极大地有利于弥补我国建设资金的严重不足，促使我国的自然资源和劳动力资源与外资结合起来，从而形成新的生产力，加快我国的现代化建设。第三，我国全面对外开放是开拓我国商品国际市场的需要。我国拥有巨大的劳动力资源和丰富的自然资源，拥有巨大的生产潜力，又拥有商品价格的明显优势。积极地参与国际竞争，有效地利用国际市场，大力发展对外贸易，就可以给我国发展带来巨大的经济效益，从而加速改变我国贫穷落后的面貌，迅速地提高人民生活水平。

我国是 1978 年结束闭关锁国、盲目排外的历史的，从此开始了全面对外开放。中国特色社会主义特别强调全面对外开放，全面对外开放也构成了我国新时期以来最鲜明的特点之一。实践证明，实行全面对外开放，是一项英明的战略决策，全面对外开放是中国特色社会主义建设和发展的正确道路。由于我国正确地应对经济全球化加速发展的趋势，积极主动地扩大对外交往，积极参与国际交流与合作，实行开放型的建设和发展，把本国的建设和发展与世界的发展密切联系起来，因此，充分地吸收和借鉴了人类社会一切优秀文明成果，包括外国的先进科学技术和成功发展经验，充分地利用了国际资源和条件，包括大量的外国资金和广阔的国际市场。离开了全面对外开放，就不可能有我国新时期快速发展的显著成就，就不会取得中国特色社会主义事业的伟大成功。

8. 中国特色社会主义是遵循科学发展观的社会主义

2003 年 10 月召开的中国共产党十六届三中全会提出了科学发展观，其基本内涵被概括为"坚持以人为本，树立全面、协调、可持续的发展观，促进经济社会和人的全面发展"，坚持"统筹城乡发展、统筹区域发展、统筹经济社会发展、统筹人与自然和谐发展、统筹国内发展和对外开放的要求"[①]。中国共产党十七大进一步概括为："科学发展观，第一要义是发展，核心是以人为本，基本

①《中共中央关于完善社会主义市场经济体制若干问题的决议》辅导读本，人民出版社 2003 年版，第 2 页。

要求是全面协调可持续，根本方法是统筹兼顾。"① 科学发展观从我国发展实际出发，进一步回答了实现什么样的发展、怎样发展等重大问题，是对共产党执政规律、社会主义建设规律、人类社会发展规律作出的新探索和新概括，开拓了中国特色社会主义理论发展的新境界。党的十七大指出："科学发展观，是对党的三代中央领导集体关于发展的重要思想的继承和发展，是马克思主义关于发展的世界观和方法论的集中体现，是同马克思列宁主义、毛泽东思想、邓小平理论和'三个代表'重要思想既一脉相承又与时俱进的科学理论，是我国经济社会发展的重要指导方针，是发展中国特色社会主义必须坚持和贯彻的重大战略思想。"② 大会审议并一致通过了十六届中央委员会提出的《中国共产党章程（修正案）》，同意将科学发展观写入党章。

党的十七大在分析了进入新世纪新阶段我国发展呈现出的"八个"新的阶段性特征③后指出："经过新中国成立以来特别是改革开放以来的不懈努力，我国取得了举世瞩目的发展成就，从生产力到生产关系、从经济基础到上层建筑都发生了意义深远的重大变化，但我国仍处于并将长期处于社会主义初级阶段的基本国情没有变，人民日益增长的物质文化需要同落后的社会生产之间的矛盾这一社会主要矛盾没有变。当前我国发展的阶段性特征，是社会主义初级阶段基本国情在新世纪新阶段的具体表现。"强调"必须始终保持清醒头脑，立足社会主义初级阶段这个最大的实际，科学分析我国全面参与经济全球化的新机遇新挑战，全面认识工业化、信息化、城镇化、市场化、国际化深入发展的新形势新任务，深刻把握我国

---

① 张静如主编：《中国共产党全国代表大会史丛书》第六册，万卷出版公司 2008 年版，第 223 页。

② 张静如主编：《中国共产党全国代表大会史丛书》第六册，万卷出版公司 2008 年版，第 222 页。

③ 参见张静如主编：《中国共产党全国代表大会史丛书》第六册，万卷出版公司 2008 年版，第 222—223 页。

发展面临的新课题新矛盾，更加自觉地走科学发展道路，奋力开拓中国特色社会主义更为广阔的发展前景。"科学发展观"是立足社会主义初级阶段基本国情，总结我国发展实践，借鉴国外发展经验，适应新的发展要求提出来的"①。可以肯定，深入贯彻落实科学发展观，我国人民一定会夺取全面建设小康社会的新胜利，开辟中国特色社会主义事业的新篇章。毫无疑问，科学发展是社会主义发展的必然要求，是社会主义本质属性的体现，因为社会主义发展是能够克服资本主义发展弊端的更高级的发展，

四、中国特色社会主义道路的世界历史意义

中国特色社会主义道路是科学社会主义理论与实践在当代中国的新成果，源于世界社会主义理论与实践，又大大推进了世界社会主义理论与实践，作为世界社会主义理论与实践的重要组成部分，作为前无古人的伟大的新试验，开辟了社会主义理论与实践的新路径，不仅具有鲜明的中国特色，而且具有十分重要的世界历史意义。

第一，破解了社会主义建设和发展的"历史难题"。

现实社会主义于20世纪初期诞生在经济文化发展相对落后的俄国，及至第二次世界大战后社会主义迅速发展时期，包括中国在内的十几个社会主义国家也仍然都是经济文化发展相对落后的国家。按照历史唯物主义原理揭示的人类社会发展的一般规律，社会主义应该在经济文化发达的国家和地区首先产生，科学社会主义创始人也曾预见在西欧资本主义发达地区、在少数或一批资本主义先进国家首先实现社会主义。然而由于特殊的历史条件和原因，社会主义在少数经济文化发展相对落后的国家和地区首先诞生了。虽然经济文化发展相对落后的国家和地区在一定的历史条件下首先产生社会主义并不违背历史发展的一般规律，但在经济文化发展相对

---

① 张静如主编：《中国共产党全国代表大会史丛书》第六册，万卷出版公司2008年版，第222页。

落后条件下如何认识社会主义？如何建设和发展社会主义？却是共产党人和社会主义者面临的新问题。因为如何建设和发展社会主义，本身就是前无古人的伟大创造，没有任何实践上可以借鉴的经验，而在经济文化发展相对落后的条件下如何认识社会主义？如何建设和发展社会主义？就更没有任何理论上可以遵循的认识，也没有任何可以借鉴的经验。因此，在经济文化发展相对落后的条件下如何认识社会主义，如何建设和发展社会主义，从一开始就是世界社会主义发展的"历史难题"。

就世界社会主义实践来看，从苏联到中国及其他社会主义国家，从列宁、斯大林到毛泽东及各国共产党人，虽然进行了许多有益的尝试和艰辛的探索，也取得了一定的成绩和宝贵的经验，产生了不少重要的理论和实践成果，包括苏维埃俄国的"新经济政策"的理论与实践、苏联社会主义模式的理论与实践、中国社会主义改造和工业化建设的理论与实践等等，但严格地来说，世界社会主义国家、各国共产党人由于种种原因，都没有能够从根本上破解这道"历史难题"，关于在经济文化发展相对落后的条件下如何认识社会主义、如何建设和发展社会主义，既没有在理论上形成比较完整和成熟的系统认识，也没有在实践上找到一条稳妥可行的发展道路，社会主义建设也没有取得理想的成就，苏联解体、东欧国家剧变又给世界社会主义运动造成了重大挫折、留下了惨痛的教训。正是在这样的历史条件下，中国共产党人开辟出了中国特色社会主义的视野，走出了中国特色社会主义道路，为中国社会主义的发展带来了新的生机，也为世界社会主义带来了新的希望。

以邓小平同志为主要代表的中国共产党人，把科学社会主义基本原则与中国国情实际结合起来，顺应世界历史发展的新特点，开辟了中国初级阶段社会主义建设的伟大实践，并初步回答了在中国经济文化发展相对落后条件下"怎样认识社会主义"和"怎样建设社会主义"的一系列问题。邓小平同志曾指出："我们现在所干的

255

事业是一项新事业，马克思没有讲过，我们的前人没有做过，其他社会主义国家也没有干过"[1]；他也说过："在中国建设社会主义这样的事，马克思的本本上找不出来，列宁的本本上也找不出来，每个国家都有自己的情况，各自的经历也不同，所以要独立思考。不但经济问题如此，政治问题也如此。"[2] 由于中国共产党在理论上提出了前人没有提出的许多新认识，在实践上作出了前人没有作出的许多新探索，所以逐步走出了一条具有中国特色的社会主义发展道路，形成了中国特色社会主义理论体系。而由于中国是世界上人口最多的国家，也是世界上最大的发展中国家，中国社会主义建设的理论与实践对于在经济文化发展相对落后条件下建设社会主义的探索来说，显然具有突出的典型性和相当的普遍意义。因此，完全可以认为，中国特色社会主义的理论和实践对于解决 20 世纪社会主义发展的"历史难题"具有十分重要的意义，也确实在许多方面初步破解了这道"历史难题"。

第二，创造了社会主义建设和发展的"民族模式"。

自现实社会主义诞生开始，社会主义模式问题就是令共产党人和社会主义者困惑的问题。模式一般被认为就是事物的标准样式，用于比较、区分同类或相近的事物；模式一般也被视为解决某一类问题的方法论，把解决某类问题的方法总结归纳到理论高度就是模式，标志事物之间隐藏的规律关系，是从不断重复出现的事件中发现和抽象出来的规律；也可以说模式是解决问题的经验的总结，是前人积累的经验的抽象和升华。社会主义模式，则可以认为是社会主义建设实践中的原则、方式、道路、经验等的总结，体现一定的形式上的规律性。

科学社会主义创始人依据当时对先进的资本主义国家经济政治发展状况的分析，曾经提出过一些社会主义基本原则，设想过社会

---

[1]《邓小平文选》第三卷，人民出版社 1993 年版，第 258 页。
[2]《邓小平文选》第三卷，人民出版社 1993 年版，第 260 页。

主义模式，但从来没有讲过社会主义具有固定模式，反对将理想的方案强加给人类，强调社会主义原则随时随地以当时的历史条件为转移。列宁认为各国国情具有特殊性，不同国家走向社会主义应各有自己独特的道路，明确提出了社会主义道路多样性的观点。十月革命前，他指出：在人类从今天的帝国主义走向明天的社会主义革命的道路上，同样表现出这种多样性。"一切民族都将走向社会主义，这是不可避免的，但是一切民族的走法却不会完全一样，在民主的这种或那种形式上，在无产阶级专政的这种或那种形态上，在社会生活各方面的社会主义改造的速度上，每个民族都会有自己的特点。"[1] 十月革命以后，他又指出："现在一切都**在于实践**，现在已经到了这样一个历史关头：理论在变为实践，理论由实践赋予活力，由实践来修正，由实践来检验"[2]；"对俄国来说，根据书本争论社会主义纲领的时代也已经过去了，我深信已经一去不复返了。今天只能根据经验来谈论社会主义。"[3] 但是，众所周知，后来曾经在一个相当长的历史时期内，人们不当地认为社会主义只有一种模式，即苏联模式，而且加以固定化。苏联模式即世界上第一个社会主义国家苏联社会主义革命和建设的道路、经验和做法的总结。由于不当地视苏联模式为唯一正确的模式，也由于缺少社会主义建设经验，世界其他社会主义国家在建设中大都采用过苏联模式，甚至盲目地加以照抄照搬。而由于苏联模式本身并不是十全十美的模式，也不完全符合其他社会主义国家的国情，因此，导致世界社会主义国家在建设过程中出现了许多问题，并在很大程度上陷入过发展困境。从 20 世纪 50、60 年代开始，进行社会主义改革，探索社会主义建设和发展的"民族模式"就成为各国共产党人面临的重要课题。

①《列宁专题文集〈论社会主义〉》，人民出版社 2009 年版，第 398 页。
②《列宁专题文集〈论社会主义〉》，人民出版社 2009 年版，第 59—60 页。
③《列宁专题文集〈论社会主义〉》，人民出版社 2009 年版，第 399 页。

　　东欧社会主义各国曾经尝试突破苏联模式，探索具有民族特色的社会主义模式，并在 20 世纪 70、80 年代掀起了一个社会主义改革的潮流，但由于多种原因，并没有找到社会主义建设的"民族模式"。苏联在 20 世纪 80 年代面对发展困境也曾尝试对自己的经济政治体制作出某种改变，但也由于改革方向上的失误，改革不仅没有成功，而且最终导致了社会倒退和国家解体。相比之下，中国的社会主义改革获得了巨大成功。中国共产党人坚持解放思想、实事求是和与时俱进，方向正确，步骤稳妥，将社会主义基本原则与中国的具体情况紧密结合起来，探索出了一条符合中国国情的社会主义建设新路子——中国特色社会主义道路。中国特色社会主义道路符合中国国情，体现中国人民的根本利益，具有时代特色，也具有鲜明的中国特色。中国特色社会主义道路比较成功地创造了社会主义建设和发展的"民族模式"，也为世界社会主义运动积累了新的宝贵经验。正如邓小平同志所说："在革命成功后，各国必须根据自己的条件建设社会主义。固定的模式是没有的，也不可能有。墨守成规的观点只能导致落后，甚至失败。"[1]"照抄照搬别国经验、别国模式，从来不能得到成功。这方面我们有过不少教训。把马克思主义的普遍真理同我国的具体实际结合起来，走自己的道路，建设有中国特色的社会主义，这就是我们总结长期历史经验得出的基本结论。"[2]

　　第三，开辟了世界社会主义运动复兴的正确方向。

　　东欧剧变、苏联解体发生后，世界社会主义力量遭受严重挫折，世界社会主义运动陷入了低谷。一时间，西方资本主义势力高呼"历史终结"，无比欣喜，弹冠相庆；社会主义国家的人们则充满困惑、焦虑和压力。社会主义能不能走出低谷？社会主义能不能实现复兴？社会主义如何走出低谷？社会主义如何实现复兴？

---

[1]《邓小平文选》第三卷，人民出版社 1993 年版，第 292 页。
[2]《邓小平文选》第三卷，人民出版社 1993 年版，第 2—3 页。

成为坚信社会主义的各国共产党人和社会主义国家的广大人民群众沉思的问题；社会主义走出低谷、实现世界社会主义的复兴，也是社会主义国家人民的普遍期盼。正是在世界社会主义发展受到严峻考验、世界社会主义运动处于低谷的时候，中国特色社会主义诞生并获得了巨大的成功。

中国特色社会主义开辟了社会主义发展的新境界，社会主义中国以崭新的面貌巍然屹立于世界的东方，并令世人瞩目地不断发展壮大。中国特色社会主义的诞生不仅从精神上给人们以极大的安慰和极大的鼓舞，而且更重要的是它十分迅速的发展和令人惊叹的成就，为世界社会主义的继续发展指出了一条路境。走上中国特色社会主义道路以来，中国的发展蒸蒸日上，欣欣向荣。改革开放三十多年来，中国成为世界上经济发展速度和社会全面进步最快的国家之一。中国成功地实现了初步的小康社会，正在努力建设全面的小康社会，朝着国家现代化和中等发达国家水平的目标快速前进。中国的国民经济总量已经跃居世界第二位，粮食、棉花、肉类、钢铁、煤炭、化肥、水泥等主要农产品和工业品产量位居世界首位；进出口贸易位居世界第三大贸易国；外汇储备位居世界首位；科学技术的许多领域进入世界先进行列，综合国力处于世界前茅。尽管中国仍然是一个发展中国家，但中国特色社会主义的诞生及其取得的巨大成就，对于世界社会主义运动具有难以估量的价值。中国特色社会主义为什么取得巨大成功？中国社会主义建设和发展为什么会充满生机与活力？如果高度概括它的成功经验，那就是：坚持把马克思主义的普遍真理同本国的具体实际结合起来，走自己的道路，建设具有民族特色的社会主义。毫无疑问，中国特色社会主义道路的开辟及其成功经验，为世界社会主义运动实现复兴开辟了正确的方向，中国特色社会主义建设和发展所取得的伟大成就也为世界社会主义运动实现复兴奠定了巨大的基础。

第四，提供了科学社会主义在当代的重要试验平台。

社会主义是人类历史发展的产物，也要随着人类历史的发展而发展。人类社会的科学技术和社会生产力水平在不断地发展，全球化的趋势日益强劲和深化，人类社会生活各个方面不断地呈现出新的面貌，这一切给社会主义的发展提供着新的时代条件和更为丰富的物质基础，人类对社会主义的认识将不断地发展，社会主义的内涵也将日益丰富，社会主义的实践也将不断地深化。社会主义理论不是"神圣不变"的教条，而是不断发展的真理；社会主义社会也不是一成不变的东西，而是一个经常改革的社会。与时俱进是社会主义理论的鲜明品格，也是社会主义实践的突出特征。

人类社会从资本主义过渡到社会主义，是一部分一部分实现的，在一国数国首先开始的。可以想象，人类社会从社会主义过渡到共产主义，也会是一部分一部分实现的，也会是在一国数国首先开始的。在社会主义从低级走向高级的过程中，无论是社会主义理论的不断发展，还是社会主义实践的不断深化，都离不开一定的试验平台。中国作为世界上人口最多的国家、世界上最大的发展中国家，毫无疑问，就是一个发展社会主义理论和深化社会主义实践的重要试验平台。中国共产党人带领中国人民进行的中国特色社会主义理论与实践的探索和试验，毫无疑问，就是世界社会主义在当代发展的一个重要的实践平台。中国共产党人带领中国人民进行中国特色社会主义建设，不断地进行中国特色社会主义的实践，毫无疑问，就是推进科学社会主义在当代发展的伟大试验。在中国这个巨大的试验平台上，中国共产党人和中国人民正百折不挠地创新着社会主义的实践，孜孜不倦地探索着社会主义的真理。中国特色社会主义道路的开辟，中国特色社会主义理论体系的形成，就是科学社会主义在当代发展的重大成果。中国这个巨大的试验平台，中国共产党和中国人民的伟大试验，中国特色社会主义的重大成果，具有十分重大的世界历史意义，必将大大地推进世界社会主义事业，产生新的充满希望的硕果。

第五，显示了社会主义制度的优越性和光明未来。

邓小平同志在我国改革开放初期说过："我们总结了几十年搞社会主义的经验。社会主义是什么，马克思主义是什么，过去我们并没有完全搞清楚。"①正因为没有完全搞清楚社会主义是什么，所以也没有完全搞清楚社会主义怎样建设，使得社会主义优越性没有能够充分发挥和体现出来。现在，我国开辟出了中国特色社会主义道路，形成了中国特色社会主义理论体系，标志着我们对于什么是社会主义和怎样建设社会主义的问题，已经比过去更加清楚了，也为社会主义优越性的发挥和体现创造了广阔的空间。

中国特色社会主义的优越性在理论上是明显的。中国特色社会主义回答了"什么是社会主义、怎样建设社会主义，建设什么样的党、怎样建设党，实现什么样的发展、怎样发展"等重大的理论和实践问题，不断地推进了马克思主义中国化；中国特色社会主义揭示了社会主义的本质，指出"社会主义的本质，是解放生产力，发展生产力，消灭剥削，消除两极分化，最终达到共同富裕"②，凸显了中国特色社会主义的崇高价值目标；中国特色社会主义明确了我国社会主义的建设目标，即："建设社会主义市场经济，建设社会主义民主政治，建设社会主义先进文化，建设社会主义和谐社会，建设富强民主文明和谐的社会主义现代化国家"，为全国人民指出了明确的奋斗目标；中国特色社会主义经济制度适应了先进生产力发展的要求，中国特色社会主义政治制度代表了劳动人民的根本利益，中国特色社会主义文化制度代表了先进文化的前进方向，中国特色社会主义和谐社会提供了良好的社会环境；中国特色社会主义具有与时俱进的品格和特征，坚持自我发展和完善，坚持不断创新。

261

中国特色社会主义的优越性在实践上也是明显的。虽然中国特

---

①《邓小平文选》第三卷，人民出版社 1993 年版，第 137 页。
②《邓小平文选》第三卷，人民出版社 1993 年版，第 373 页。

色社会主义优越性的实现以及中国特色社会主义本质的显现是一个逐步深化的过程，但是，中国特色社会主义的伟大实践已经取得了初步成功，它大大促进了中国社会生产力的发展，改变了社会的面貌，改善了十几亿人民的生活水平，提高了国家的综合国力；它推进了人民当家做主、促进了社会和谐，推动了科学发展；它集中全国的人力、物力、财力，充分调动一切积极因素办大事，在抗击自然灾害、进行大规模工程建设、举办重大国际事务、战胜世界经济危机中，均显示出了强大的威力和高效率；它集中智慧谋划了国家发展战略，为国家加快实现现代化、进入中等发达国家行列制定了长远的发展计划。这一切已经向中国人民和人类初步展示了社会主义制度的优越性，已经扩大了中国特色社会主义的国际声誉，预示着社会主义发展的光明未来。

20 世纪 80 年代末，邓小平同志曾说："我们对社会主义的前途充满信心"，"中国只要这样搞下去，旗帜不倒，就会有很大影响"，"只要中国不垮，世界上就有五分之一的人口在坚持社会主义"[1]。中国特色社会主义搞好了，"这不但是给占世界总人口四分之三的第三世界走出了一条路，更重要的是向人类表明，社会主义是必由之路，社会主义优于资本主义"[2]。

邓小平同志的话说得多么好啊！今天的现实正在验证着这些话。我们完全有理由相信，邓小平同志当年所说的这些话，必将在未来的历史发展中得到更加充分的验证。充满智慧、善于创造的中华民族沿着正确的道路向前走，中国特色社会主义的发展必将越来越好，伴随着全球化趋势的发展和人类社会的变化，中国特色社会主义道路的世界历史意义必将举世瞩目，社会主义的价值也必将因此更加充分地发扬光大。

---

[1]《邓小平文选》第三卷，人民出版社 1993 年版，第 320、321 页。
[2]《邓小平文选》第三卷，人民出版社 1993 年版，第 225 页。

主要参考文献

一、著作

1.《马克思恩格斯文集》第 1—10 卷，人民出版社 2009 年版。

2.《马克思恩格斯选集》第 1—4 卷，人民出版社 1995 年版。

3.《列宁专题文集》，人民出版社 2009 年版。

4.《列宁选集》第 1—4 卷，人民出版社 1995 年版。

5.《斯大林选集》（上、下卷），人民出版社 1979 年版。

6.《毛泽东文集》第七卷，人民出版社 1999 年版。

7.《邓小平文选》第一卷，人民出版社 1989 年版。

8.《邓小平文选》第二卷，人民出版社 1994 年版。

9.《邓小平文选》第三卷，人民出版社 1993 年版。

10.《江泽民文选》第一至三卷，人民出版社 2006 年版。

11.［英］阿列克斯·卡利尼科斯:《反对资本主义宣言》，罗汉、孙宁、黄悦译，上海世纪出版集团上海译文出版社 2005 年版。

12.［英］安东尼·吉登斯:《第三条道路——社会民主主义的复兴》，郑戈译，北京大学出版社 2000 年版。

13.［法］奥利维埃·多尔富斯:《地理观下全球化》，张戈译，社会科学文献出版社 2010 年版。

14.［美］彼得·F.德鲁克:《后资本主义社会》，傅振焜译，东方出版社 2009 年版。

15. 蔡拓:《全球问题与当代国际关系》，天津人民出版社 2002 年版。

16．蔡拓主编:《中国学者论全球化与自主》，重庆出版集团、重庆出版社 2008 年版。

17．程光泉主编:《全球化理论谱系》，湖南人民出版社 2002 年版。

18．［英］戴维·赫尔德等:《全球大变革:全球化时代的政治、经济与文化》，杨雪冬等译，社会科学文献出版社 2001 年版。

19．［美］丹尼斯·L.米都斯等:《增长的极限》，李宝恒译，人民出版社 1997 年版。

20．［苏］M.C.德拉基列夫主编:《国家垄断资本主义:共性与特点》上册，黄苏、王文修、陈德照、徐更生译，上海译文出版社 1982 年版。

21．［巴西］多斯桑托斯:《帝国主义与依附》，杨衍永、齐海燕、毛金里、白凤森译，社会科学文献出版社 1999 年版。

22．樊期曾:《现代科学技术革命与未来社会》，中国人民大学出版社 1998 年版。

23．丰子义、杨学功:《马克思"世界历史"理论与全球化》，人民出版社 2002 年版。

24．［罗］格·普·阿波斯托尔等主编:《当代资本主义》，陆象淦等译，生活·读书·新知三联书店 1979 年版。

25．《光明日报》1998—2011 年。

26．国际货币基金组织编制:《世界经济展望》(1997 年 5 月)，中国金融出版社 1997 年版。

27．郭宝宏著:《跨国垄断资本主义简论》，经济科学出版社 2004 年版。

28．［多国］海因兹·迪德里齐等:《全球资本主义的终结:新的历史蓝图》，徐文渊译，人民文学出版社 2001 年版。

29．何天云、钟谟智等:《全球化与资本主义问题研究》，重庆出版社 2004 年版。

264

30. 〔德〕黑格尔:《历史哲学》,王造时译,上海书店出版社 1999 年版。

31. 〔德〕赫尔穆特·施密特:《全球化与道德重建》,柴方国译,社会科学文献出版社 2001 年版。

32. 胡元梓、薛晓源主编:《全球化与中国》,中央编译出版社 1998 年版。

33. 胡连生、杨玲:《当代资本主义双重发展趋向研究》,人民出版社 2008 年版。

34. 黄凤志:《信息革命与当代国际关系》,吉林大学出版社 2005 年版。

35. 〔英〕G.A.科恩:《为什么不要社会主义?》,段忠桥译,人民出版社 2011 年版。

36. 李琮:《当代资本主义的新发展》,经济科学出版社 1998 年版。

37. 李琮主编:《当代资本主义世界经济发展史略》,社会科学文献出版社 1986 年版。

38. 李百玲:《晚年马克思恩格斯交往观研究》,中央编译出版社 2009 年版。

39. 联合国开发计划署:《2003 年度人类发展报告》,〔日〕横田洋三、秋月弘子审译,国际协力出版社 2003 年版。

40. 梁展编:《全球化话语》,上海三联书店 2002 年版。

41. 〔德〕赖纳·特茨拉夫主编:《全球化压力下的世界文化》,吴志成、韦苏等译,江西人民出版社 2001 年版。

42. 刘军:《与领导干部谈全球化问题》,中共中央党校出版社 2001 年版。

43. 刘昀献:《国际垄断资本主义论》,河南人民出版社 2005 年版。

44. 〔美〕罗伯特·赖克:《超级资本主义》,石冠兰译,当代中国出版社 2010 年版。

45. 〔美〕梅尔·格托夫:《人类关注的全球政治》,贾宗谊译,新华出版社 2000 年版。

46. 〔美〕梅萨罗维克、〔德〕佩斯特尔:《人类处于转折点》,梅艳译,三联书店 1987 年版。

47. 〔比利时〕欧内斯特·曼德尔:《晚期资本主义》,马清文译,黑龙江省人民出版社 1983 年版。

48. 〔美〕帕尔默·科尔顿:《近现代世界史》,孙福生等译,商务印书馆 1987 年版。

49. 蒲国良、熊光清:《全球化进程中社会主义与资本主义关系》,中国人民大学出版社 2006 年版。

50. 齐兰:《垄断资本全球化问题研究》,商务印书馆 2009 年版。

51. 钱俊瑞主编:《世界经济概论》(上册),人民出版社 1983 年版。

52. 仇启华:《现代资本主义经济》,中共中央党校出版社 1987 年版。

53. 《人民日报》1998—2011 年。

54. 〔埃及〕萨米尔·阿明:《全球化时代的资本主义——对当代社会的管理》,丁开杰等译,中国人民大学出版社 2005 年版。

55. 世界银行:《2000、2001 年世界发展报告》,中国财政经济出版社 2001 年版。

56. 宋国涛等著:《中国国际环境问题报告》,中国社会科学出版社 2002 年版。

57. 宋涛、陈耀庭主编:《论国家垄断资本主义》,安徽人民出版社 1993 年版。

58. 史妍嵋:《经济全球化与当代资本主义的新变化》,广东人民出版社 2004 年版。

59. 〔美〕威廉·E.哈拉尔:《新资本主义》,冯韵文、黄育馥

266

译，社会科学文献出版社 1991 年版。

60．［美］威廉·L.罗宾逊：《全球资本主义论——跨国世界中的生产、阶级与国家》，高明秀译，社会科学文献出版社 2009 年版。

61．［德］乌·贝克、哈贝马斯等：《全球化与政治》，王学东、柴方国等译，中央编译出版社 2000 年版。

62．［德］乌尔里希·贝克：《什么是全球化？全球主义的曲解——应对全球化》，常和芳译，华东师范大学出版社 2008 年版。

63．吴冷西：《十年论战》，中央文献出版社 1999 年版。

64．肖枫主编：《社会主义向何处去》，当代世界出版社 1999 年版。

65．徐坚主编：《国际环境与中国的战略机遇期》，人民出版社 2004 年版。

66．徐艳玲：《全球化、反全球化思潮与社会主义》，山东人民出版社 2005 年版。

67．［法］雅克·阿达：《经济全球化》，何竟、周晓幸译，中央编译出版社 2000 年版。

68．严书翰、胡振良：《当代资本主义研究》，中共中央党校出版社 2004 年版。

69．杨雪冬：《全球化：西方理论前沿》社会科学文献出版社 2002 年版。

70．杨雪冬主编：《全球化与社会主义的想象力》，重庆出版集团、重庆出版社 2009 年版。

71．叶启绩主编：《全球化背景下中国特色社会主义价值研究》，中山大学出版社 2005 年版。

72．［美］伊曼纽尔·沃勒斯坦：《现代世界体系》第 1 卷，尤来寅译，高等教育出版社 1998 年版。

73．俞可平主编：《全球化：西方化还是中国化》，社会科学出版社 2002 年版。

74．俞可平主编：《全球化时代的"社会主义"九十年代国外社会主义述评》，中央编译出版社 1998 年版。

75．俞可平主编：《全球化时代的"马克思主义"九十年代国外马克思主义新论选编》，中央编译出版社 1998 年版。

76．俞可平主编：《中国学者论全球化与自主》，重庆出版社 2008 年版。

77．俞可平、黄卫平主编：《全球化的悖论：全球化与当代社会主义、资本主义》，中央编译出版社 1998 年版。

78．［美］约翰·罗默：《社会主义的未来》，余文烈等译，重庆出版集团、重庆出版社 2010 年版。

79．［美］约瑟夫·E.斯蒂格利茨：《社会主义向何处去——经济体制转型的理论与证据》，周立群译，吉林人民出版社 1998 年版。

80．［美］约翰·卡西迪：《马克思的回归》，童建挺译，载俞可平主编《全球化时代的"马克思主义"》，中央编译出版社 1998 年版。

81．张爱武：《世界历史性社会主义研究》，社会科学文献出版社 2005 年版。

82．张静如主编：《中国共产党全国代表大会史丛书》第六册，万卷出版公司 2008 年版。

83．张雷声：《资本主义的社会矛盾及其历史走向》，安徽人民出版社 2000 年版。

二、论文

1．蔡拓：《全球治理的中国视角与实践》，《中国社会科学》2004 年第 1 期。

2．蔡仲德：《全球化？》，《中流》2001 年第 4 期。

3．陈劲松：《社会主义的观念与全球化的进程》，《中国人民大学学报》2005年第2期。

4．陈立新：《马克思关于全球化存在理由的追问》，《武汉大学学报》（人文科学版）2003年第2期。

5．陈国栋：《经济全球化时代社会主义意识形态面临的机遇与挑战》，《党政干部学刊》2009年第4期。

6．［美］戴维·科顿：《全球化资本主义导致人类日益贫困》，［日］《世界》1998年第8期。

7．鄂志寰：《波动性持续上升——从国际资本流动规律看2003年国际金融市场趋势》，《国际贸易》2003年第1期。

8．丰子义：《正确理解和把握马克思的世界历史理论》，《教学与研究》2004年第3期。

9．顾海良：《经济全球化与〈资本论〉研究的新视野》，《中国特色社会主义研究》2002年第3期。

10．韩德强：《反经济全球化思辨》，《国际贸易》2000年第4期。

11．何增科：《全球化对国家权力的冲击与回应》，《马克思主义与现实》2003年第6期。

12．宏量：《经济全球化观察》，《当代思潮》2000年第3期。

13．侯石：《一台极度倾斜的天平》，《半月谈》（内部）1999年第8期。

14．靳辉明：《国际垄断资本主义的本质特征和历史地位》，《中国社会科学文摘》2007年第1期。

15．［俄］久加诺夫：《全球化：绝境还是出路？》，《国外理论动态》2002年第12期，第三章"对自由市场的偏爱"。

16．李海平：《全球化与社会主义前景问题探讨》，《求实》2000年第9期。

17．梁树发：《从源头上理解马克思的世界历史理论——读〈德意志意识形态〉》,《浙江学刊》2003 年第 1 期。

18．刘志明:《反全球化运动述评》,《当代思潮》2002 年第 4 期。

19．刘文汇:《经济全球化与 21 世纪社会主义复兴》,《社会主义研究》2003 年第 1 期。

20．刘宁扬等:《论当代资本主义的国际垄断》,《世界经济与政治论坛》2001 年第 6 期。

21．柳瑟青:《邓小平国际垄断资本论研究笔记》(中),《现代国际关系》2001 年第 9 期。

22．罗文东:《论当代资本主义内部的"新社会因素"》,《理论前沿》2004 年第 14 期。

23．罗文东:《超国家垄断资本主义:对当代资本主义的一种理论分析》,《当代世界与社会主义》2006 年第 5 期。

24．罗天虹:《全球化是西方化吗?》,《教学与研究》2000 年第 4 期。

25．吕小波:《试论经济全球化对社会主义运动的影响》,《江西社会科学》2000 年第 2 期。

26．吕艳:《对资本主义社会内部社会主义因素的再思考》,《科学社会主义》2002 年第 4 期 。

27．明金维:《美国金融危机缘何殃及全球》,《半月谈》2009 年第 3 期。

28．庞中英:《另一种全球化:对"反全球化"现象的调查与思考》,《世界经济与政治》2001 年第 2 期。

29．庞卓恒:《西方资本主义社会正在发生自我扬弃》,《中国党政干部论坛》2002 年第 5 期。

30．任俊英:《全球化背景下社会主义发展战略取向》,《河南师大学报》2001 年第 6 期。

31．孙景峰、刘会强:《列宁世界历史理论的建构及当代意义》,

《吉林大学社会科学学报》2003 年第 2 期。

32．孙倩、余育国:《晚清首位外交使臣:美国人蒲安臣》,《文史精华》2005 年第 6 期。

33．陶大镛:《对当前世界政治经济格局的一些思考》,《北京师范大学学报》(社会科学版)1999 年第 5 期。

34．王亦楠:《跨国垄断:资本主义发展的新阶段》,《求是》2002 年第 1 期。

35．王逸舟:《中国:一步步认知全球化》,《环球时报》2000 年 5 月 26 日。

36．王和兴:《全球化时代的南北关系》,《世界经济与政治》2002 年第 12 期。

37．王和兴:《当代全球性问题透视》,《世界经济与政治》2002 年第 3 期。

38．王小民:《全球问题与全球治理》,《东南亚研究》2004 年第 4 期。

39．王宏伟:《"跨国资本家阶级"理论评析——经济全球化是否导致了"超帝国主义"?》,《国外社会科学》2004 年第 6 期。

40．王宇:《钉住制度如何酿成了泰国金融危机——亚洲金融危机 10 周年回望》,《中国发展观察》2007 年第 9 期。

41．汪信砚:《全球化与人类的共同利益》,《马克思主义与现实》1998 年第 4 期。

42．吴易风:《全球化的性质和利弊》,《中国人民大学学报》2001 年第 4 期。

43．吴剑平、吴群刚:《全球化与中国新的发展模式》,《世界经济与政治》2001 年第 4 期。

44．徐崇温:《如何理解资本主义社会中"新社会的因素"?》,《红旗文稿》2005 年第 20 期。

45．余晓菊:《论全球化问题与全球性问题的区别和联系》,《南开学报》2003 年第 2 期。

46．俞可平：《全球治理引论》，《马克思主义与现实》2002 年第 1 期。

47．俞可平：《全球化时代的"社会主义"——20 世纪 90 年代以来西方社会主义理论评述》，《马克思主义与现实》1998 年第 2 期。

48．俞可平：《全球治理引论》，《马克思主义与现实》2002 年第 1 期。

49．俞邃：《20 世纪全球性问题回眸》，《理论前沿》2002 年第 9 期。

50．杨晓玲：《论国际垄断发展的新阶段》，《教学与研究》2002 年第 6 期。

51．叶险明：《"历史向世界历史的转变"与全球化的本质及其发展趋势》，《中国人民大学学报》2002 年第 1 期。

52．张森林：《试论经济全球化的本质与世界社会主义的关系》，《当代经济研究》2003 年第 4 期。

53．张森林：《全球化与社会主义的选择》，《长春市委党校学报》2001 年第 6 期。

54．赵家祥：《〈共产党宣言〉中一个值得关注的思想》，《学习时报》，2008 年 5 月 12 日。

55．周春明：《全球性问题与思维方式的转变》，《光明日报》1998 年 8 月 28 日。

56．周敏凯：《马克思"世界历史观"与全球化问题的理论思考》，《国际问题研究》2003 年第 1 期。

57．周通编写：《全球化与跨国资本家阶级》，《国外理论动态》2001 年第 2 期。

后　记

　　《经济全球化与世界社会主义价值的思考》是我主持完成的教育部人文社会科学研究规划基金项目"经济全球化和人类社会发展与世界社会主义价值研究"（批准号：07JA710013）的结项成果，也是我主持完成的东北师范大学哲学社会科学优秀创新团队建设项目"当代中国高校思想政治理论教育研究"（批准号：NENU-SKA2007005）的子课题的研究成果。

　　全球化趋势加速发展，是我们所处时代的重要特征，给人类社会以巨大的影响。依据全球化趋势及其给人类社会发展带来的巨大变化审视世界社会主义的价值，是世界社会主义研究的一个新视角。"全球化与社会主义"也是一个值得并需要长期关注和研究的重要课题。

　　我一直坚信，人类社会从低级走向高级，同人类自身从低级走向高级一样，是不可抗拒的发展过程。没有阶级对立、阶级剥削和阶级压迫的高级社会，终将取代以阶级对立、阶级剥削和阶级压迫为基本特征的低级社会；我也一直认为，全球化是标志人类社会进步的趋势，人类社会的全球化趋势与人类社会的社会主义趋势是一致的，全球化在本质上属于社会主义，世界社会主义社会是人类社会全球化的充分体现。

　　十几年来，"全球化与社会主义"是我十分关注和喜爱的问题之一。尤其是在我担任东北师范大学马克思主义学院院长和东北师范大学国际关系学院院长期间，"全球化与社会主义"及其相关问题，是我主讲课程中的重要内容和科学研究中的重要内容，也是我指导研究生学位论文的重要选题方向。

"全球化与全球性问题"、"全球化时代的国际关系"、"全球性问题与人类共同利益、全球意识和国际合作"等，是我给国际政治专业本科学生和国际关系专业、国际政治专业硕士研究生开设的专业课程"当代国际政治问题"中的专题内容；"全球化时代世界经济与政治的基本特点"，是我给本科文科学生开设的公共政治必修课程和给本科理科学生开设的公共政治选修课程"当代世界经济与政治"中的专题内容；"经济全球化：中国特色社会主义建设的国际环境"、"经济全球化与中国和平崛起发展的新道路"，是我给本科学生开设的"形势与政策"课程中的专题内容；"全球化趋势及其对人类社会生活的影响"、"全球化与世界资本主义"、"全球化与世界社会主义"、"经济全球化：中国特色社会主义建设的机遇、挑战与对策"、"全球化视阈下的社会主义价值观"等，是我给马克思主义发展史专业、思想政治教育专业的硕士、博士研究生开设的专题课程内容。这些内容始终深受学生们的普遍欢迎和好评。那些三四百人的大课堂上，学生们听课的专注神情与回应的热烈场面，令我格外兴奋和欣慰，也令我始终难忘和回味；许多离校多年的学生在"国际劳动节"、"教师节"、"国庆节"、"春节"等节假日给我的问候中，还常常会说："很想继续聆听老师讲述'全球化的故事'"。这些也激励着我更加用心去授课、用心做研究。

2002—2005年，我主持了国家社会科学基金项目"经济全球化条件下社会主义与资本主义关系新特点及发展趋势"（批准号：02BKS014）的研究工作，研究报告的结项为"优秀"。在做该项目的过程中，通过广泛阅读马克思主义经典文献、中外学者的研究成果和自己的研究，我不仅深化了对"全球化趋势"、"全球化与资本主义"、"全球化与社会主义"等问题的认识，而且积累了较大量的资料、增加了兴趣，也获得了对"全球化与社会主义"及相关问题进一步深入研究的基础。

2007 年年初，我以"经济全球化和人类社会发展与世界社会主义价值研究"为题申报获得了东北师范大学哲学社会科学特色研究项目，由于学校科研经费原因，该特色研究项目后来被学校纳入到东北师范大学哲学社会科学优秀创新团队建设项目"当代中国高校思想政治理论教育研究"（批准号：NENU-SKA2007005）之中，为其子课题项目；2007 年 7 月，"经济全球化和人类社会发展与世界社会主义价值研究"被学校推荐申报教育部人文社会科学研究规划基金项目，于 2007 年 11 月获得批准为教育部人文社会科学研究 2007 年度规划基金一般项目（批准号：07JA710013）。本书《经济全球化与世界社会主义价值的思考》即为此两个研究项目的研究成果。

也很值得一提的是，2010 年 12 月，承蒙东北农业大学热诚邀请和特聘，我开始任东北农业大学马克思主义学院教授和博士研究生导师，并出任东北农业大学马克思主义学院的首任院长。我的教师生涯因此拓展了一块"用武阵地"，我的人生履历因此也增添了"特殊一页"。吉黑两省相邻，山川秀丽壮观，土地广袤肥沃。东北农业大学位于国家"211"工程大学之列，富有开拓创新传统，凸显北方现代农业特色，浸染着黑土地的芳香，淳朴而不乏光彩。然而，我肩负的任务却十分艰巨，面临的挑战也相当严峻。迄今五个月来，艰辛转战于白山黑水之间，勤奋耕耘在肥田沃土之上，此正值本研究的最后完成阶段和关键时刻。本书虽然是我近三年来的研究成果，但因此，我也将它视为于白山黑水之间艰辛转战的最初战果、在肥田沃土之上勤奋耕耘的最初收获；同时，也将它作为一个小小的礼物献给东北农业大学和马克思主义学院，赠送给党委书记兼校长徐梅、纪检委书记孙立军等学校领导同志以及与我并肩奋斗、携手共事的新的好同事和朋友们。

在本书即将出版之际，真诚地感谢人民出版社接受了本书出版的选题申报、尤其是感谢人民出版社经济编辑室郑海燕副主任对本书出版选题申报和本书出版给予的热情帮助和指导；真诚地感谢喜欢听我讲述"全球化故事"的众多学子多年来给予我的关爱，真诚地感谢我的同事和朋友们给予我的理解，真诚地感谢我的妻子刘力臻、儿子张天劼给予我的支持和鼓励。

张森林

2011 年 5 月 1 日

策划编辑：郑海燕
封面设计：张　谦
责任校对：张杰利

图书在版编目（CIP）数据

经济全球化与世界社会主义价值的思考 / 张森林　著．
　－北京：人民出版社，2011.10
ISBN 978－7－01－010247－4

I. ①经…　II. ①张…　III. ①经济一体化－研究　②社会主义－研究
　－世界　IV. ① F114.41　② D507

中国版本图书馆 CIP 数据核字（2011）第 189951 号

经济全球化与世界社会主义价值的思考
JINGJI QUANQIUHUA YU SHIJIE SHEHUI ZHUYI JIAZHI DE SIKAO

张森林　著

人民出版社 出版发行
（100706　北京朝阳门内大街 166 号）

北京市文林印务有限公司印刷　新华书店经销
2011 年 10 月第 1 版　2011 年 10 月北京第 1 次印刷
开本：710 毫米 ×1000 毫米 1/16　印张：18.25
字数：260 千字

ISBN 978－7－01－010247－4　定价：42.00 元

邮购地址 100706　北京朝阳门内大街 166 号
人民东方图书销售中心　电话（010）65250042　65289539